CHARON-VERLAG
Grimme KG

SCHLAG ZEILEN **Black Label**

DAS BONDAGE-HANDBUCH

Anleitung zum einvernehmlichen Fesseln

Vollständig überarbeitete und aktualisierte Ausgabe

Matthias T. J. Grimme

SCHLAG ZEILEN Black Label

21. Auflage, 94. – 97. Tausend
Umschlagfoto: Chris Lambertsen
Gestaltung: May-Britt Götze
Druck und Bindung: oeding print GmbH, Braunschweig
Printed in Germany 2024
ISBN 978-3-931406-71-4

Widmung

All denen, die sich von mir
in den letzten Jahren haben fesseln lassen,
besonders Dana, Nicole,
Maike, Bea, Anna, Pia, Steff und Kim.

INHALT

Vorwort

Was heißt ›Bondage‹?

Um den Begriff Bondage ranken sich die verschiedensten Vorstellungen. Zumindest dann, wenn man weiß, dass dieses Wort für ›Fesselpraktiken‹ steht. Fesselspiele lassen bei manchen Menschen Erinnerungen an die Kindheit hochkommen: Räuber und Gendarm mit Plastikhandschellen, Cowboy und Indianer mit dem Baum, der als Marterpfahl herhalten musste, Seeräuber-Abenteuer bei denen die gefangene Prinzessin natürlich irgendwann gefesselt in einem ›Verlies‹ landete. Man erinnert sich an das seltsam aufgeregte Kribbeln, wenn man wehr- und hilflos angebunden war, wenn alles kämpfen nichts nutzte, Mutters Wäscheleine zu fest saß, als dass man sich hätte befreien können und vielleicht auch wollen.

Glaubt man den Statistiken und Befragungen zum Thema Sexualität, können sich mehr als die Hälfte der Erwachsenen vorstellen, ihr Liebstes zu fesseln oder von ihm gefesselt zu werden. Und sexuelle Phantasien handeln nicht selten von Wehrlosigkeit und dem Spiel mit einem möglichen ›Opfer‹.

Bondage kommt aus dem Englischen und heißt eigentlich Leibeigenschaft, Gefangenschaft, Knechtschaft oder Sklaverei, aber so weit wollen es die meisten Liebhaber dieser sexuellen Spielart nicht kommen lassen. In dem hier gemeinten sexuellen Sinne steht der Begriff Bondage für alle Möglichkeiten den Körper eines freiwilligen Partners durch geeignete Hilfsmittel in seiner Bewegungsfähigkeit einzuschränken, ihr oder ihm eine bestimmte Körperhaltung aufzuzwingen und diese Situation auf in weitestem Sinne sexuelle Weise zu nutzen.

Bondage können schon die über dem Kopf festgehaltenen Hände des Liebsten sein, doch die Möglichkeiten sind vielfältiger und lassen der spielerischen Phantasie ausreichend Raum, bis hin zur absoluten Bewegungsunfähigkeit des Gefesselten. Bondage kann Ausdruck eines Machtspieles sein und deswegen gehört diese Technik für viele Leute in den Bereich des einvernehmlichen Sadomasochismus (SM), obwohl es mindestens genauso viele Menschen gibt, die keine Verbindung zu SM sehen (wollen).

International taucht Bondage in der Abkürzung BDSM[1] als das ›B‹ auf und wird in der Verbindung ›Bondage and Disciplin‹ manchmal als Synonym für SM benutzt.

Doch es gibt von Seiten manches Sadomasochisten auch Vorurteile gegen Bondage: Bondage ist langweilig, hat nichts mit wirklicher Abgabe von Macht zu tun, Bondage gehört nicht zu SM etc. Andere machen einen Unterschied zwischen dem, was sie abwertend ›Fesselspielchen‹ nennen und ›echter‹ Bondage.

Ich finde, jeder kann seine Art des Fesselns so nennen, wie es ihm gefällt. Keiner ist gezwungen, das Spiel mit dem Fesseln, Anbinden, Anketten, bewegungslos Machen, mit Hilflosigkeit und der Geborgenheit und dem Gehaltenwerden durch Fesseln, mit dem Gefühl gefangen zu sein, verpackt, verschnürt, eingeflochten, irgendwo befestigt zu sein, mit dem Terminus Technicus ›Bondage‹ zu benennen oder es dem Sadomasochismus zuzurechnen. Hauptsache es macht allen Beteiligten Spaß und geschieht freiwillig unter der Einhaltung von Sicherheitsregeln, die gewährleisten, dass es nicht zu ungewollten Hautabschürfungen, Nervenquetschungen, Sehnenreizungen, Gelenkdehnungen oder gar Strangulationen kommt.

Damit Bondage Spaß macht und sicher ist, habe ich das vorliegende Buch geschrieben. Es soll all denen eine Hilfe sein, die sich erstmalig an das erotische Fesseln heranwagen und

---

[1] BDSM ist die Abkürzung von ›Bondage-Disciplin/Dominance-Submissive/Sado-Masochismus‹ und wird besonders im amerikanischen und englischen Sprachraum sowie im Internet benutzt, z.B. in der Newsgroup: de.soc.subkultur.bdsm.

auch jenen Anregungen geben, die sich schon länger mit dem erotischen Fesseln ihres Partners beschäftigen. Manch einer wird vielleicht herausfinden, dass gerade seine Lieblings-Bondage nicht vorkommt und manch anderem wird das Buch mit der Darstellung möglicher Bondage-Hilfsmittel zu weit gehen. Aber das Thema ist ein weites Feld und deswegen habe ich versucht, möglichst umfassend zu informieren, ohne dabei aus dem Auge zu verlieren, dass Bondage in erster Linie nur ein ›Werkzeug‹ unter vielen ist und dass gute Bondage immer auch Ausdruck von Liebe, Respekt und Achtung voreinander ist.

Der Aktive muss sich des Vertrauens und der Hingabe würdig erweisen und der Passive muss sich sicher genug fühlen, damit er sich in die Fesselung hinein fallen lassen kann, denn nur so ist erotischer Genuss für beide Seiten gewährleistet.

Bisher gibt es nur wenig Brauchbares zum Thema, Bondage-Anleitungen im deutschsprachigen Bereich sind Mangelware[2], Knotenbücher bieten nur Knotentechnik und auch im Internet gibt es nicht viel an Informationen zu den verschiedenen Arten jemanden zu fesseln.
Bondage-Seminare, die von manchen SM-Gruppen und mir angeboten werden, sind mit schöner Regelmäßigkeit überlaufen.
Die Bilder in einschlägigen Magazinen und Filmen sind bei der Suche nach einer geeigneten Fesselung oft wenig hilfreich, denn fast nie ist zu sehen, wie sich die Bondage Schritt für Schritt aufbaut. Und schon manch ein angehender Bondage-Meister hat sich in seinen eigenen Seilen verheddert, während sein williges Opfer vor Langeweile eingeschlafene Füße bekam. Immerhin gibt es inzwischen so einiges an Bondage-Lehrbüchern auf dem amerikanischen Markt.
Neben unterschiedlichen Tipps, Vorschlägen und Sicherheitshinweisen möchte das Buch auch zeigen, dass es die unterschiedlichsten Möglichkeiten gibt eine Bondage zu erleben. Für den einen ist Bondage Teil einer aufwendigen Inszenierung, für die andere dient es nur dem Zweck, den Liebsten passiv genießen zu lassen oder aber an die sexuell interessanten Teile zu kommen, für wieder andere ist es eine Technik, die gut ausgeführt Kunstwerke, lebende Skulpturen schafft. Und alle haben für sich gleich recht.

---

[2] ›Bondage – Der gefesselte Mann‹, Männerschwarm-Skript ist da eine löbliche Ausnahme. Außerdem beschäftigt sich ein Kapitel in dem Sex-Ratgeber ›Freude am Sex‹ von Alex Comfort (Frankfurt/Berlin 88) mit erotischer Fesselung.

Noch ein paar Worte zu mir: Auch ich habe mit vorsichtigen Fragen und irgendwann zaghaften Versuchen angefangen und sehe mich mitnichten als den großen Bondage-Meister, sondern als Praktiker, der dabei ist, immer noch etwas dazu zu lernen. Ich begreife Bondage als einen Teil der vielen Aspekte sadomasochistischer Techniken, achte aber jeden, der dies anders sieht. Ohnehin geht es nicht darum, ob eine Fesselung, die jemand macht, anderen als den Beteiligten gefällt, sondern ob sie dem von den Ausführenden angestrebten Zweck genügt. Unter diesem Blickwinkel verbietet sich ungefragte Kritik von Dritten etwa bei öffentlichen Aktionen, insofern es um rein ästhetische Aspekte geht.

Ansonsten haftet weder der Autor, noch der Charon Verlag für Verletzungen und Folgeschäden, sei es physischer oder auch psychischer Natur, die nach der Lektüre dieses Buches aufgetreten sind. Die Verantwortung für die Anwendung der beschriebenen Bondages bleibt im vollen Umfang bei den Leserinnen und Lesern. Für Anregungen und Hinweise (auch ich bin nicht unfehlbar) bin ich jederzeit dankbar.
Allen Leserinnen und Lesern dieses Buches möchte ich hier noch viel Spaß beim liebevollen Ausprobieren, Üben und Weiterentwickeln von Bondages wünschen.

In diesem Sinne,
Matthias T. J. Grimme

I. Kapitel

Einführung in einvernehmliche Fesselpraktiken

Es klingt nach einer Binsenweisheit, sei aber dennoch der Vollständigkeit halber erwähnt: Als Basis für alle Bondages braucht es eine geeignete Stimmung und das Bewusstsein, dass Bondage Ausdruck von Liebe und Zärtlichkeit zwischen zwei Menschen ist, die sich gegenseitig respektieren und achten.
Wie für alle Spiele, die mit Vertrauen und Hingabe, Kontrolle und Kontrollverlust agieren, muss bei jeder Bondage-Session ›safe, sane, consensual‹[3] gelten. Bondage muss sicher sein, d.h. der aktive Part weiß, was er wie tut, damit die Bondage nicht zu körperlichen oder psychischen Schäden führt und er muss jederzeit abschätzen können, wie es seinem Gegenüber geht. Der Passive muss in der Lage sein, seine Befindlichkeiten dem Aktiven für diesen eindeutig mitzuteilen. Und das nicht erst irgendwann später, sondern dann, wenn Störungen auftreten.
Die gesamte Session muss selbstverständlich jederzeit freiwillig und einvernehmlich von beiden Seiten aus sein, denn sonst wird aus einer erotischen Fesselung eine kriminelle Freiheitsberaubung und aus einem versehentlich abgeklemmten Nerv eine juristisch relevante Körperverletzung.
Um eine für beide Seiten möglichst befriedigende Bondage-Session zu erleben, sind ein paar Dinge zu beachten.
Beide Partner sollten wissen, was sie wollen und sich darüber vorher in irgendeiner Form ausgetauscht haben. Reichlich Zeit für eine Fesselung sollte man sich immer nehmen, besonders wenn man einander und damit die jeweiligen Reaktionen noch nicht so gut kennt.

---

[3] ›safe, sane, consensual‹ ist der Leitsatz der BDSM-Subkultur, mit dessen Beachtung gewährleistet ist, dass jede SM-Technik zu einem für beide Seiten korrekten Erlebnis ohne juristische Folgen wird. Safe: nach den Regeln zur Vermeidung von körperlichen und psychischen Risiken. Sane: mit klarem Kopf, consensual: einvernehmlich. Siehe hierzu auch: ›Das SM-Handbuch‹, Matthias T.J. Grimme, Charon Verlag.

Der Aktive sollte seine Fesselutensilien kennen und wissen, wie man mit ihnen umgeht bis hin zu dem Punkt, wie man sie schnell wieder entfernt bzw. öffnet.
Der Passive sollte sich darüber im Klaren sein, ob er dem aktiven Part vertraut (immerhin begibt er sich in eine Situation, aus der er sich möglicherweise nicht ohne die Hilfe des Aktiven befreien kann).
Besonders bei Leuten, die sich zum ersten Mal fesseln lassen (aber auch sonst kann es vorkommen), sind psychische Krisen möglich. Auch wenn eine Person sich danach sehnt, gefesselt zu werden, kann das reale Erleben dazu führen, dass jemand hysterisch wird, starke Angst bekommt oder panisch reagiert. Das Gefühl der Wehrlosigkeit, des Ausgeliefertseins kann alte, beängstigende, vielleicht bisher vergessene Erinnerungen hochschwemmen. Hier muss der Aktive die Souveränität besitzen, den anderen sofort und ohne Diskussion zu befreien (auch wenn das im schlimmsten Falle heißt, dass die Seile oder Lederfesseln zerschnitten werden müssen), um dann den anderen mit liebevoller Geduld wieder zurück in die ›Normalität‹ zu begleiten. Es ist unfair und völlig unnötig demjenigen, dessen Befindlichkeit zum Abbruch der Session geführt hat, ein zusätzliches

Schuldgefühl zu machen – er fühlt sich ohnehin meist schuldig. Besser ist es dazu beizutragen, dass Schuldgefühle gar nicht erst entstehen oder falls diese da sind, sie in irgendeiner Form entkräften helfen. Für den aktiven Part (der sich möglicherweise genauso schuldig fühlt) könnte es hilfreich sein zu wissen, dass in einer entgleisten Situation Schuldzuschreibungen alles nur schlimmer machen. Selbstverständlich sollte bei den nächsten Sessions der Initialreiz für einen Absturz, wenn er denn deutlich geworden ist, vermieden werden, es sei denn, der Passive will es anders.
Ein gemeinsames Glas Sekt vor einem Fesselspiel schadet meist nichts, aber mehr Alkohol trübt die Einschätzungsfähigkeit auf beiden Seiten, andere Drogen verändern die Wahrnehmung und sollten daher ganz vermieden werden.
Beachten sollten beide Partner einer Bondage-Aktion, dass Bondage nicht gleich Bondage ist, die Vorstellungen können auf beiden Seiten sehr voneinander abweichen. Daher ist eine Anwort auf die allgemeine Frage: ›Stehst Du auf Bondage?‹ nicht sonderlich erhellend. Denn für den einen kann damit ›ans Bett fesseln und guter Sex‹ gemeint sein, während die andere eher an kunstvolles, stundenlanges Fesseln ohne Sex denkt. Bondage kann den schnellen Überfall einer gespielten Verhaftung bedeuten oder das sensitive Spiel mit Bewegungslosigkeit.

Sicher gibt es Leute, die sich fragen, wozu überhaupt Bondage? Die Anworten darauf können so individuell ausfallen, wie es die Menschen nun mal sind. Steht für den einen Bondage-Spezialisten die möglichst umfassende Bewegungseinschränkung im Vordergrund, liebt der andere vielleicht die Verformungen des Körpers, die einschnürende Seile hervorrufen können. Wieder ein anderer liebt den Druck, den die Fesselung auf ihn ausübt, sucht die Geborgenheit einer Ganzkörperfesselung. Manche möchten gerne einmal kopfüber oder kopfunter den Boden unter den Füßen verlieren, schweben zwischen Zimmerdecke und Boden, schwerelos sein. Oder man genießt die Dehnung seines Kör-

pers oder das seltsam taube Gefühl welches kurzfristiges Abschnüren eines Gliedes bzw. Körperteils auslöst. Es gibt diejenigen, die sich in eine Bondage hineinfallen lassen und diejenigen, die gegen sie ankämpfen.
Eine große Zahl von Leuten sieht in erster Linie die sexuelle Komponente, während andere lieber bekleidete Körper fesseln. Vorlieben und Gründe für Bondages können wechseln oder gleich bleiben, sich zu einem Fetisch verselbstständigen. Und manch sexueller Hasardeur liebt das Risiko, das eine Selbstfesselung mit sich bringen kann.
Auch die Mittel sind so unterschiedlich wie diejenigen, die sie nutzen. Von der einfachen Fesselung mit dem eben noch getragenen Schlips, Seidentuch oder Strumpf bis hin zu den Spielzeugen, welche die Erotik-Branche (Lederfesseln, Spreizstangen, Bondage-Säcke, Fesselgeschirre) oder die Profis (Handschellen, Zwangsjacken) für den Bondage-Fan anbieten.
So wie es einfache und höchst komplizierte Fesseln gibt, so gibt es bequeme (für den Passiven und/oder den Aktiven) bis hin zu höchst unbequemen Fesselungen. Während der eine sich komfortabel auf ein Bondage-Bett spannen lässt, genießt ein anderer die gespannte Haltung seines Körpers als Nonplusultra.
Hier sollte inzwischen allen klar geworden sein, dass sich zwei, die miteinander eine Bondage-Session planen, lieber etwas mehr Zeit für ein Vortasten an die Vorlieben und Erkunden der Wünsche des jeweils anderen nehmen sollten. Denn nur wenig ist schlimmer für eine erotische Situation, als einen sich langweilenden Passiven bei Laune zu halten, weil man vergessen hat, wo bei der aufwendigen japanischen Bondage mit den mehr als 30 Metern Seil der Anfang zu machen war, während der Passive sich vorher nicht zu sagen traute, dass er nur auf Handschellen und Fußeisen zur Bewegungseinschränkung steht. Und der Aktive wollte dem Passiven eine Meister-Bondage bieten, obwohl er am liebsten den Passiven nur auf seinem Bett aufgespannt hätte, um dann richtig gut mit ihm zu vögeln.

2. Kapitel

Vorbereitung für eine Bondage-Session

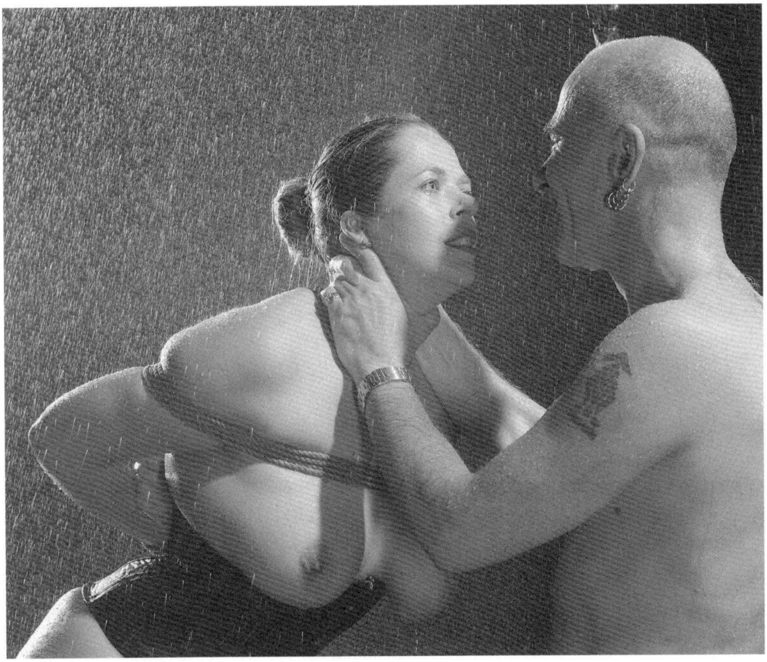

Draußen begann es schon zu dämmern, der Himmel färbte sich rötlich, die tief hängenden Wolken zogen eilig nach Osten. Ich ließ die Jalousien herunter. Bald würde Marie bei mir klingeln. Wir hatten uns verabredet und ich hatte anklingen lassen, dass ich gerne mal wieder etwas Inszeniertes mit ihr zusammen machen würde. Wir hatten schon vor geraumer Zeit ein eindeutiges Signal abgemacht.

Im Flur war neben der Eingangstür ein kleines Regal angebracht, auf dem sich zwei zierliche Zinnfiguren befanden: Eine Herrin im Stil des Spätmittelalters gekleidet und eine Sklavin mit kurzem Kleidchen und gefesselten Händen. Diese Figuren standen meist mehr oder weniger unbeachtet da, aber wenn eine der beiden vor der zu diesem Zweck angesteckten Kerze stand, bedeutete es ein Spielangebot. Wobei die Herrin signalisierte, dass ich bereit sei, mich in Maries Macht zu begeben und die kleine Gefangene bedeutete, dass ich heute die Macht über sie wollte.
Heute brannte die Kerze und beleuchtete den gesenkten Kopf und die gefesselten Hände der Sklavin.
Im Schlafzimmer hatte ich alles vorbereitet. Ich hatte die Heizung hoch gedreht, die Räucherkohle verbrannte aromatische Kräuter, rund um das Bett standen meine Kerzenleuchter mit den großen weißen Altarkerzen. Über Bett und Kopfkissen hatte ich eine frisch gefettete Lederhaut gebreitet. Neben meiner Musikanlage lagen unsere Lieblings CDs, aus den Lautsprechern erklang schon die ›music for a sadomasochistic scene‹ von Master-Slave-Relationship und sorgte für einen leisen Klangteppich. Die weißen Baumwollseile lagen sauber aufgeschossen nach Länge geordnet am Fußende des Bettes. Auf einem Tablett, welches ich unter das Bett geschoben hatte, lagen ein schwarzes Tuch, einige schwarze Holzwäscheklammern, eine weiße Kerze, ein Federstaubwedel und ein paar Gummihandschuhe. In der Thermoskanne auf dem Nachtschrank befand sich ihr Lieblingstee, auch das Wasserglas und die Selters standen griffbereit. Für den Fall des Falles hatte ich eine große Verbandsschere mit stumpfen Enden bereitgelegt. Man konnte nie wissen, auch wenn wir uns jetzt schon seit Jahren kannten.
Seit dem frühen Morgen hatte ich mir Gedanken gemacht, was ich an diesem Abend mit Marie machen wollte. Während ich mit einer Tasse Kaffee und meiner Morgenzigarette noch ein bisschen im Bett trödelte, ließ ich Bilder meiner Geliebten durch meinen Geist ziehen. Aus Erfahrung wusste ich, dass sie es nicht mochte, wenn ich unsicher vor ihr stand

und nicht mehr genau weiter wusste. Sie hasste es auch, wenn sie das Gefühl bekam, ich würde etwas austesten um zu sehen, ob es ihr gefallen würde. In einem ihrer Briefe an mich hatte sie einmal geschrieben: »Wenn Du etwas mit mir machen willst, wenn ich unten bin, dann mache es. Wenn es daneben geht, wirst Du es schon rechtzeitig merken. Zur Not gibt es ja immer noch unser Codewort. Aber probiere nicht herum, ich mag es nicht, wenn ich merke, dass Du kein Bild in Deinem Kopf hast.«

Diesmal wusste ich, was ich wollte, merkte schon morgens, wie mein Herz aufgeregt schneller schlug, wenn ich an den Abend dachte. Ich glaubte ihren schnellen Atem zu hören, das Geräusch, das die Seile machen, wenn sie aneinander reiben. Ich roch ihre Geilheit, spürte den Schweiß auf ihrer Haut, sah sie aufgespreizt vor mir liegen, ihr Geschlecht offen und feucht. Noch ältere Bilder: vergilbte Fotos aus einem 70er Jahre Bondage-Heft ›Love Bondage‹; die gefesselte Gefangene in dem Piratenfilm, an dessen Namen ich mich nicht erinnern konnte, aber an den verletzlichen, leidenden Gesichtsausdruck der Schauspielerin. Alte Träume.

Nachdem ich sie begrüßt haben würde, würde ich ihr schon im Flur die Augen verbinden, damit sie sich ganz auf die Gefühle ihres Körpers konzentrieren könnte. Dann würde ich sie ins Schlafzimmer führen, mit ihr zusammen eine Zigarette rauchen, ihr meine Liebe versichern, kleine Andeutungen darüber machen, was sie erwartete. Vielleicht würde ich ihr auch eine Geschichte erzählen und sie dabei langsam ausziehen. Zwischendurch würde ich sie überall berühren, würde versuchen, ihren Körper aufzuwecken, ihr helfen, sich zu entspannen. Ich würde ihr beschreiben, wie schön ich diesen oder jenen jetzt nackt vor mir liegenden Körperteil finde.

Jetzt wartete ich nur noch auf ihr Klingeln, während ich es mir in einem Sessel bequem gemacht hatte und den Wolken hinterhersah. Ich freute mich ...

3. Kapitel
Bondage-Utensilien

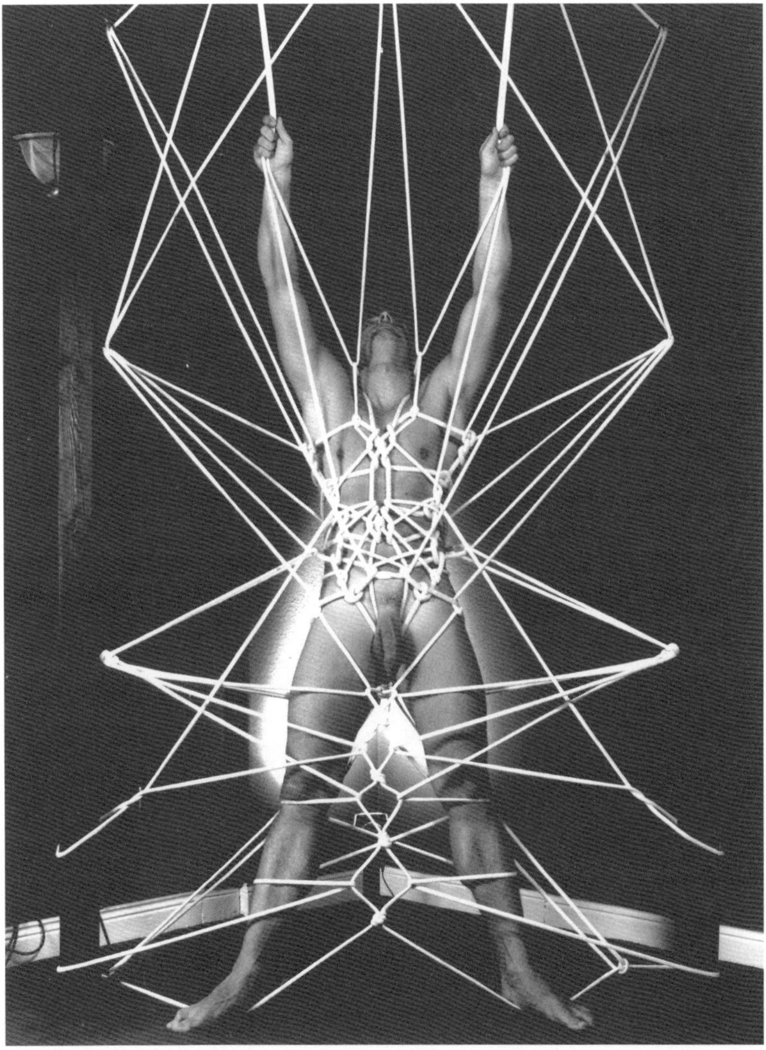

Um jemanden zu fesseln, ihn irgendwo anzubinden, ihn bewegungsunfähig und wehrlos zu machen, gibt es viele Möglichkeiten. Welche davon jemand vorzieht, hängt einmal von den persönlichen Vorlieben ab, zum anderen für welches Setting sie oder er die Fesseln braucht und drittens auch vom Geldbeutel. Wer auf Leder steht, wird möglicherweise keine Seile benutzen wollen, wer eine Festnahme-Situation durchspielen will, wird Handschellen verwenden statt der Lederbänder und wer sein Gegenüber kunstvoll verschnüren will, schont sicherlich seine besten Krawatten und Seidentücher.

Alle Mittel zum Fesseln haben ihre Vorteile, aber manche auch ganz eindeutige Nachteile. Wie immer im Leben sollte man wissen, was wozu am besten zu benutzen ist, worauf beim Erwerb zu achten ist und wie genau die Utensilien zu handhaben sind.

Alltagsmaterialien

In jedem Haushalt finden sich Strümpfe, Tücher oder alte Bettlaken. Gerade aus in Streifen gerissenen Bettlaken lassen sich vorzüglich Fesseln machen, die zwar optisch nicht immer ideal (geblümt oder kariert?), aber angenehm schmiegsam sind. Auch die Knoten lassen sich recht gut wieder öffnen, was man leider von verknoteten Damen-

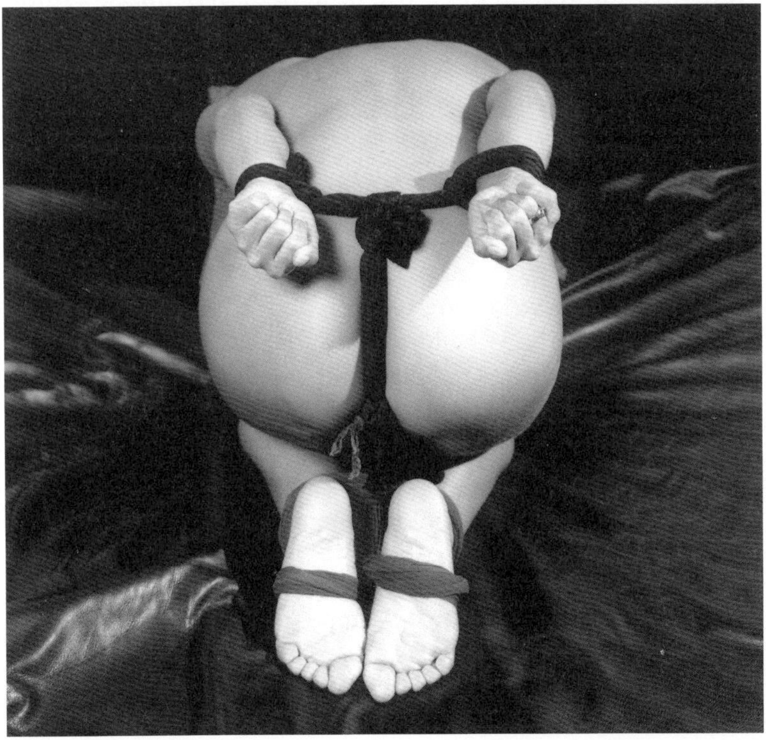

strümpfen nicht behaupten kann. Die Knoten von ›Nylons‹ ziehen sich so fest zusammen, dass diese Art der Fessel meist nur unter Zuhilfenahme einer Schere geöffnet werden kann. Wer also sein ›Werkzeug‹ nach Benutzung nicht gleich entsorgen will, sollte die Finger von Strümpfen lassen.
Dagegen eignen sich die meisten Seiden- und Baumwolltücher nicht nur zum Fesseln hervorragend, sondern haben auch den sensitiven Effekt des besonders weichen und anschmiegsamen Materials. Dennoch muss bei Seidentüchern beachtet werden, dass auch sie zu Verbrennungen führen können, wenn man sie zu schnell über die Haut zieht. Sehr dünne Seidentücher können sich auch so fest ziehen, dass der Knoten kaum noch per Hand zu öffnen ist.

Natürlich kann man auch die ungeliebten Schlipse (Tante Frieda schenkt jedes Jahr wieder einen besonders scheußlichen Vertreter der Gattung Gesellschaftsstrick) zum Fesseln benutzen, aber hübsch sieht es nicht aus.
Auch aus Handtüchern lassen sich – ähnlich wie aus Bettlaken – bequeme Fesselgurte machen. Allerdings ist Frottee und Bondage Geschmackssache.
Auf jeden Fall sollte man nicht auf die irgendwo herumliegende Plastik-Wäscheleine oder das Paketband zurückgreifen, da diese Materialien zu dünn sind, um sicher zu sein. Und auch die dicke Wäscheschnur aus Sisal, die es noch aus alten Beständen gibt, ist nicht zu empfehlen, denn das rauhe Material führt ganz schnell zu Verbrennungen und Reizungen der Haut (obwohl es sehr angenehm riecht).
Fast schon als eine Art psychische Fesselung kann man die Haar- oder Faden-Bondage sehen. Dabei geht es darum ein rißfreundliches Material wie Nähgarn (kein Zwirn), einen dünnen Seidenfaden, ein langes Haar oder ähnliches zu nehmen und damit z.B. die Daumen an die dicken Zehen zu binden. Diese Art der Bondage ist eher symbolisch und setzt voraus, dass der Passive unter Aufbietung seiner Willenskraft die Stellung hält, denn sonst reißt der Faden und dann

könnte der Aktive vielleicht ›böse‹ werden und z.B. mit der sexuellen Stimulation aufhören.
Paketklebeband oder sonstiges Tape hat den Nachteil, dass es erstens Allergien auslösen kann (durch den Klebstoff) und zweitens auf Zug immer dünner wird, was zu einem Abschnürungsrisiko führt.
Ganz verboten ist selbstverständlich 2-Komponenten- und Sekundenkleber, da die Befreiung aus einer derartigen Bondage nur blutig mit einem Skalpell erfolgen kann.
Dagegen bietet sich natürlich die Möglichkeit aus alten Jacken (Ärmel zunähen und an den Enden der Ärmel Bänder befestigen) eine Art ›Hilfszwangsjacken‹ zu fertigen. Auch manch anderes Kleidungsstück kann so zu einer Art ›Bondage-Suit‹ umgebaut werden.

Seile

Der geschickte Umgang mit Seil und Knoten erscheint vielen aktiven Bondage Fans als ultimatives Ziel, bietet das Seil doch schier unerschöpfliche Möglichkeiten es an einem menschlichen Körper zu befestigen und zu drapieren. Gleichzeitig setzt der fachmännische Umgang mit diesem Material mehr voraus als etwa zu wissen, wie man den Handschellenschlüssel ins Schloß steckt oder wie eng man die Ledermanschette zieht, bevor man die Lasche im Dorn einrasten lässt.
Es gibt die unterschiedlichsten Seile in Segelbedarfsläden, Baumärkten, Sportfachgeschäften, Tauwerkfabriken und in SM-Shops. Man unterscheidet geflochtene und gedrehte (diese alte Technik wird bei Nylon- und Baumwollseilen eher selten verwendet) Seile. Geflochtene Seile sind oft glatter und weicher von außen und daher für unsere Zwecke besser geeignet. Auch die Gefahr, dass sie sich verwinden und dadurch leichter in Unordnung geraten, ist nicht so groß. Es gibt sie aus unterschiedlichsten Materialien. Manche

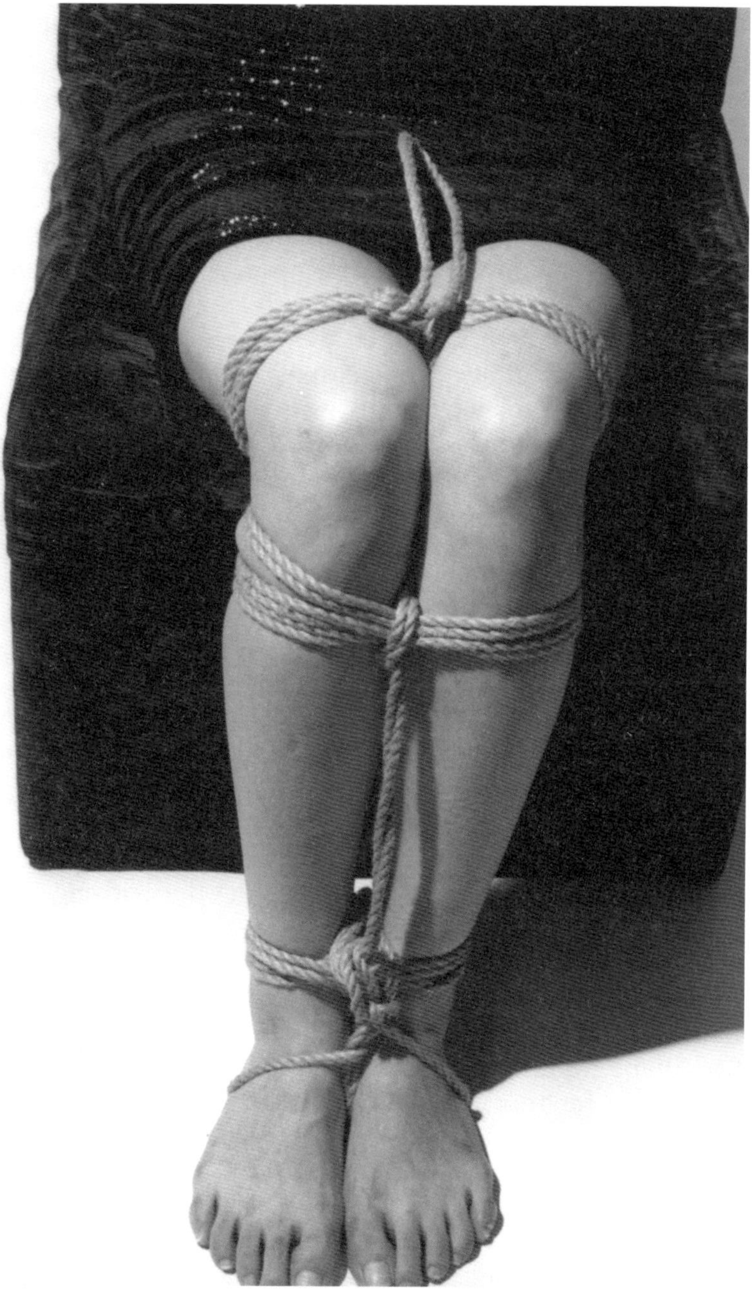

Leute lieben den Geruch von Hanfseilen, aber dieses Material ist unbehandelt sehr rauh und kann zu Hautabschürfungen und Verbrennungen führen (wenn man es schnell über die Haut zieht). Inzwischen gibt es gute Anleitungen, wie man aus Hanf- oder Juteseil gutes Bondage-Seil macht und manche Shops bieten auch fertig bearbeitete Sets an. Traditionell wird dieses Material bei japanisch inspirierter Bondage eingesetzt.

Kunststoffseile gibt es in den unterschiedlichsten Qualitäten. Beim Kauf sollte man darauf achten, dass das Seil möglichst glatt und weich ist. Eine Probe mehrmals zügig durch die geschlossene Hand ziehen (ziehen, nicht reißen!), dann spürt man, ob es heiß wird und damit das Material zu rauh ist. Rauhes Material führt auch leicht zu Beschädigungen an Lack- und Gummikleidung. Natürlich kann man mit jedem Seil Verbrennungen auslösen, wenn man es schnell genug über die Haut reibt, aber niemand will bei Bondage einen Schnelligkeitswettbewerb gewinnen.

Entscheidend für ein gutes Bondage-Seil ist nicht zuletzt die Dicke, die sich je nach Zweck richtet: Das Minimum ist fünf bis sechs Millimeter, das Maximum sollte 12 Millimeter sein. Bewährt hat sich als Standard für die meisten Bondages Seil mit einem Durchmesser von sechs bis acht Millimetern. Viel dünneres Seil schneidet zu schnell ein, dickeres Material legt sich nicht mehr so gut an die Haut und lässt sich auch schwerer verknoten, da es starrer ist. Ein weiterer Nachteil dickeren Seiles ist, dass damit gebildete Knoten ziemlich dick sind und daher unangenehm auf den gefesselten Körper drücken können.

Ob Baumwollseile das Beste sind oder nicht, darüber streiten sich die Bondage-Fachleute. Besonders Baumwollseile ohne Seele (innen hohl) sind leicht elastisch und schmiegen sich daher sehr gemütlich an. Waschbar sind sowohl Kunststoff-, Hanf- als auch Baumwollseile bei 40° in der Waschmaschine. Kunststoffseile gibt es in allen Farben zwischen weiß und schwarz, Bergsteigerseile sind sogar mehrfarbig. Auch da ist die Auswahl Geschmackssache.

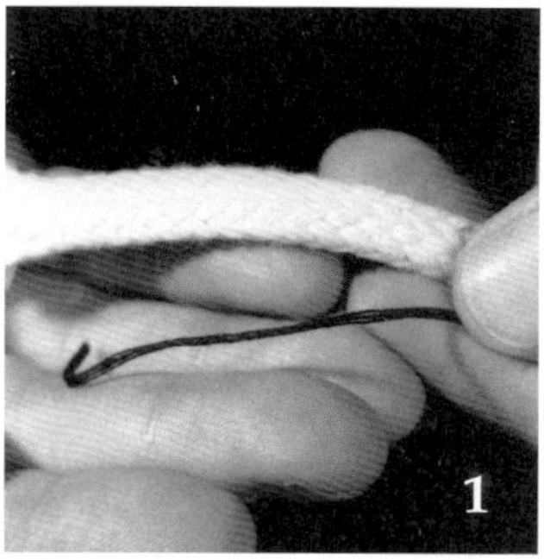

Das Ende des Seils befindet sich links. Ein dünneres Seil, zur Not auch ein Faden von ca. 20 cm abschneiden.

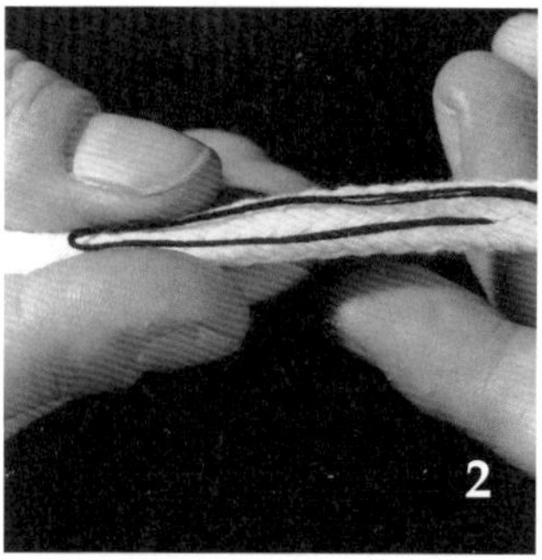

In eine Schlinge legen, deren Auge zum Seilende zeigt.

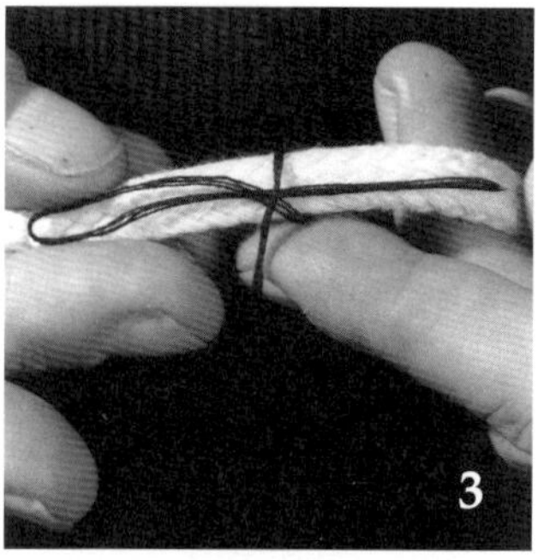

Das eine Ende festhalten, während das andere gleichmäßig und so fest wie möglich gewickelt wird.

Baumwollseile gibt es inzwischen in fast jedem SM-Shop in den unterschiedlichsten Farben bis hin zu Pink. Hellem Seil (Naturfaser) kann man mit Stoffarbe seinen Lieblingsfarbton geben, von lila bis hellblau ist alles möglich.

Damit Seile nicht ›aufgehen‹, d.h. sich ihre Enden aufdröseln, muss man sie versäubern. Doch ehe jetzt alle erschrecken: Es gibt mehrere recht einfache Methoden. Kunststoffseile kann man mit einem sehr heißen Draht oder einem über der Kerze erhitzten (alten) Messer schneiden oder die Enden nach dem Zerschneiden über einer Flamme zum Schmelzen bringen. (Achtung, das Material ist brennbar und wird sehr heiß!) Da das ästhetisch oft nicht sonderlich hübsch aussieht, kann man die Enden, wie es bei Baumwollseilen sinnvoll ist, umnähen oder verspleißen. Man kann natürlich auch einen einfachen Knoten in die Enden schlagen, was jedoch eine zusätzliche Herausforderung beim Durchziehen des Seils während des Fesselns bedeutet. Bei Seilen spricht man von einem festen (das, was um eine Person oder einen Gegenstand gewickelt ist) und einem laufenden Ende. Laufend meint, dass das Ende frei und unbefestigt ist und so z.B. durch eine Schlaufe gezogen werden kann.

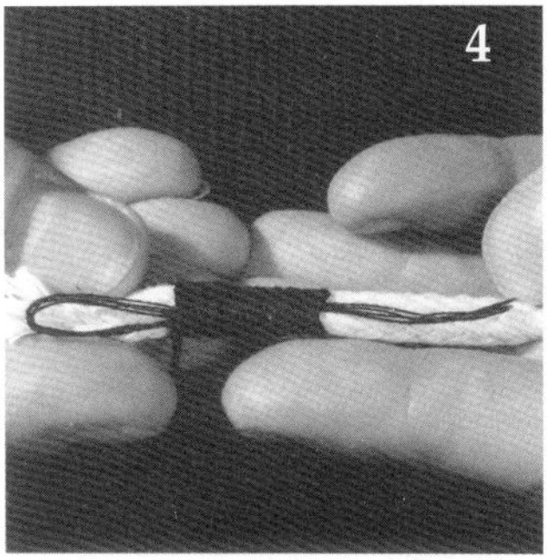

Die fertige Wicklung.

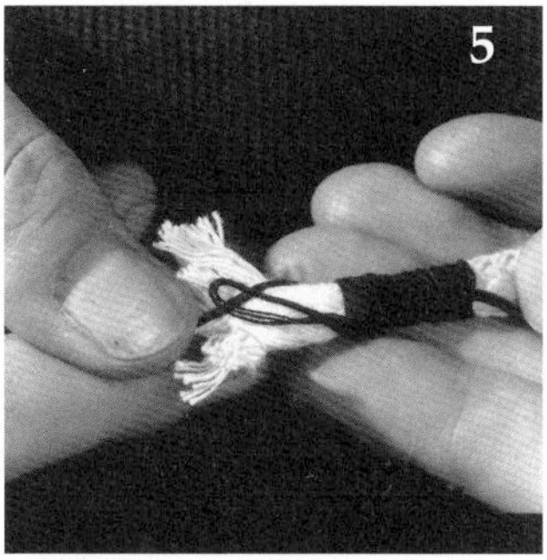

Das freie Ende des Fadens durch das Auge ziehen.

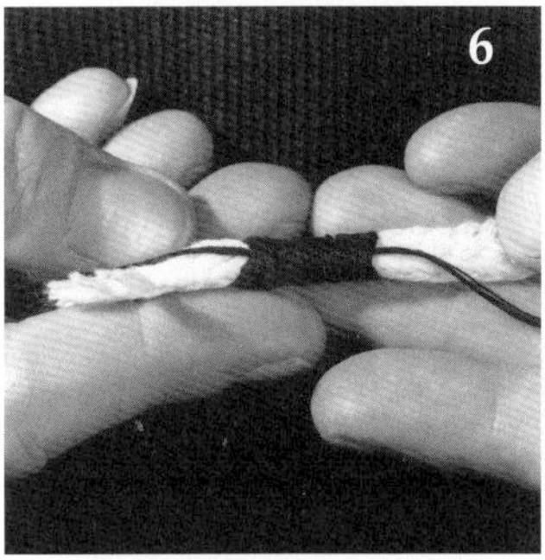

Vorsichtig an dem anderen, bisher festgehaltenen Ende des Fadens ziehen, bis das Auge unter die Wicklung gezogen ist.

Überstehende Reste abschneiden, fertig.

Seile sollte man immer in Stücken von mindestens 1,50 Meter kaufen, kürzere Enden reichen nie. Für eine kleine Bondage reichen 4 bis 6 Seile von jeweils 2–3 Metern Länge, eine aufwendige Japan-Bondage oder eine Spinnennetz verschlingt schnell mal 20 bis 50 Meter.

Auch wenn hochwertiges Seil nicht gerade billig ist, sollte man sich nicht aus Geiz dazu verführen lassen, weniger zu kaufen oder gar eine schlechte Qualität zu nehmen. Hier lohnen sich Preis- und Materialvergleiche. Wer öfter mit Seil spielen möchte, sollte sich eine Auswahl unterschiedlich langer Stücke zurechtschneiden, denn es ist sehr mühselig,

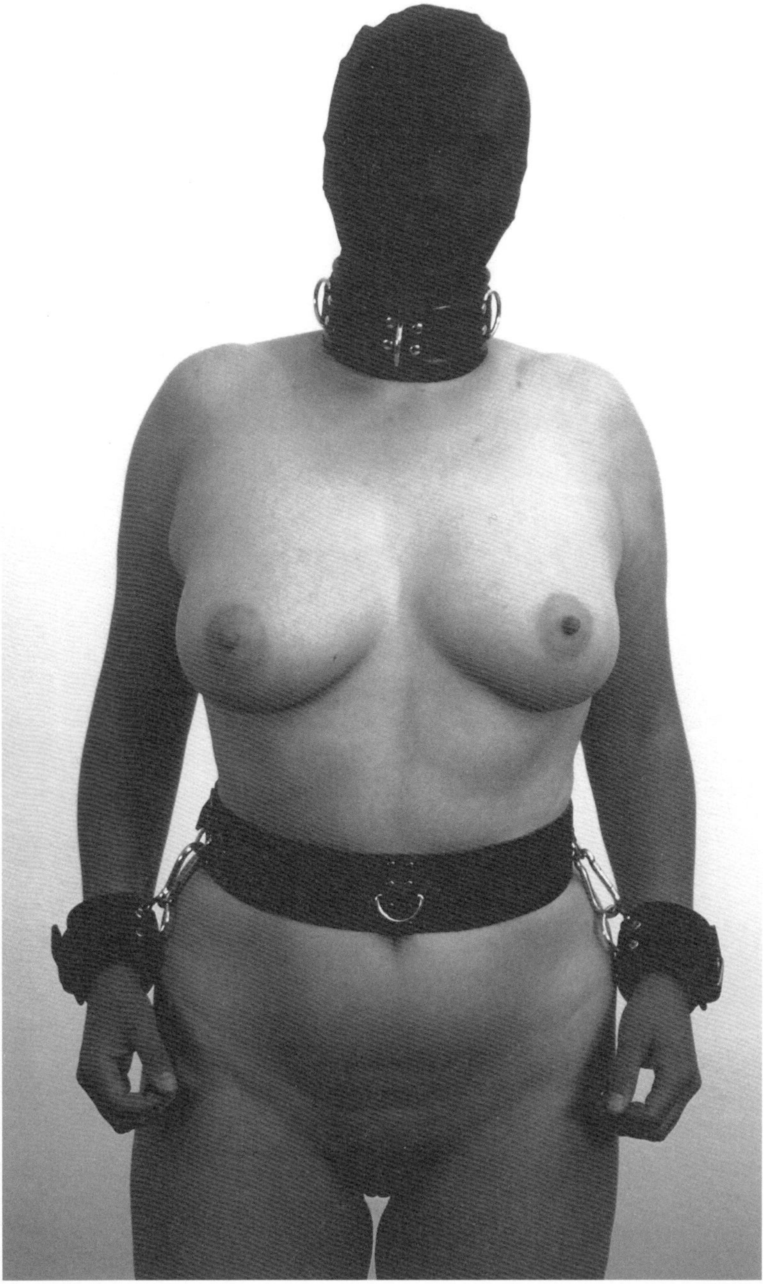

sich das Seil von einem langen Stück je nach Bedarf abzuschneiden. Meistens macht es auch nichts, wenn das Seilstück ein bisschen zu lang ist, zu kurz ist dagegen wirklich problematisch. Japanisch inspirierte Fessler nehmen oft Sets mit Seilen gleicher Länge, hier haben sich 8-Meter-Seile als grober Standard herausgebildet.
Anzumerken ist noch, dass Knoten die Reißfestigkeit eines Seiles negativ beeinflussen können. Manche Knoten lassen das Seil schon bei einer Belastung von 50% der maximalen Belastbarkeit brechen. Dies ist vor allem bei Hänge-Bondages zu berücksichtigen.

SM-Fesseln

Inzwischen bietet sogar der Otto Versand Bettfesseln an und auch in dem kleinen Sexshop an der Ecke gibt es völlig selbstverständlich mehr oder weniger gute Versionen von Ledermanschetten. Leider sagt der Preis selten etwas über die Qualität des Materials aus. Es gibt Manschetten aus Pressleder oder Vollleder (deutlich stabiler und haltbarer), ungefüttert oder gefüttert (deutlich bequemer und sicherer), mit hartem Rand oder mit Biese (größerer Tragekomfort, schneidet nicht so leicht ein bei seitlichem Zug), mit zusammengebogenem oder verschweißtem D-Ring (geschweißt kann man auch mit Kraft an den Fesseln ziehen). Neben der Ausführung in schwarzem oder naturfarbenem Leder gibt es die Fesseln inzwischen sowohl in anderen Farben, als auch in Ausführungen aus stabilem Latex, Lack oder aus Kunststoff. Verschlossen werden die Fesseln meist mit einer oder zwei Schnallen. (Man achte darauf, dass die Riemen dazu auch stabil sind und die Löcher mit Ringösen gegen ein Ausreißen gesichert sind.) Manche Ausführungen (besonders die aus Kunststoff) besitzen statt der Schnalle einen Klettverschluss. Das ist einerseits komfortabler, andererseits kann man aber auch kein Schlösschen zur Sicherung hindurchziehen.

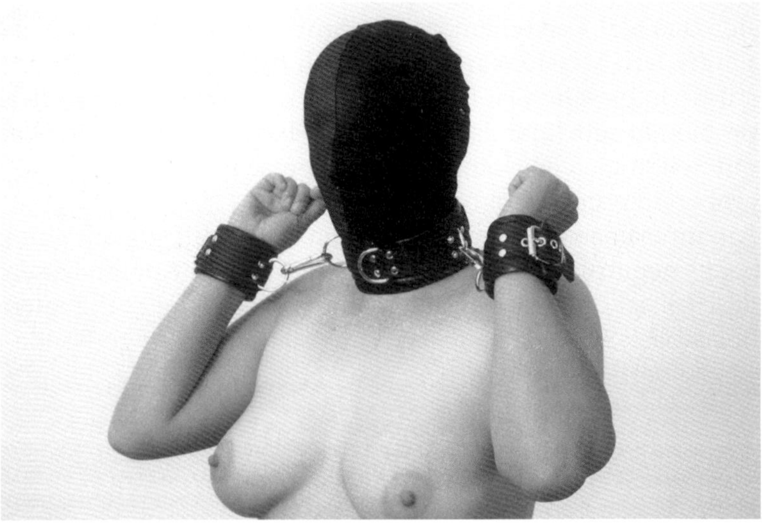

Ledermanschetten lassen sich nicht nur aneinander befestigen

Eine andere Variante der Lederfesseln gibt es mit Metallöse und Lasche, wobei die Lasche über die Öse gezogen und mit einem Schloss gesichert wird.
Da die Menschen unterschiedlich dicke Hand- und Fußgelenke haben, sollte man beim Kauf ausprobieren, ob die Fesseln eng genug sind, damit man nicht einfach aus ihnen herausrutschen kann und ob sie weit genug sind, dass man sie ohne Gewalt schließen kann. Maßanfertigung gibt es zwar nur in wenigen Geschäften, z.B. über unseren Shop auf www.schlagzeilen.com, aber auch im normalen Fachhandel ist ausprobieren in der Regel erlaubt.
Lederfesseln gibt es in Spezialausführungen für bestimmte Fesselspiele – je nachdem, ob der Zug seitlich oder von oben kommt. Das ist an der Befestigung des D-Ringes zu erkennen. Handhebefesseln haben den D-Ring an einer nach oben gehenden Verlängerung der Manschette und manchmal noch einen Innengriff zum Festhalten, damit nicht das ganze Gewicht auf den Handgelenken ruht. Fußhebefesseln sind ganz unterschiedlich konstruiert und sollten so groß sein, dass das Opfer Schnürstiefel darunter tragen kann.

Hängestiefel, Handhebefesseln und Fußhebefesseln

Eine besonders luxuriöse Variante der Fußhebefesseln sind ausgediente (dem Opfer passende) Skistiefel, die mit einer stabilen Öse an der Sohle zur Befestigung versehen sind.
Manschetten zur Fesselung gibt es auch aus Metall. Das sieht sehr schön aus, kann aber durch die Unnachgiebigkeit des Materials sehr schnell zum Wundscheuern und zu Nerveneinklemmungen führen. Diese Fesseln dienen eher ›dekorativen‹ Zwecken und zum Fesseln am Boden. Aufgrund der Gefahr von dauerhaften Nervenschädigungen dürfen sie nicht dazu benutzt werden jemanden daran unter Zug zu befestigen.
Eine Ausnahme sind aufwendig gepolsterte Metallmanschetten, die für Hänge-Bondages mit einem angeschweißten Haken versehen sind. Diese habe ich aber bislang nur in den USA gesehen.

Professionelle Fesseln

Ein Hersteller liefert seine Betten schon mit einem Paar Handschellen, aber normalerweise müssen sie gekauft werden. Waffenläden, Polizeiausrüster und natürlich auch gut sortierte Erotikshops führen unterschiedliche Modelle.

Standard-Handschellen von Clejuso, Sicherung außen

Handschellen sind praktisch, schnell und gut in der Hosentasche oder in einem Holster mit sich zu führen. (Besonders in der schwulen und lesbischen SM-Subkultur gilt: Handschellen links – Ich möchte Dich fesseln, rechts – Bitte fessle mich.)
Nicht immer ist Markenfetischismus angebracht, doch bei Handschellen durchaus. Handschellen sind nur dann sichere Fesselungsmittel, wenn sie über eine Sicherung verfügen, die verhindert, dass sich die Handschellen weiter als geplant schließen. Bei den Billigprodukten funktioniert diese Sicherung meist nicht einwandfrei und der in Pressguß gefertigte Schlüssel bricht sehr leicht ab.
Es gibt unterschiedliche Sicherungsarten: Bei einigen Produkten ist ein kleiner Hebel umzulegen, andere werden dadurch gesichert, dass man den Schlüssel kurz in die andere Richtung, als es zum Öffnen notwendig wäre, dreht. Manche Ausführungen müssen mit dem kleinen Dorn am Ende des Schlüssels arretiert werden (eindrücken einer Raste oder vorschieben eines Hebels). Außerdem gibt es Modelle, die nur eine Weite haben (Handschelle ohne Durchschlag), das gilt z.B. für die alten Darby-Modelle der Firma Hyatt oder für aus dem Orient eingeführte sogenannte Sklavenfesseln, die mit einem Verschlussknebel versehen sind. Diese Mach-

Bequeme Handschellen – von Clejuso, Sicherung außen

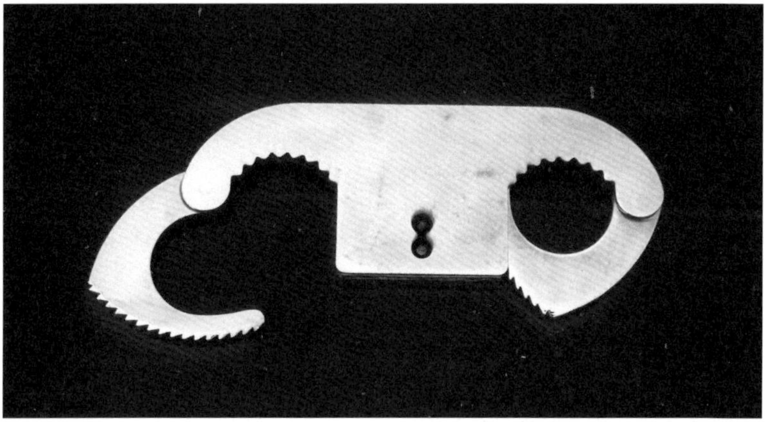

Daumenschellen mit Sicherung, aber mit Vorsicht zu benutzen, da die Innenseite des Daumens schnell in Mitleidenschaft gezogen werden kann

arten werden mit einem Drehschlüssel geöffnet: Beim Hineindrehen des Schlüssels in den Knebel wird der mit einer Feder gespannte Verschluss aus dem Schloss gezogen. Das klingt zwar kompliziert, geht aber mit einiger Übung recht schnell. Zudem bieten diese Handschellen den Vorteil, dass sie recht breit und daher verhältnismäßig bequem zu tragen sind.

Nicht ganz ungefährlich sind die Minihandschellen und Daumenschellen, die angeboten werden. Lassen sich manche etwas teurere Daumenschellen zwar sichern, so ist der einzelne Finger doch so empfindlich, dass bei einem ernsthaften Einsatz dieser Geräte schnell mal ein Nerv abgeklemmt wird oder die Haut durch die scharfen Kanten verletzt wird.

Da auch im medizinischen Bereich manchmal Leute an ihr Bett geschnallt werden gibt es Hersteller, die ›Bettfesseln‹ anbieten. Diese professionellen Fesseln sind in unterschiedlichen Ausführungen erhältlich, von weißem Kunststoff mit Klettverschluss über breite gepolsterte Manschetten aus naturfarbenem Leder bis hin zu dem Gurtsystem der Firma Segufix, das aus naturfarbenen, breiten und sehr stabilen Stoffbändern gemacht ist, die mit Magnetverschlüssen ge-

schlossen werden. Leider ist dieses System sehr teuer, dafür aber auch recht problem- und gefahrlos zu bedienen.
In diesen für manchen eher beängstigenden Bereich gehört auch die viel zitierte Zwangsjacke, doch halbwegs trickreiche Opfer können sich aus dieser befreien. Luxuriöse Nachbauten aus schwarzem Leder gibt es inzwischen von einem englischen Hersteller.

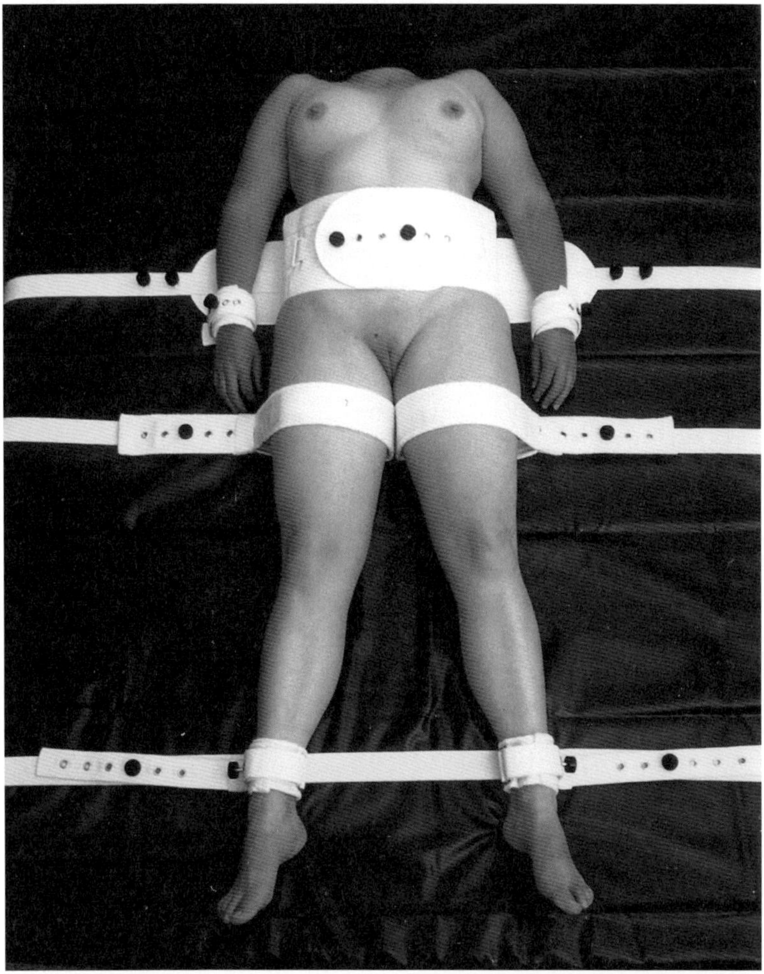

Fesselgurte, wie sie in Krankenhäusern für unruhige Patienten benutzt werden

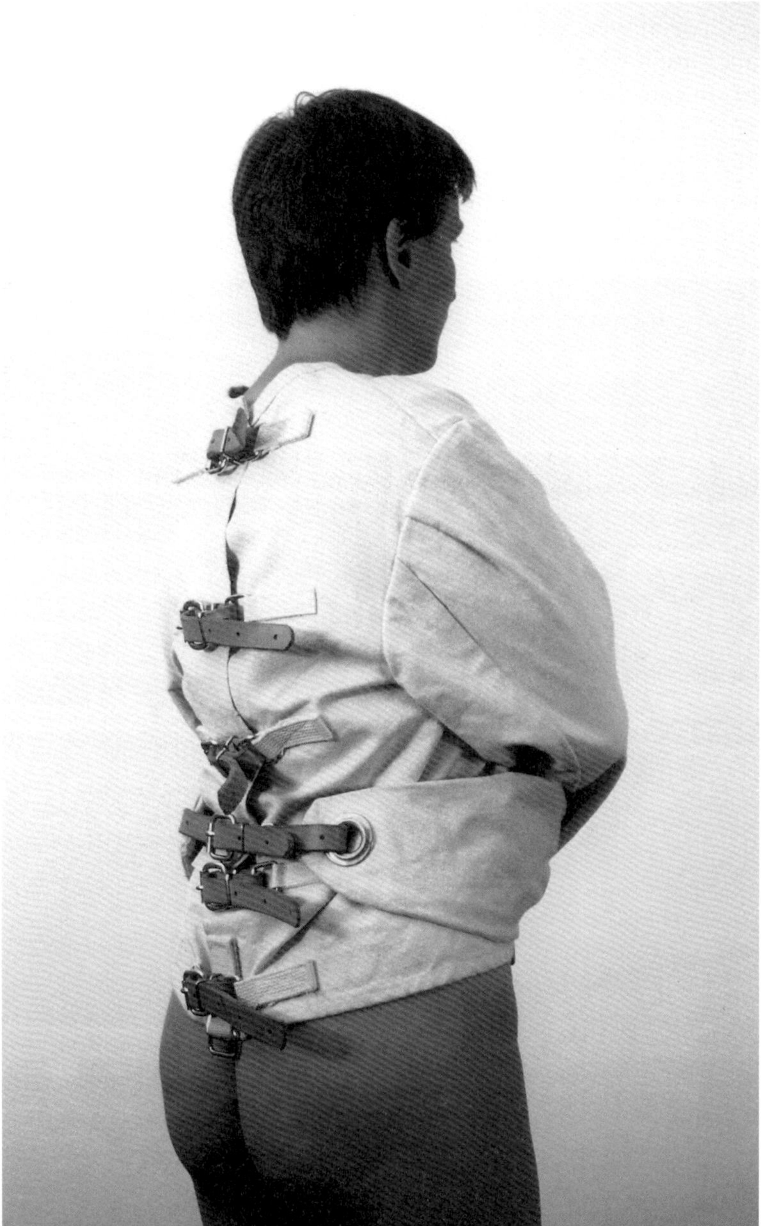

Zwangsjacke aus schwerem Segeltuch

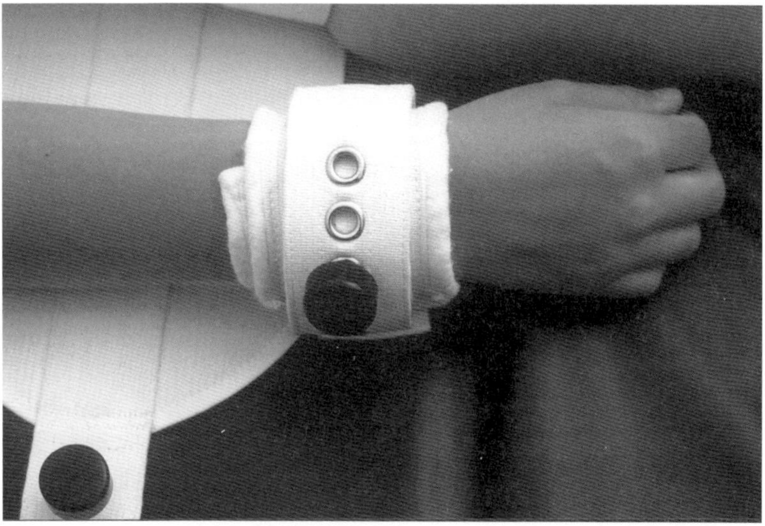

Fesselgurt-Detail mit Magnetverschluss

Manchmal auf Pressefotos oder auch live zu sehen: Einmalfesseln aus Plastik. Diese stabile und größere Version der Plastikbänder, die als Kabelbinder in jedem Baumarkt in Hunderterpackungen zu kaufen sind, ist äußerst praktisch und kostengünstig. Ihr großer Nachteil: Einmal zusammengezogen lassen sie sich nur mit einer kräftigen Schere oder einer Zange öffnen. Die Gefahr, dass sie sich unbeabsichtigt enger ziehen, ist zwar gering, dafür haben sie wegen ihrer geringen Breite eine so kleine Auflagefläche, dass sie schnell in die Haut einschneiden und leicht Nerven abklemmen können.

Hilfsmittel

Um den D-Ring einer Handfessel an den D-Ring einer Fußfessel zu schließen oder um jemanden in seinen Fußhebefesseln hochzuziehen, benötigt man Hilfsmittel. Neben Schiffsausrüstern, Segelfachgeschäften, Baumärkten und Bergsteigershops gibt es manches auch in Reitershops.

Einhändig bedienbare Schnellöffner (Sicherheitshaken) sind Verschlüsse, die auch unter Zugbelastung mit einer Hand zu öffnen sind. Sie befinden sich gerne an Führleinen für Pferde und andere Tiere.
Feuerwehrkarabiner oder Bergsteigerkarabiner mit oder ohne Überwurfsicherung bieten sich zum Aneinanderschließen von Fesseln an, sind aber recht unbequem zu öffnen. Dafür haben die besseren eine Sicherung gegen unfreiwilliges Öffnen.
Schekel kann man recht günstig einkaufen, wenn sie denn nicht aus Nirosta Stahl sein müssen. Sie sind eine gute Möglichkeit Handfesseln oder Ketten zu verbinden. Doch das Öffnen und Schließen ist immer ein bisschen Fummelei: Wenn sich der Verschluss richtig festgedreht hat, braucht man einen Schekelöffner oder eine Zange. Das kann zu langsam sein, wenn jemand ganz schnell aus der Fesselung heraus will oder muss. Daher sind Schekel als Verschluss einer Fesselung nicht zu empfehlen.
Viele Hand- und Fußfesseln werden mit einem Doppelkarabiner verkauft. Diese Karabiner lassen sich schnell und sicher öffnen. Sie sind stabil, nur leider im normalen Handel sehr schlecht aufzutreiben.

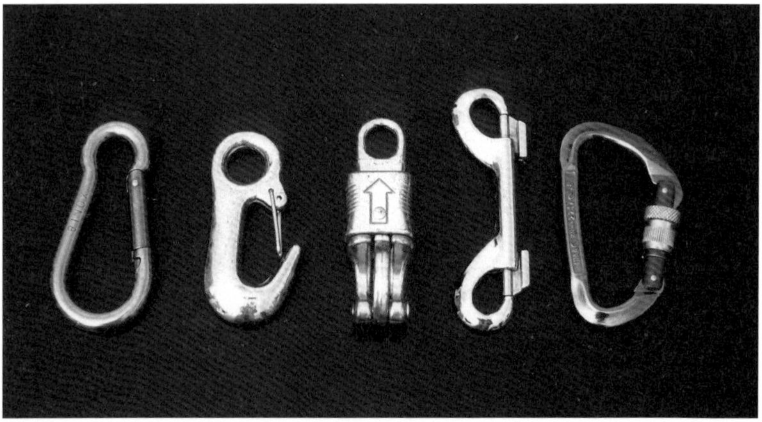

v.l.n.r.: Feuerwehrkarabiner, Karabiner für schwere Lasten, Panic-Snap, Doppelkarabiner, Bergsteigerkarabiner mit Überwurfsicherung

Seilzug mit Handhebefesseln

Flaschenzüge, Kettenzüge, Winden und Elektrowinden dienen dazu Lasten in die Höhe zu befördern. Voraussetzung für ihre Benutzung ist ein stabiler Haken bzw. sogenannte Krippenhaken und Schaukelringe in der Decke. Das ist bei den meisten modernen Bauten ganz schnell ein Problem. So passiert es manchmal, dass ein Haken nach langer Benutzung doch ausreißt. Sicher ist ein Befestigung nur dann, wenn sie in einen Deckenbalken oder fachgerecht in eine Betondecke eingeschraubt ist. Es gibt inzwischen Geräte, die auf elektronischem Wege anzeigen, wo die Stützbalken verlaufen. Alternativen sind eine stabile Balkenkonstruktion,

die vom Boden aus einen Deckbalken trägt, in den der Haken eingeschraubt werden kann oder ein freistehendes Bondage-Gestell.
Einfache, preiswerte Flaschenzüge aus dem Baumarkt erlauben es ohne viel Anstrengung einen 90 Kilo-Menschen hochzuziehen. Diese Geräte haben einen Stopper, der aber nicht immer völlig zuverlässig arbeitet. Deswegen sollte man zusätzlich einen stabilen Haken in der Wand befestigen, um das lose Ende des Seilzuges dort extra sichern zu können. Mit den sehr viel aufwendigeren Kettenzügen und Elektrowinden lassen sich sehr viel schwerere Lasten bewegen. Das Eigengewicht dieser Geräte ist so groß, dass sich hier die Befestigung an einem Stahlträger (!) empfiehlt. Normale mit einer Handkurbel betriebene Winden sind dafür ausgelegt kein normales Seil sondern Stahlseil zu bewegen. Diese Winden haben einen Sicherungsstift, der ein Zurücklaufen verhindert. Vor der Benutzung sollte man sich wie bei all diesen Geräten überzeugen, dass sie einwandfrei funktionieren.
Spreizstangen dienen – wie der Name schon sagt – dazu, Beine oder Arme in eine gespreizte Haltung zu zwingen. Es gibt diese Stangen in den unterschiedlichsten Ausführungen. Von Selbstbau bis hin zu Teleskopstangen, deren Länge variabel ist. Meist haben diese Stangen an jeder Seite eine große

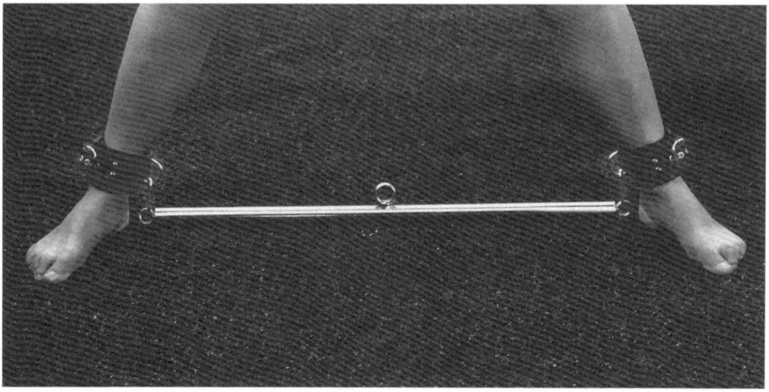

Spreizstange

Öse, manche sind in der Mitte noch mit einer dritten Öse versehen. Diese dritte kann dazu dienen, jemanden daran hochzuziehen. Allerdings sind billigere Fabrikate so instabil, dass sie bei starker Belastung in der Mitte durchbiegen, zerbrechen oder die Ösen ausreißen. Für derartige Experimente sollte man lieber eine Stahlstange mit fest verschweißten Ösen nehmen.
Man kann sich recht einfach eine Spreizstange selber machen: Im Baumarkt ein Alu- oder Kupferrohr vom Meter kaufen, es mit der Metallsäge auf die gewünschte Länge kürzen und die Kanten abfeilen, so dass keine scharfen Stellen mehr zu spüren sind. Dann ein Seil durch das Rohr ziehen. Jetzt kann man an jedem Ende mit dem Seil eine Manschette knoten und schon ist die funktionsfähige Spreizstange fertig.
Von einigen Herstellern gibt es Systemspreizstangen, die miteinander variierbar sind, die z.B. die Möglichkeit bieten, in der Mitte eine zweite Stange im 90° Winkel anzuschrauben, an deren Ende sich ein Dildo befindet oder die wiederum mit einer weiteren Spreizstange zu einem Doppel-T-förmigen Rahmen verbunden werden kann.
Eines der wichtigsten Hilfsmittel, das in keinem Bondage-Haushalt fehlen sollte, ist ein Gerät zum schnellen und sicheren Öffnen der Bondages. Neben den Ersatzschlüsseln für Schlösser, Schekelöffnern und im Bedarfsfalle das eine oder andere exotische Werkzeug gehört als Sicherheitsmaßnahme für den schnellen Ausstieg, gerade bei Seil-Bondages und Mumifizierungen, Werkzeug zum sicheren Schneiden in die Spielkiste. Zwar befindet sich in jedem Verbandskasten eine Verbandschere (hat eine stumpfe abgerundete Schneide, damit sollte die Schere unter das zu durchschneidende Material geschoben werden), aber man sollte doch lieber eine von besserer Qualität nehmen, die sich auch zum Durchschneiden von dickeren Seilen eignet. Wer seinen Verbandskasten nicht plündern will und den Kauf eines im Allgemeinen recht teuren Exemplars in der Apotheke oder im Sanitätsfachhaus scheut, kann auch auf Messer mit einer stumpfen Spitze zurückgreifen oder sich ein klauenförmi-

Das Andreaskreuz

ges Messer, wie es zum Durchschneiden von Fallschirmleinen benutzt wird, zulegen. Ich selbst benutze die Abwandlung der gemeinen Verbandsschere, eine so genannte EMT-Schere.

Bondage-Möbel

Kaum ein neuerer Krimi, in dem nicht irgendwelche SM-Studio-Einrichtungen präsentiert werden. Am bekanntesten sind da wohl das Andreaskreuz und der Pranger. Das Andreaskreuz ist eine ideale Möglichkeit jemanden im Stehen zu fesseln, ohne Angst haben zu müssen, dass derjenige das Gleichgewicht verliert. Je nachdem in welche Richtung der Passive angebunden ist, hat man als Aktive oder Aktiver

Eine Möglichkeit des Fesselrahmens

freien Zugang zur Vorder- oder Rückseite des geliebten Opfers. Bei frei stehenden Kreuzen ist es sogar möglich, gleichzeitig von vorne und hinten zu spielen. Voraussetzung ist, dass das Kreuz wirklich stabil steht – zur Not sollte man es mit einer Kette an einem stabilen Deckenhaken oder Wandhaken sichern.

Der Standpranger zwingt seine Opfer zu einer eher unbequemen Haltung. Nach ähnlichem Prinzip gibt es Prangerbretter, welche die Füße einschließen oder sogar Füße und Hände zusammenfassen. Da Pranger aus Holz oder Metall sind bieten sie eine starre Fesselung, die nicht varierbar ist. Dabei besteht zum einen die Gefahr beim Schließen Haut einzuklemmen, zum anderen sind die Öffnungen meist nicht gepolstert, wodurch es zu Abschürfungen oder Sehnenreizungen kommen kann.

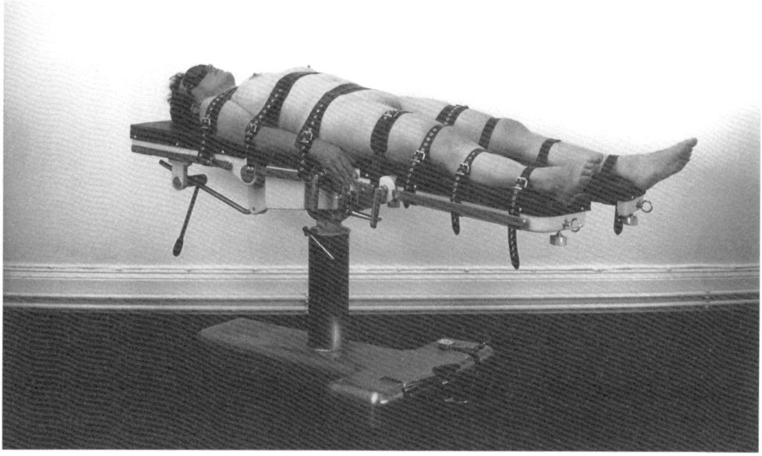

Luxusmodell einer Bondageliege. Es gibt meist schlichtere Varianten

Bei Prangern, die eine Öffnung für den Kopf haben, sollte immer bedacht werden, dass um den Hals genug Platz ist und es nicht zu einer Behinderung der Atemwege kommt. (Grundregel: Jemanden, der mit dem Kopf in einem Pranger steckt, nie alleine lassen!)

Das Bondage-Bett ist eine Liege, an deren Seiten rundherum Ösen oder Haken angebracht sind, die es ermöglichen, jemanden vollständig daran zu fesseln.

Eine ganz spezielle Art von Bondage bietet die Bondage-Matratze. Sie besteht im Grunde aus zwei Matratzen, zwischen die sich das Opfer legt, bevor sie mit Luft gefüllt werden und so einen gleichmäßigen Druck auf den Körper ausüben. Eine derartige Matratze kann man relativ einfach selbst herstellen: Man nehme zwei herkömmliche Luftmatratzen (von mindestens 1 Meter Breite). Die erste Matratze wird aufgepumpt, dann legt sich der Passive darauf. Die zweite Matratze wird darüber gelegt und mit mehreren möglichst breiten Spanngurten über dem Opfer fixiert. Dann wird die obere Matratze mit einem Blasebalg so lange aufgepumpt, wie es dem Passiven gefällt.

Außerdem gibt es noch verschiedenste andere Bondage-Möbel, zu denen Bondage-Stühle, Gynäkologenstühle und

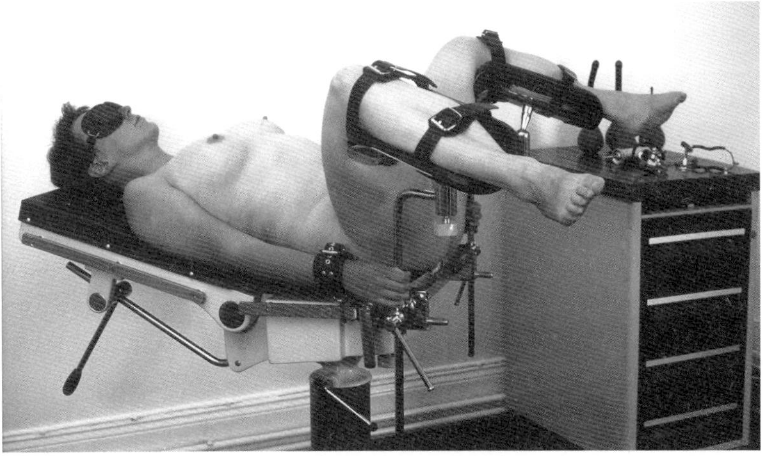

Untersuchungsliege in bequemer (für wen wohl?) Stellung

Böcke gehören. Und mit ein bisschen Geschick kann man das eigene Bett oder den gemütlichen Lehnstuhl mit Armlehnen zweckentfremden.

Eine weitere Möglichkeit, die viele Variationen der Fesselung bietet, ist der Fesselrahmen. Ähnlich dem Andreaskreuz gibt es ihn frei stehend oder an einer Wand befestigt. Wer keine unerwarteten Besucher in seinem Schlafzimmer bekommt, kann sich seinen Bondage-Rahmen leicht selber bauen. Entweder schraubt man in den Türrahmen stabile Haken oder man fertigt aus massiven, splitterfreien Vierkanthölzern einen Rahmen, den man fest in der Wand verdübelt. Ideal sind Maße von 2,50 mal 2,50 Meter. In einem Abstand von ca. 15 Zentimetern werden jetzt innen in den Rahmen stabile Haken (mindestens 6 mm Durchmesser) geschraubt. Damit ist schon alles bereit für eine Spinnennetz-Bondage oder weniger aufwendige Fesseln.

Bondage-Möbel ganz besonderer Art sind Käfige. Ob nun als Stehkäfig, Zelle oder so ausgelegt, dass der ›Gefangene‹ darin nur hocken kann (Vorsicht: unbequeme Haltungen können zu Überlastungen von Gelenken und Sehnen führen), bieten sie eine unkomplizierte Möglichkeit der Ganzkörper-Fesselung. Eine Gefahr durch eingeschnürte

Sehnen oder Gefäße ist unwahrscheinlich, auch eine Hautverletzung kann kaum passieren.
Zu den Bondage-Möbeln kann man auch noch die Streckbank rechnen. Gerade Menschen, die den Dehnungsaspekt bei Bondage lieben, sind mit diesem in Anlehnung an mittelalterliche Folterinstrumente konstruierten Gerät gut bedient. Aber wer stellt sich so ein Trum schon ins Schlafzimmer oder in den Hobbykeller.
Gute moderne Streckbänke sind so konstruiert, dass sie bei einem bestimmten Gegenzug eine Sicherung öffnen, die ein Überdehnen des gestreckten Körpers verhindert. Besonders wichtig ist, dass die Fesseln, mit denen der Körper auseinander gezogen wird, sehr gut gepolstert sind, da der Zug sich ähnlich wie bei Hebefesseln auswirkt.
Das Bondage-Rad ist meist eine große Holzscheibe mit Griffen für die Hände und kleinen Podesten für die Füße. Breite Riemen fixieren Arme, Beine, Hand- und Fußgelenke, sowie Brust, Becken und Bauch an dem Rad. Wenn dann jemand so sicher festgeschnallt ist, kann dieses Rad gedreht werden. Langsames Drehen bis der Kopf nach unten zeigt kann zu einem Gefühl ähnlich der Schwerelosigkeit führen. Wichtig bei einem Bondage-Rad ist, dass es sich in jeder gewünschten Position feststellen lässt.

Exotisches

Neben den oben erwähnten Möglichkeiten gibt es die verschiedensten Utensilien, um jemanden in seinen Möglichkeiten einzuschränken oder ihn bewegungsunfähig zu machen. Da gibt es z.B. die Leute, die es als ultimativen Kick empfinden, ihrem Gegenüber mit Schnürsenkeln die Zehen zusammen zu binden. (Achtung: Da Senkel sehr dünn sind besteht schnell die Gefahr des Blutstaus.) Auch Elastikbinden aus dem Sanitätsfachhandel oder Pferdebandagen lassen sich gut zweckentfremden. Und eine eine recht wirkungsvolle Ganzkörper-Bondage lässt sich aus einem Satz langer, stabiler Gürtel machen. Besser geeignet sind dafür aber Riemen, die stabile Schnallen besitzen, viele Löcher haben und länger als normale Gürtel sind, damit man auch den Oberkörper mitsamt der Arme fesseln kann.

Haushaltsfolie ist sehr gut für eine Mumifizierungs-Bondage geeignet. Die Folie ist stabiler als man eigentlich denkt. Natürlich sollte man das mit der Mumie nicht zu wörtlich nehmen: Nase und Mund sollten immer frei bleiben. Bei längerem Mumifizieren kann es zu einem Wärmestau kommen, daher ist es wichtig (wie eigentlich bei allen Bondages) die eingewickelte Person nicht unbeaufsichtigt lassen.

Zinkleim- und Gipsbinden sind grundsätzlich ebenfalls geeignet (Achtung: Wärmeentwicklung beim Abbinden des Materials). Allerdings sollte man sich vorher überlegen, ob man eine Gipssäge oder wenigstens eine Gipszange im Haus hat, um das Opfer befreien zu können.

Latexbänder (wie z.B. die Gymnastikbänder) lassen sich auch für Bondage benutzen. Ihr Nachteil ist, dass sie eher schmal sind und gleichzeitig Druck ausüben. So kann es schnell mal zu Blutstauungen in den gefesselten Gliedmaßen kommen.

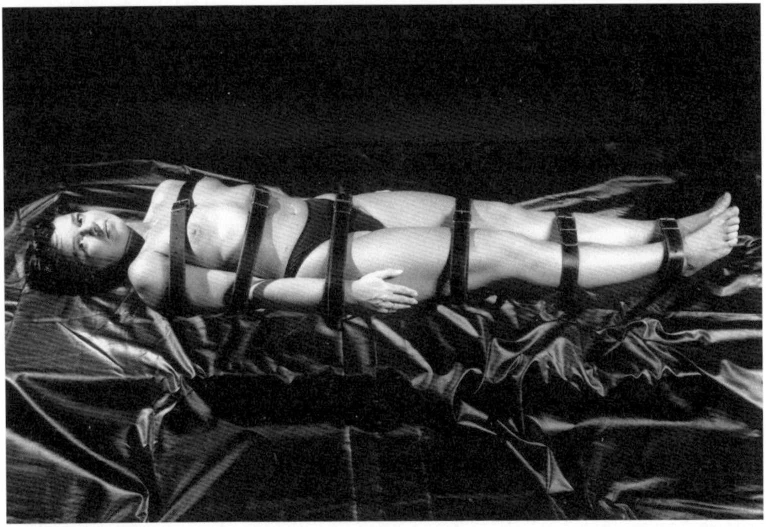

Riemenfesselung

Mit Hilfe von Spanngurte, die man im Baumarkt oder im Autozubehör bekommt, verwandelt sich das eigene Futonbett in eine Bondage-Liege: Einmal um die gesamte Matratze gelegt, können sie als Ankerpunkt für Seile dienen oder auch dazu genutzt werden, eine Person auf dem Bett festzuschnallen.
Eine weitere Variante sind Bondage-Geschirre oder Harnesse für den ganzen Körper oder einzelne Körperteile. Meist bestehen die Geschirre aus Lederriemen, die in ihrer Länge variabel verschließbar sind. Der Harness für den Oberkörper ist auch als reines Schmuckstück tragbar, sobald sich aber daran ein Geschirr für den Unterkörper anschließt, kann der Effekt einer Fessel wieder sehr schnell in den Vordergrund treten. In diesen Bereich gehören auch Penis- und Hodenfesseln wie der Hunnengurt und ähnliche.

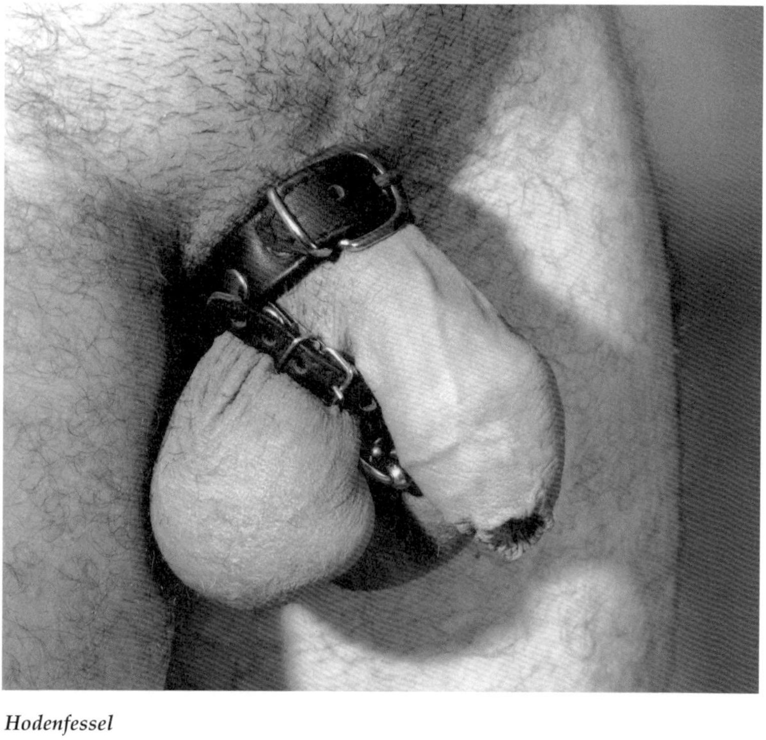

Hodenfessel

Beachtet werden muss gerade beim Abschnüren von Gliedmaßen, dass es schnell zu mehr als dem erwünschten leichten Blutstau kommt. Außerdem gibt es, gerade beim längeren Tragen, die Gefahr des sich Wundscheuerns. Manche Riemenmodelle sind aus sehr hartem Leder gemacht, haben Metallapplikationen oder der Harness sitzt nicht passgenau. Also sollte man zwischendurch den korrekten Sitz kontrollieren.
In die gleiche Kategorie fallen die Keuschheitsgürtel. Hier gibt es die unterschiedlichsten Modelle von eher primitiv bis maßgeschneidert und für regelmäßiges Tragen geeignet. Auch hier ist die größte Gefahr, dass die Haut wundgescheuert wird oder es zu Druckstellen kommt.

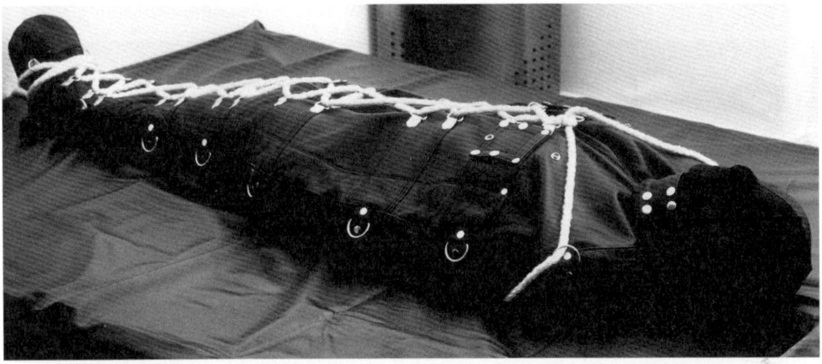

Fesselsack mit Seilschnürung

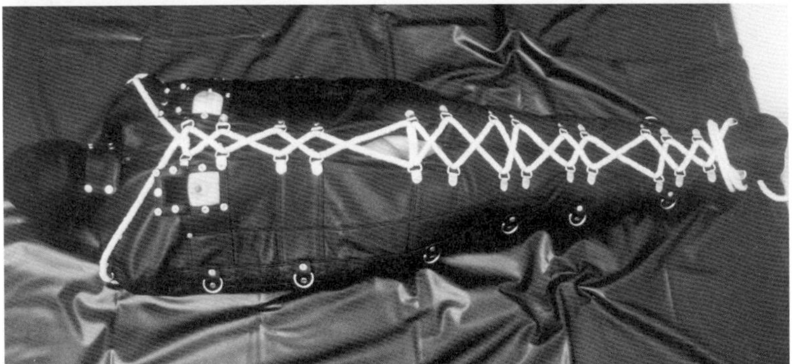

Fesselsack mit Öffnungen

Von einigen Herstellern werden mehr oder weniger aufwendig gearbeitete Bondage-Säcke angeboten. Hier gibt es Bondage-Handschuhe, Säcke, in die beide Hände und Arme zusammen eingeschnürt werden, und Anzüge, die den ganzen Körper umschließen und dabei einen gleichmäßigen Druck ausüben.

Korsetts gehören für manche Leute, die auf den Effekt der Einschnürung und des Drucks auf den Körper aus sind, auch zu den Bondage-Mitteln. Hier ist jetzt nicht die Rede von den normalen Miedern, sondern von den recht kostspieligen Kreationen, mit denen man sich wirklich eng schnüren lassen kann, ohne dass die Haken und Ösen ausreißen. Eng geschnürte Korsetts reduzieren die Atmungsmöglichkeiten und behindern den Magen bei der Nah-

Kondomhand

rungsaufnahme. Nicht umsonst fielen die fischbeinverstärkten Damen früherer Jahrhunderte regelmäßig in Ohnmacht und aßen ganz vornehm nur kleinste Portiönchen.
Zu den speziellen Kleidungsstücken gehören auch sogenannten Humpel- (weil sie nur noch kleinste Schrittchen ermöglichen) bzw. Bondage-Röcke. Diese Röcke werden mit Schnallen oder einer Schnürung so eng fixiert, dass ein normales Gehen unmöglich wird. Bei den sogenannten Bondage-Hosen ist nur die Schrittlänge etwas eingeschränkt, da die Beine mit einem Gurt aneinander gefesselt sind. Doch diese Hosen sind alltagstauglich und werden von manchen Leuten eher als dekoratives Kleidungsstück benutzt.
Obwohl sie aus hauchdünnem Latex bestehen, können auch Kondome als Handfessel benutzt werden. Einfach die Hand zur Faust ballen lassen und dann das Kondom drüber ziehen. Manche Leute schwören drauf.
Nur der Vollständigkeit halber sei hier noch eine hübsch bizarre, aber dennoch wirkungsvolle Methode der Fesselung erwähnt. Man sticht oberflächlich sterile Kanülen durch die Haut. Über die beiden Enden der Nadel wird eine Art Kralle gesetzt, die, mit elastischem Faden verbunden, beispielsweise an einem Fesselrahmen befestigt wird. So kann man einer Person aus abgespannten Fäden eine Art sie haltenden Flügelfächer konstruieren.
Diese Technik ist nur für jemanden der weiß, wie und wo man steril und sauber Nadeln setzt. Temporäre Piercings sind etwas für Fachleute. Wer Näheres dazu wissen will, kann sich über den Verlag an mich wenden.
Natürlich lassen sich auch vorhandene Nippel- oder Genitalpiercings als Ankerpunkte für eine Bondage verwenden (Bauchnabel und Gesichtspiercings dürfen niemals unter Zug gesetzt werden!!!) Doch Achtung, auch abgeheilte Piercings reißen schnell ein und dann muss man sie pflegen wie einen frischen Stich. Je dicker der Piercingring, desto eher lässt sich daran ziehen, ohne dass man ungewollte Folgen verursacht.

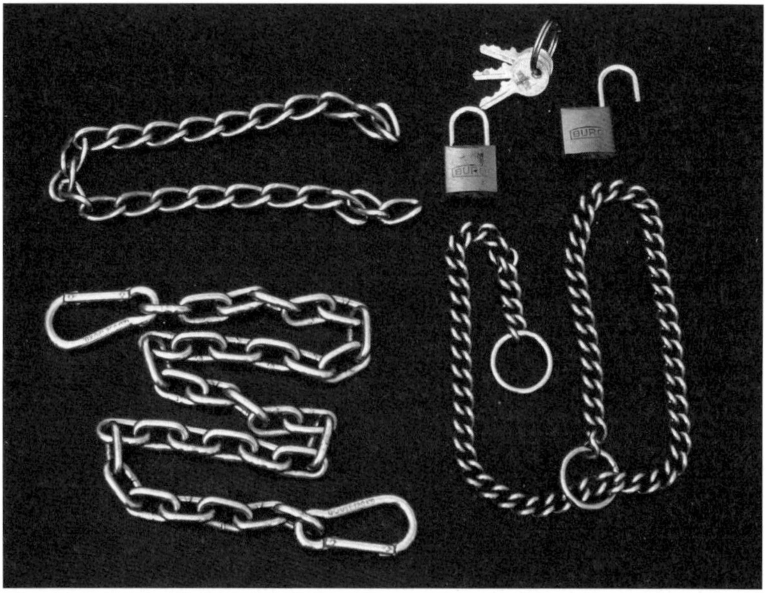

Ketten aus Edelstahl (unten) und verchromt (oben: Achtung, Allergiker), kleine Sicherheitsschlösser

Ketten und Schlösser

Es gibt sie als Kettchen oder als schwergewichtige Edelstahlkette, aus Plastik, verchromt oder verzinkt. Jemanden an die Kette zu legen hat seinen ganz speziellen Reiz und, gesichert mit einem Sicherheitsschloss, etwas sehr viel endgültigeres als eine Fessel aus Seil oder Leder – reicht doch bei letzterem eine Schere oder ein scharfes Messer um sich zu befreien. Wer schon jemals versucht hat, den Bügel eines hochwertigen Vorhängeschlosses durch zu sägen, weiß wovon ich rede. Um sich aus einer Ketten-Bondage ohne Schlüssel zu befreien, braucht es einen je nach Dicke und Qualität größeren bis großen Bolzenschneider. Und wer hat den schon zuhause herumstehen?
Beim Kauf von Ketten bestimmt wie bei allen Gerätschaften der Zweck die Qualität. Plastikketten mit rot-weißen Gliedern mögen als Absperrung taugen, sind aber für eine Bon-

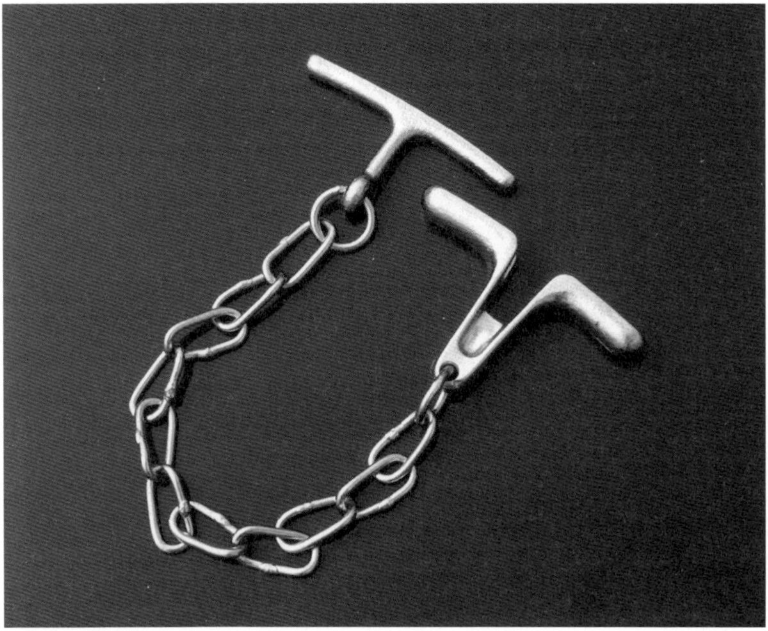

Knebelkette

dage ungeeignet. Menschen mit Chrom- oder Nickelallergie sollten die Finger von verchromten Ketten lassen.
Verzinkte Ketten sind die preiswertere Alternative zu Edelstahlketten. Auf jeden Fall sollte man Ketten mit verschweißten Gliedern nehmen, weil sich offene Glieder bei Beanspruchung aufbiegen können. Normalerweise ist angegeben, mit wieviel Zug eine Kette maximal belastet werden kann; man sollte immer eine Sicherheitsmarge vom dreifachen des Gewichtes des potentiellen Opfers nehmen. Gerade bei verdrehten Ketten kommt es zu Scherkräften, die ein Vielfaches der normalen Zugbelastung ausmachen können.
Am besten lassen sich Ketten zu einer Bondage verarbeiten, deren Glieder etwa im Verhältnis 3 zu 2 länger als hoch sind. Edelstahlketten mit einer Materialstärke von 3 mm sind ausreichend. Alles, was dicker ist als 5 mm, oder sobald die Kettenglieder ein Verhältnis von 4 zu 2 oder gar 6 zu 2 haben, ist

so sperrig, dass es sich nicht mehr glatt den Körperkonturen anpasst. Gute Ketten lassen sich als Meterware schon in Heimwerkerabteilungen mancher Kaufhäuser finden, ansonsten bieten Baumärkte und Schiffsausrüster eine gute Auswahl.
Besonders achtsam muss mit Ketten auf dem Körper umgegangen werden, da sie fast immer irgendwelche rauhen oder gar scharfen Stellen haben, welche die Haut verletzen oder auf Leder, Lack, Gummi oder feinem Stoff hässliche Spuren bis hin zu Einrissen hinterlassen können.
Dies gilt auch für die sogenannten Knebelketten, die man manchmal in Kriminalfilmen sieht. Sie dienen als Ersatz für Handschellen und sind so konstruiert, dass man sein Opfer durch Verdrehen und damit Verengen der Kette sehr gut disziplinieren kann. Dass damit auch mal schnell ein Nerv eingeklemmt wird, liegt in der Natur der Sache, also bitte: Äußerste Vorsicht!
Zum Verbinden von Ketten gibt es Kettenschließen (offene Kettenglieder, die zusammengebogen werden sobald man damit zwei Ketten verbunden hat), Schekel (darauf achten,

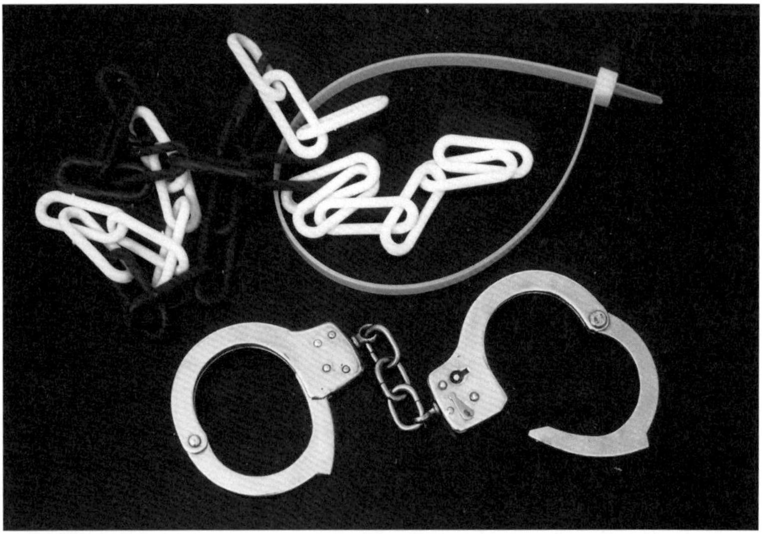

Die rote Liste:
Plastikkette, Billighandschellen, Einmalhandschellen der Polizei (bzw. Kabelbinder)

dass der Stift des Schekels durch die Kette passt) und natürlich Vorhängeschlösser.
Am bekanntesten sind die Marken-Firmen Abus und Burg, deren Schlösser eigentlich nie Probleme bereiten. Billigschlösser können bei starker Belastung aufgehen oder es kann gar der Schlüssel abbrechen. Um einen Satz Schlösser schnell öffnen zu können, sollte man die Schlüssel und die Schlösser vorher kennzeichnen. Hierzu bieten sich Kerben (auch bei Stromausfall kann man sie ertasten), verschiedenfarbige Klebestreifen oder Lackstift an. Die elegantere Lösung ist es, sich einen Satz gleichschließender Schlösser zu kaufen. Diese müssen vom Händler meist beim Hersteller bestellt werden, so dass mit Wartezeiten zu rechnen ist. Es ist sinnvoll, die Schlösser regelmäßig mit Graphitspray zu pflegen (schmiert und dient als Reibwertminderer). Und bevor man beginnt jemand zu verschließen IMMER wissen, wo Schlüssel UND Ersatzschlüssel sind.

Die Rote Liste

Hier handelt es sich nicht um die Liste gefährdeter Spezies, sondern um eine Liste der Bondage-Hilfsmittel von denen abzuraten ist.
Besonders riskant sind die Billighandschellen mit ihren scharfen Kanten und ohne funktionierende Sicherung. Mit Plüsch überzogen werden diese Modelle manchmal als Lovecuffs verkauft, das verbessert aber nicht die Sicherung. Plastikwäscheleinen sind ähnlich wie Paketschnur zu dünn, um damit jemanden wirklich sicher zu verschnüren. Nicht rostfreie Ketten oder Plastikketten gehören nicht an einen Menschen, es sei denn man will ihm schaden.
Auch wenn die Polizei bei Festnahmen Einmal-Fesseln benutzt heißt das noch lange nicht, dass diese Plastikdinger für Bondage geeignet sind. Wer diese Fesseln einmal kennen gelernt hat, weiß wovon ich rede (Taubheitsgefühle im Daumen, Durchblutungsstörungen, Druckstellen am Handgelenk).

4. Kapitel

Kleine Knotenkunde

Es muss nicht immer ein Palstek sein, einige Bondage-Meister finden ihn sogar eher unsinnig. Für Bondage-Zwecke reichen meist recht einfache Knoten. Wer mehr wissen will, kann sich aus diversen Knotenbüchern bedienen. Meiner Meinung nach ist das Wichtigste bei Knoten, dass sie schnell zu machen und zu öffnen sind. Wenn sie dann noch symmetrisch aussehen und das dekorative Bild einer Bondage nicht stören, dann haben wir alles, was notwendig ist.

Einfacher oder Achter Knoten (für Japan-Bondage)

Einfacher Knoten

Doppelt gelegter einfacher Knoten

Auge (Zur Anfertigung einer Schlinge)

Palstek

Doppelter Palstek

Deko-Flechten:

Kreuzknoten
(Zum Verschließen von zwei Seilenden, relativ schnelles Öffnen möglich)

1

Kreuzknoten bzw. Weberknoten
(Zum Verschließen von zwei Seilenden, schnelles Öffnen möglich)

2

3

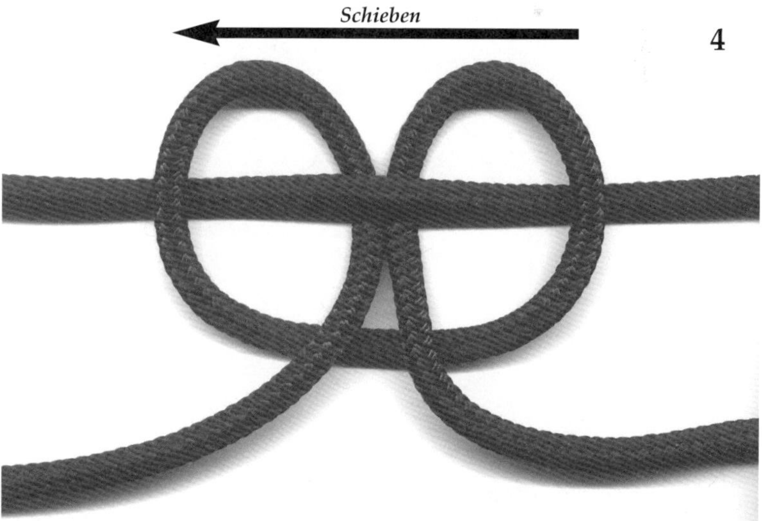

4

Achterbusch

1

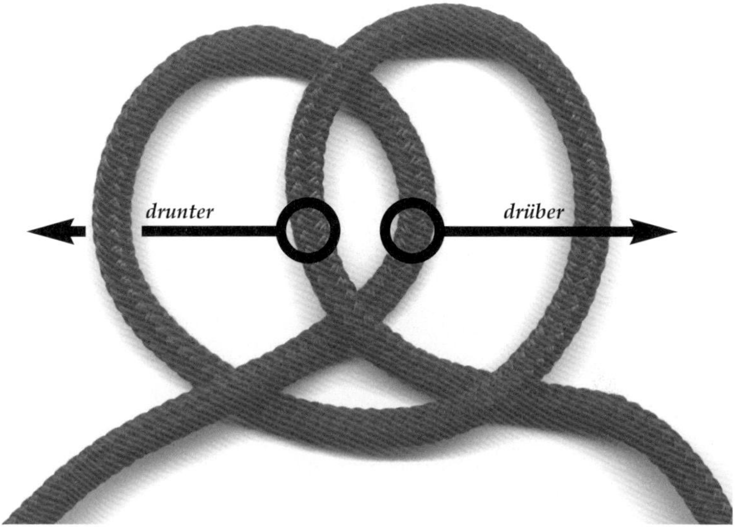

Handschellenknoten

2

Einfacher Slipstek, ›halbe Schleife‹
(Zum Befestigen eines Seilendes unter Zug, schnelles Öffnen möglich)

Andere Möglichkeit Seil zu befestigen

Zwei halbe Schläge mit doppelter Wicklung halten das Seil auch unter Zug straff

5. Kapitel
Bondage-Regeln

Rechtliche Situation

Wie schon eingangs erwähnt, muss Bondage immer zwischen Menschen geschehen, die sich freiwillig, im vollen Bewusstsein dessen, was sie tun und unter Einhaltung der Sicherheitsempfehlungen in diese spannende Erfahrung begeben. Die Einwilligung kann verbal oder nonverbal (z.B. durch Hinstrecken der gekreuzten Handgelenke zum Fesseln) gegeben werden. Wenn sich der Aktive unsicher ist, sollte er direkt fragen. Der Verlust der Einvernehmlichkeit macht aus einer Bondage-Session eine Freiheitsberaubung.

Wer dann noch mit seinem wehrlosen Gegenüber Sex macht, begeht eine sexuelle Nötigung oder Vergewaltigung. Kommt es dann noch zu irgendwelchen Schäden wie z.B. blauen Striemen oder Nervenreizungen, kommt auch noch eine Körperverletzung dazu.
Einwilligen in eine Fesselung kann nur jemand, der einwilligungsfähig ist, dass heißt die Person muss volljährig und geschäftsfähig sein.

Sicherheitscodes

Da Bondage ein für beide Seiten lustvolles sexuelles Spiel sein soll, muss besonders die oder der Aktive Handwerkszeug haben, um sich mit seinem mehr oder weniger hilflosen Opfer zu verständigen und das Opfer seinerseits muss in der Lage sein, mit eindeutigen Signalen sein Gegenüber auf dem Laufenden zu halten.
Auch für Bondage gilt: Störungen haben Vorrang. Und nur ein ›Opfer‹, das in der Situation Störungen melden kann, ist ein gutes ›Opfer‹. Voraussetzung dabei ist, dass auf eine gemeldete Störung umgehend Abhilfe durch den Aktiven erfolgt. Da jeder Aktive mit ein bisschen Erfahrung weiß, dass manchmal der Aufmerksamkeits-Fokus des Passiven auf anderes gerichtet ist, sollte auch bei nicht erfolgten Rückmeldungen immer mal wieder geprüft werden, ob noch alles in Ordnung ist.
In der nichtkommerziellen SM-Subkultur hat sich eine ganze Palette von Codes und Sicherheitswörtern herausgebildet, die auch derjenige kennen und verstehen sollte, der ›nur‹ auf Bondage steht und nichts mit der Szene zu tun haben möchte.[4]

---

[4] Datenschlag hat eine besonders ausführliche Broschüre mit dem Titel ›Safewords, Slowwords und Okaycodes – Sicherheitscodes für sadomasochistische Spiele‹ herausgegeben, die kostenlos beim CHARON VERLAG bestellt werden kann.

Gerade dann, wenn ›Bitte nicht‹ und ›Nein, Nein!‹ Bestandteil eines Bondage-Spieles sind, braucht man Zeichen, die nicht fehlinterpretierbar sind.
Man unterscheidet Abbruchcodes, die sowohl ein Wort, als auch ein Signal sein können. In der deutschen Subkultur hat man sich auf das Safeword ›Mayday‹ geeinigt, aber auch andere Wörter wie z.B. ›Zirkus‹ oder ›Marmelade‹ sind möglich. Wer sein Bondage-Spiel so erweitert, dass der Passive geknebelt ist, sollte sich auf ein Handzeichen zum Abbruch verständigen.
Da ein Abruchcode etwas ist, das der Passive aktiv benutzen muss, es aber Situationen gibt, in denen der Passive dazu nicht mehr in der Lage ist (z.B. bei einem emotionalen Absturz oder weil er zu den Personen gehört, die nicht ›Nein‹ sagen können), haben sich Bestätigungscodes entwickelt. Das kann ein erwiderter Kuss sein, ein Blickwechsel oder eine bejahende Antwort auf die Frage, ob denn alles OK sei.
Eine dritte Kategorie von Sicherheitswörtern dient der Feinsteuerung. Zu dieser Gruppe gehört der Ampelcode: Grün – mehr, weitermachen; Gelb – weniger, weitermachen in geringerer Intensität; Rot – Stopp, ich brauche eine kurze Pause. Individuelle Alternativen dazu sind möglich.
Jedenfalls sollte man sich vorher auf gemeinsam anerkannte Sicherheitsworte einigen, damit es nicht zu vermeidbaren Missverständnissen kommt.

Emotionale Sicherheit

Diese Sicherheit gibt es nur, wenn beide voneinander wissen, dass sie sich aufeinander verlassen können und dass bei einer Störungsmeldung umgehend für Abhilfe dieser Störung gesorgt wird.
Bei einem Bondage-Spiel kann es zu emotionalen Abstürzen kommen – wie bei jeder Art intensiver Erfahrungen, die vielleicht eine ungeliebte oder bisher vergessene alte Erin-

nerung hochspülen. Deshalb sollte jeder Aktive sich darüber im Klaren sein, dass er es plötzlich mit einem weinenden, sehr traurigen, schreienden oder sonstwie negativ reagierenden Wesen zu tun bekommen kann.
Es muss dann selbstverständlich für den Aktiven sein, dass er seine Gespielin oder seinen Gespielen sofort befreit, sich um ihn kümmert, ihn umsorgt, bereit ist mit dem Passiven zu reden und die unangenehme Erfahrung aufzuarbeiten (soweit das in einem Gespräch möglich ist). Diese emotionale Sicherheit ist eine der Grundvoraussetzungen für ein vertrauensvolles Bondage-Spiel. Es ist die Hängematte in die sich das Opfer lehnen kann, in dem sicheren Wissen, da ist jemand, der es hält. Ein Satz wie »Ich bin nicht Dein Therapeut.« ist da kontrapunktiv.
Wer nicht bereit ist, sich auch emotional auf seine Partnerin oder seinen Partner bei einem Bondage-Spiel einzulassen, sollte die Finger von diesen Erfahrungen lassen. Eine Bondage-Session ist kein One-Night-Stand.
Wichtigste Regel nach Abbruch einer Session sollte sein: Geduld und Zeit und keine Schuldzuweisungen! Gerade die Belastung, die eine Beziehung durch den Abbruch einer quasi sexuellen Situation erlebt, kann als Chance genutzt werden, um noch mehr gegenseitiges Vertrauen zu entwickeln. Natürlich ist es schlau, egal wie lieb einem das gerade ist, den Initialreiz eines Absturzes zu vermeiden, wenn man ihn kennt. Regeln, bis zu welchem Punkt jemand ›bei der Stange‹ bleiben sollte, können nur individuell von Beiden aufgestellt werden. Wo einer es genießt, wenn die Stellung unbequem oder schmerzhaft ist, kann das für die andere genau der Punkt sein, an dem sie aussteigt. Ein »Stell Dich nicht so an!« ist da jedenfalls nicht der richtige Weg, den Passiven über die Grenze zu locken. Und um das Locken geht es ja, wenn man versucht, den anderen ein bisschen enger oder länger in der Bondage zu lassen.
Auch ohne Absturz und auch wenn alles geglückt ist, beide Partner zufrieden und entspannt sind, hat es Sinn die Situation mit einem Erfahrungsaustausch ausklingen zu las-

sen. (»Wie war das, als ich das Seil so eng um Deine Hüfte geschlungen habe? Was hast Du gedacht, als ich die Augen schloß, während Du meine Hände fesseltest?«). Schließlich will man ja besonders nach einem schönen und intensiven Spiel eine Wiederholung. Und nur durch die Rückmeldungen, die wir von unserer Partnerin oder unserem Partner erhalten, können wir lernen, Dinge besser zu machen oder anders.

Medizinisches

Die folgenden Anmerkungen dienen nicht zur Abschreckung, sondern zur Unfallvermeidung. Schließlich muss einem ja jemand sagen, dass der Topf heiß ist, wenn man ihn von der Kochplatte nimmt.

Ganz allgemein gilt, dass alle Stellen, an denen der Puls fühlbar ist, keinen direkten Druck vertragen. Besonders riskant sind aus naheliegenden Gründen Kehle und Hals. Daher darf ein Seil NIEMALS vorne um den Hals geschlungen werden.

Bei Fesselungen, die den Nacken mit einbeziehen, ist zu berücksichtigen, dass ein Zug nach vorne zu einem seitlichen Druck auf die Halsvene führen kann. Gerade bei stehenden oder hängenden Personen kann dies eventuell den Carotis Sinus Venen Reflex (CSV-Reflex) auslösen, der zu sofortiger Bewusstlosigkeit führen kann.

Maßnahme in so einem Fall: Person sofort hinlegen, Beine hoch, alle einengenden Bondage-Utensilien, besonders an Hals und Oberkörper, sofort entfernen (zur Not mit bereitliegender Verbandsschere, Gurtschneider oder Paketbandschneider die Seile zerschneiden, Messer eignen sich wegen der scharfen ungeschützten Klinge nicht so gut, können aber im Notfall auch verwendet werden), ein Handtuch mit Eiswürfeln füllen oder mit kaltem Wasser nass machen und in den Nacken legen. Falls die Bewusstlosigkeit länger als ein paar Sekunden dauert, die oder den Betroffenen in die stabile Seitenlage bringen und den Notarzt verständigen.

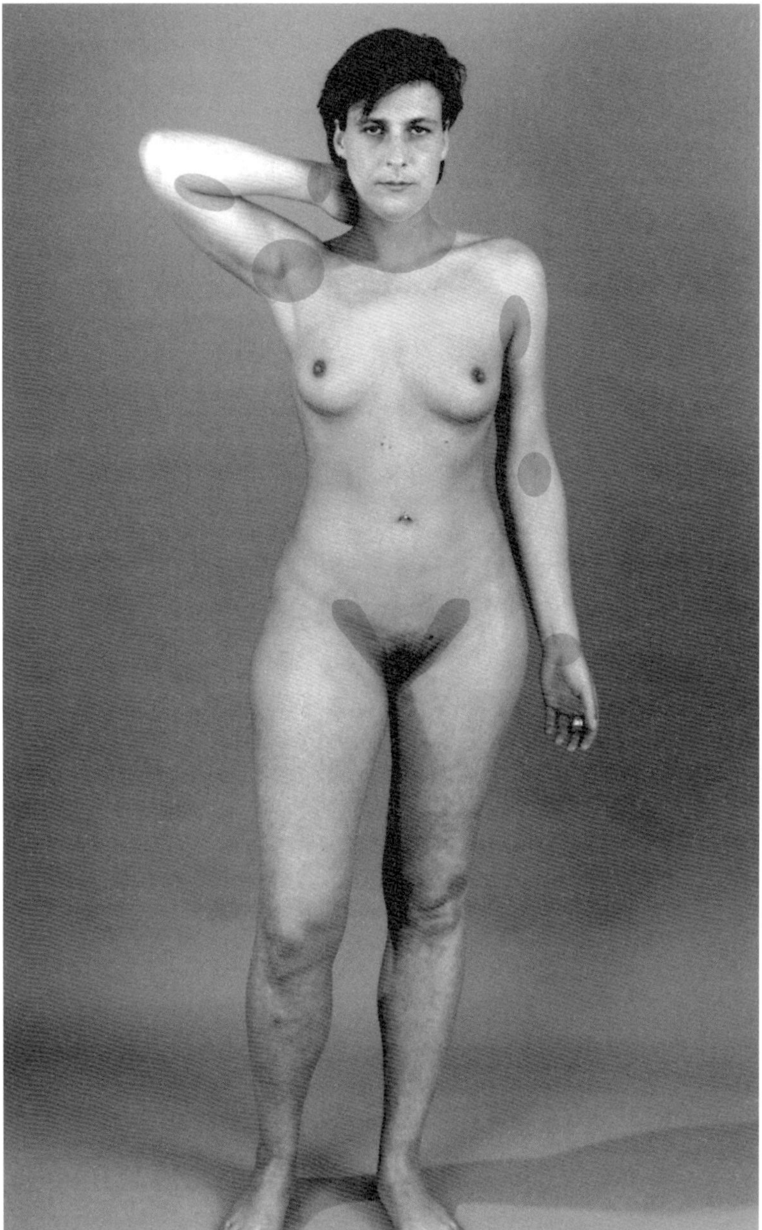

Die grau gekennzeichneten Stellen sind besonders empfindlich bzw. gefährdet.

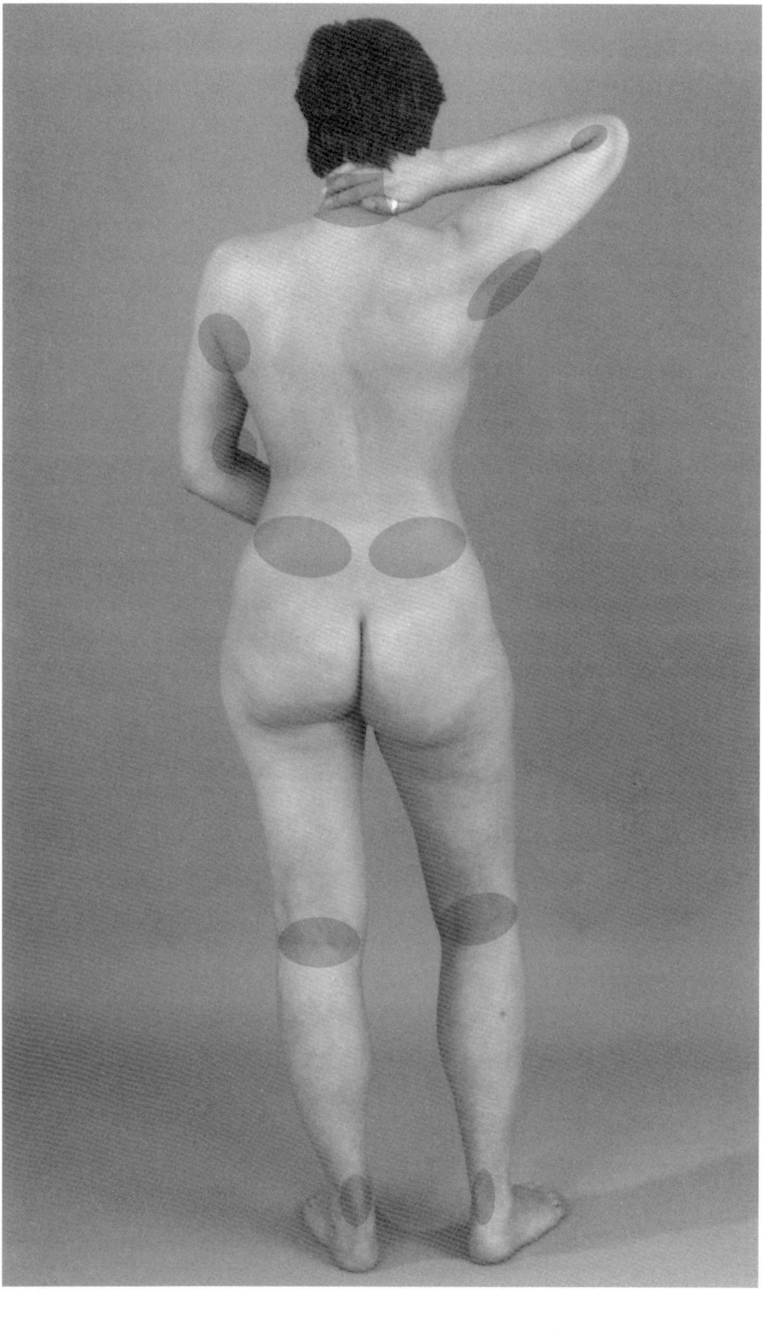

Wenn der Druck vom Hals nicht sofort entfernt wird, kann es zum Tod kommen. (Besondere Gefahr besteht bei Leuten, die sich selbst fesseln, denn hier gibt es keinen, der bei einer Ohnmacht die Schlinge vom Hals ziehen kann.)
Andere gefährdete Stellen sind die Achselhöhlen, der innere Oberarm, das innere Handgelenk und der obere Bereich mit der relativ empfindlichen Daumensehne (daher bei Handschellen immer die Einrastsicherung betätigen und bei einer Fesselung mit einem Seil nach Möglichkeit die Hände mit den Handflächen nach innen zusammen legen), der innere Ellenbogen, die Leistenbeuge, die Knierückseite und die Achillessehne. In diesen Bereichen laufen neben den Arterien häufig auch empfindliche Nerven, Sehnen und Lymphstränge. Um den möglichen Druck abzumildern, kann man die Fesselungen polstern, z.B. durch Schaumstoffpolster, Schweißbänder oder Handtücher.
Auch ein dicker Knoten in einem sonst nicht zu straffen Seil, kann an den empfindlichen Körperstellen zu Problemen führen.
Bei Fesselungen im Stehen, besonders wenn die Arme nach oben gestreckt sind, oder auch bei Hängefesslungen mit dem Kopf nach unten kann es zu Kreislaufproblemen kommen. Gerade Menschen mit niedrigem Blutdruck oder eher große Menschen neigen zu Kreislaufproblemen. Deswegen ist darauf zu achten, dass die gefesselte Person nicht unkontrolliert umfallen kann. Wenn in einem Einstiegsgespräch abgeklärt wurde, dass die Person, die gefesselt werden soll, schon früher Kreislaufprobleme hatte, empfiehlt sich eine Fesselung im Liegen oder Sitzen, um mögliche Probleme schon anfangs auszuschließen.
Anzeichen für Kreislaufprobleme sind Hautblässe, kalter Schweiß auf dem ganzen Körper, flaches, kaum wahrnehmbares Atmen und verminderte Ansprechbarkeit (das kann z.B. bedeuten, dass Rückmeldungen ausbleiben). Verhalten wie oben (CSV-Reflex) mit sofortigem Befreien und Hinlegen der Person, Hochlagerung der Beine, eventuell stabile Seitenlage.

In eingeschnürten Gliedmaßen können auch – gewollt oder ungewollt – Durchblutungsstörungen auftreten. Kurzfristiger Rückstau des Blutes in den Venen kann manchmal ganz spannend sein, z.B. am Penis, aber auch schnell problematisch werden, z.B. bei Menschen mit einer Neigung zu Krampfadern in den Beinen. Hier kann ein Rückstau zur Entstehung von Krampfadern oder zu einer Verschlimmerung bestehender führen. Im schlimmsten Fall ist sogar ein Gefässverschluß möglich, daher bei Krampfadern NIEMALS die Beine eng fesseln.

Anzeichen für einen Blutstau sind bläuliche Verfärbung der Haut, kühle Haut, Taubheitsgefühle, Kribbeln oder Stechen. Maßnahmen: Sofort die Fessel lösen und das betroffene Glied sanft massieren. Bei Krampfaderbildung den Arzt aufsuchen.

Ein paar Anmerkungen zum Abbinden des Penis und/oder der Hoden. Es gibt eine ganze Menge Männer, die darauf stehen. Das Abbinden oder Einschnüren des Penis (z.B. durch einen engen Cockring oder eines der anderen exotischen Spielzeuge aus dem Erotikfachhandel) reduziert den Rückfluss des Blutes und kann zu einer verlängerten Erektion führen. Das ist häufig angestrebt und kann sehr aufregend sein. Wenn ein Penis zu lange abgebunden bleibt, kann das mit der Zeit recht schmerzhaft werden. Eine Entscheidung, ob die Fessel entfernt werden soll, sollte sich nach dem Bedürfnis des Gefesselten richten.

Manche Männer mögen es, viele Frauen hassen es: Abgebundene Brüste. Das mehr oder weniger feste Umwickeln der Brüste mit Seil oder Gummiband sensibilisiert die Brusthaut und besonders den Nippel. Gleichzeitig kann der ausgeübte Druck auf den Drüsenkörper sehr schmerzhaft und unangenehm sein. Als Folge auftretende völlig unerotisch schmerzhafte Reizungen des Drüsenkörpers können äußerst langwierig verlaufen. Manche Frauen haben auch ein ästhetisches Problem mit abgebundenen Brüsten, die vielleicht durch den Blutstau in der Oberhaut noch blau anlaufen. Ein guter Aktiver sollte darauf Rücksicht nehmen.

Jemanden nackt in einem kühlen Schlafzimmer zu fesseln zeugt nicht von sonderlich gutem Stil. Gerade bei Frauen kann es neben einer Erkältung wie man sie sich bei Unterkühlung gerne mal einfängt auch zu einer Blasenentzündung oder gar einem aufsteigenden Harnwegsinfekt kommen. Da eine Bondage-Session für die meisten Leute sehr aufregend ist, verlieren die Opfer manchmal das Gefühl dafür, dass ihnen kalt ist. Daher gehört es in die Verantwortung des Aktiven darauf zu achten, dass der Raum immer gut beheizt ist und dass die Person nicht friert. Auch wenn es optisch nicht immer der Bringer ist: Ein paar dicke Skisocken oder das Anbehalten der Schuhe hat schon so manche Blasenentzündung verhindert. Achtung: Heizlüfter sollten nie dichter als 1 Meter neben einer gefesselten Person stehen.
Was immer mal gerne gemacht wird, weil es so schön ist: Erst fesseln und dann jemanden auf dem Teppichboden durchvögeln. Bei der Bewegung, die dadurch entsteht, kann es auf dem Rücken der unten liegenden Person zu unangenehmen Verbrennungen durch die Reibung kommen. Hilfreich ist es, für eine glatte Unterlage zu sorgen, wie z.B. ein Laken oder eine Wolldecke.
Bei längeren Fesselungen (z.B. jemanden die ganze Nacht bewegungslos gefesselt schlafen lassen) kann es zu Druckstellen bis hin zu Druckgeschwüren kommen. Das wird besonders dadurch gefördert, dass jemand auf einer nicht saugfähigen Unterlage liegt, wodurch der Schweiß sich an den Auflagestellen sammelt. Das kann man vermeiden, wenn man dem Körper erlaubt, immer mal wieder seine Lage zu verändern oder indem man die Bondage mal nicht auf seinem Lieblingsgummilaken macht.
Hautabschürfungen sollte man desinfizieren und mit Pflaster abdecken. Oberflächliche Druckstellen kann man mit einer kühlenden Sportsalbe verarzten.
Allgemein ist noch zu beachten, dass Fesseln bei einer Lageveränderung ihren Druck auf den Körper verändern können. Das heißt, dass man die Weite der Fesseln regelmäßig kontrollieren muss, damit sie nicht einschneiden.

Manche Bondages zwingen den Körper in für ihn ungewohnte Stellungen. Das kann zu Überdehnungen an Gelenken und Muskeln führen. Besonders leicht passiert das bei einer Ellenbogen-Bondage. Es können die Symptome einer Sehnenzerrung, einer Muskelzerrung oder gar einer Gelenkkapselreizung auftreten. Maßnahme: Hotpack, heißes Bad, wärmende Salben. Bei länger dauernden Beschwerden empfiehlt sich ein Besuch beim Facharzt.
Wer mal eben versucht irgendwelche exotischen Japan-Bondages, wie man sie in einem Film oder Heft gesehen hat, nachzumachen, kann sich vielleicht mit dem Problem eines ausgekugelten Schultergelenkes konfrontiert sehen. Hier sollte sofort ein Eisbeutel aufgelegt werden, damit die auftretende Schwellung möglichst gering bleibt und ein Einrenken möglich ist. Dann den Notarzt aufsuchen.
Die Modelle in Bondage-Filmen und Heften sind Profis, die genau wissen, wo die Belastungsgrenze ihres Körpers ist. Daher ist beim ›Nachbau‹ einer Bondage, die man mal gesehen hat, immer Vorsicht geboten. Rückmeldungen des Bondage-Opfers sind IMMER ernst zu nehmen. Was der eine noch aushält, kann für den anderen schon unerträglich sein. Immerhin steckt der Aktive nicht in der aktuellen Bondage, auch wenn er oder sie vielleicht schon selbst einschlägige Erfahrungen gemacht hat.
Sollte es trotz aller Kontrolle doch einmal zu einer Nervenreizung oder -quetschung kommen, weil die Handschelle oder das Seil zu eng um die Handgelenke gelegen hat, kühlt man diese Stelle am Besten gleich mit einem Eisbeutel. Nervenreizungen können sehr unangenehm sein und zu Taubheitsgefühlen in dem betroffenen Finger führen, die manchmal mehrere Tage und sogar Wochen anhalten können.
Seit immer mehr Leute sich in Seil-Hänge-Bondages versuchen, hört man vermehrt von Problemen wie Fallhand/Hängehand und taubem Daumen. Betroffen ist dabei der Radialis-Nerv. Im Gegensatz zu Kribbeln, Blaufärbung oder eingeschlafenem Gefühl gibt es bei der Fallhand selten Vorzeichen. Die einzige Möglichkeit zur Überprüfung ist es,

sich die Hände des Gefesselten geben zu lassen und ihn zu bitten kräftig zu drücken und gegenzuhalten. Sobald man das Gefühl hat, da ist kein Gegendruck mehr, sollte man sofort die Spannung aus der Fesselung nehmen (Hänge-Bondage abbrechen) und die Hände und Arme befreien.
Das klingt natürlich ein bisschen nach Gruselkatalog, doch man sollte sich klar machen: Von allen sexuellen Praktiken ist Bondage die erotische Technik, bei der es am häufigsten zu kleinen Unfällen kommt. Diese bestehen meist nur aus einer ungewollten Hautabschürfung oder einem leicht gereizten Nerv, aber auch das ist bei Beachtung der Vorsorgemaßnahmen weitgehend zu vermeiden.
Übrigens, Bondage schützt nicht vor übertragbaren Geschlechtskrankheiten. Deswegen sollte auch bei Bondage Safer Sex praktiziert werden. Gerade wenn sich jemand nicht wehren kann, ist es ein echter Vertrauensbruch, ungeschützten Sex ohne Absprache auszuüben.

6. Kapitel
Unterschiedliche Bondage-Techniken

Anhand von Beispielen soll hier Wissenswertes für Anfänger, Fortgeschrittene und Nachlesenswertes für Fachleute vorgestellt werden.
Wie man eine Handschelle oder eine Lederfessel schließt, weiß jeder. Doch wie man Seile plaziert, dass Hände, Füße oder der Körper so gefesselt sind, wie man es geplant hat, ist für viele Leute ein Gebiet, über das sie gerne mehr wissen würden. Auch wenn es manchmal so scheint, als wäre speziell Seil-Bondage eine Wissenschaft, so kann man doch auch als Anfänger schon mit relativ einfachen Mitteln sein Gegenüber binden/fesseln.
Aufwendigere Bondages haben erst dann Sinn, wenn einem die Basistechniken in Fleisch und Blut übergegangen sind. Schließlich sollte man sicher sein, dass man seine Knoten wieder öffnen kann, dass man sich nicht selbst in seinen eigenen Seilen verfängt, dass man die Handschellensicherung findet und sich auch nicht dadurch verunsichern lässt, dass das gefesselte Gegenüber sich selbst befreit hat.
Erst aus Erfahrung und durch die Rückmeldungen das Partners lernt man, ob etwas zu fest oder zu locker gebunden ist. Welche Stellung bequem oder unbequem ist, erfährt man durch Ausprobieren und gemeinsames Herumspielen.
Ein Ratschlag: Wenn man gerade frisch eine Partnerin oder einen Partner für seine Bondage-Spiele gefunden hat, ist es ratsam, nicht gleich am ersten Abend eine aufwendige japanische Hänge-Bondage zu versuchen, sondern sich erst gemeinsam an das Thema heranzutasten.

Basistechniken:
Freies Fesseln, Fesseln an Gegenständen

Vielen Leuten reicht es schon, wenn sie ihr Liebstes einmal dazu zwingen können, die Hände still und die Schenkel geöffnet zu halten. Da Bondage für die meisten Fans dieser Spielart etwas mit ganz direkter erotischer Stimulation zu tun hat und für viele der Reiz einer Bondage darin liegt, sein Gegenüber sexuell zu stimulieren, ohne dass es etwas dagegen unternehmen kann, müssen als erstes die Hände still gelegt werden.

Hände vor dem Körper, Handflächen nach innen

Eine Fesselung der Hände innerhalb einer erotischen Situation können sich die meisten Menschen noch gut vorstellen. Je nach Lust oder praktischen Überlegungen lassen sich Hände vor dem Körper oder auf dem Rücken, zusammengelegt oder mit gekreuzten Handgelenken sicher und schnell mit allen möglichen Fesselutensilien fixieren.

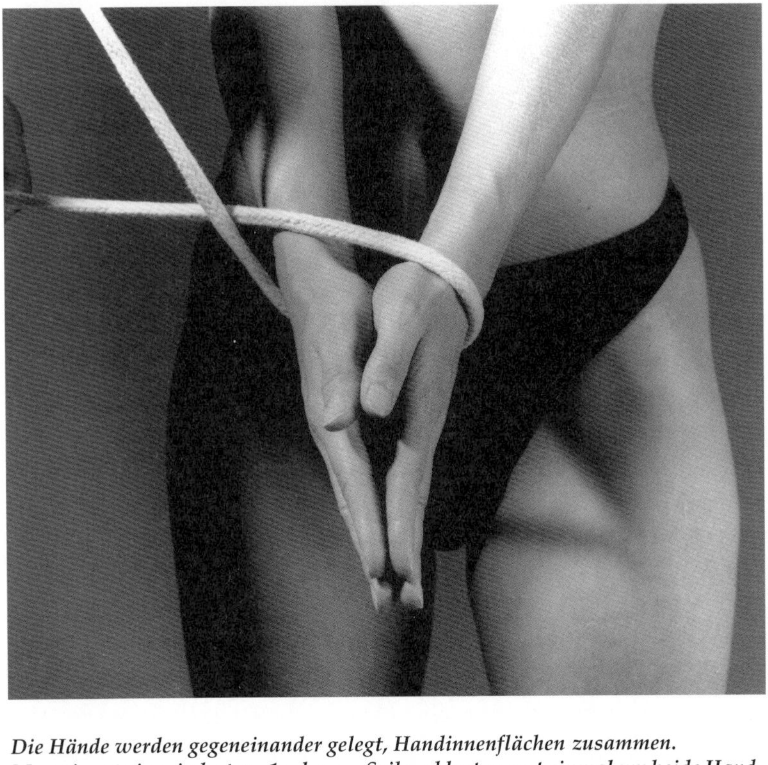

Die Hände werden gegeneinander gelegt, Handinnenflächen zusammen. Man nimmt ein mindestens 1m langes Seil und legt es erst einmal um beide Handgelenke.

Mehrere Windungen verteilen den Druck des Seiles besser.

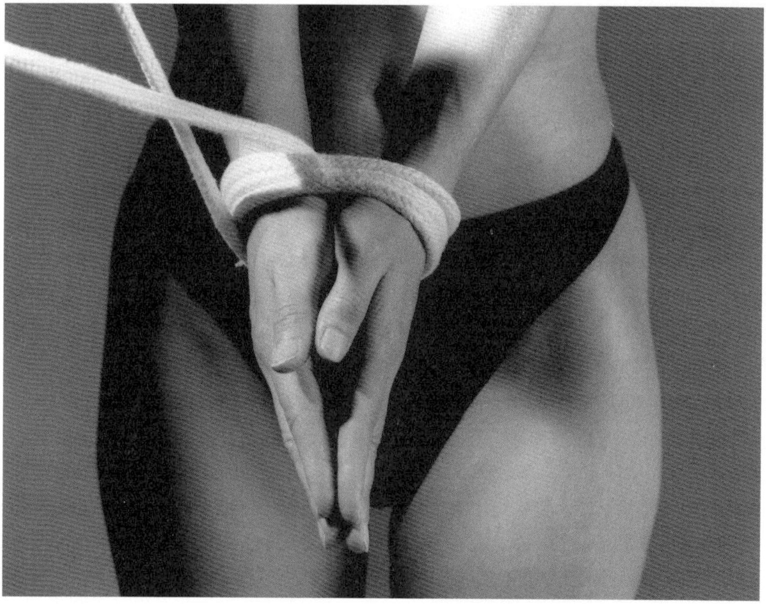

Das längere Seilende wird jetzt zwischen den Händen hindurchgeführt.

Dann folgt eine Wicklung zwischen den Händen.

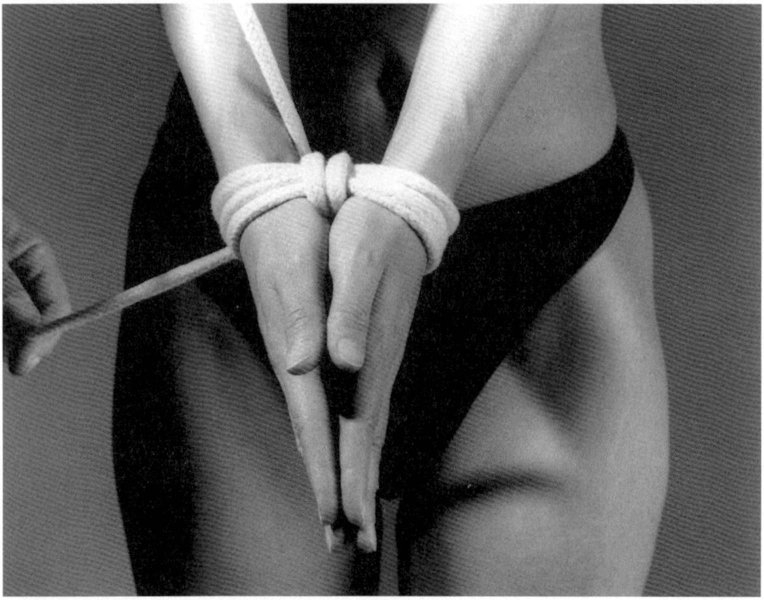

Eine zweite Wicklung sieht symmetrischer aus.

Dann wird das Seil mit einem Weberknoten gesichert. Je nachdem ob die Hände vor dem Körper bleiben (Knoten wie auf dem Bild unter den Händen) oder über den Kopf gezogen werden (Knoten über den Händen), sollte der Knoten so angeordnet werden, dass er das optische Bild nicht stört.

Beim Fesseln der Hände in ›Gebetshaltung‹ vor dem Körper gibt es verschiedene Methoden. Die hier gezeigte Variante ist hierbei fast immer die Basisform. Diese Fesselung ist auch über längere Zeit tragbar, da der Druck des Seiles nicht auf den Pulspunkten liegt.

Hände auf dem Rücken gekreuzt

Hände kann man sowohl vor dem Körper als auch hinter dem Körper mit gekreuzten Handgelenken fesseln. Hierbei ist zu beachten, dass je nach Haltung Druck auf den Pulspunkt eines Handgelenkes ausgeübt werden kann. Daher sollte die Fesselung nicht zu straff sein, aber auch nicht so locker, dass sich das ›Opfer‹ ohne weiteres herauswinden kann. Zu beachten ist, dass einer Person, deren Hände hinten gefesselt sind, bei Rückenlage sehr schnell Hände und Arme einschlafen können.

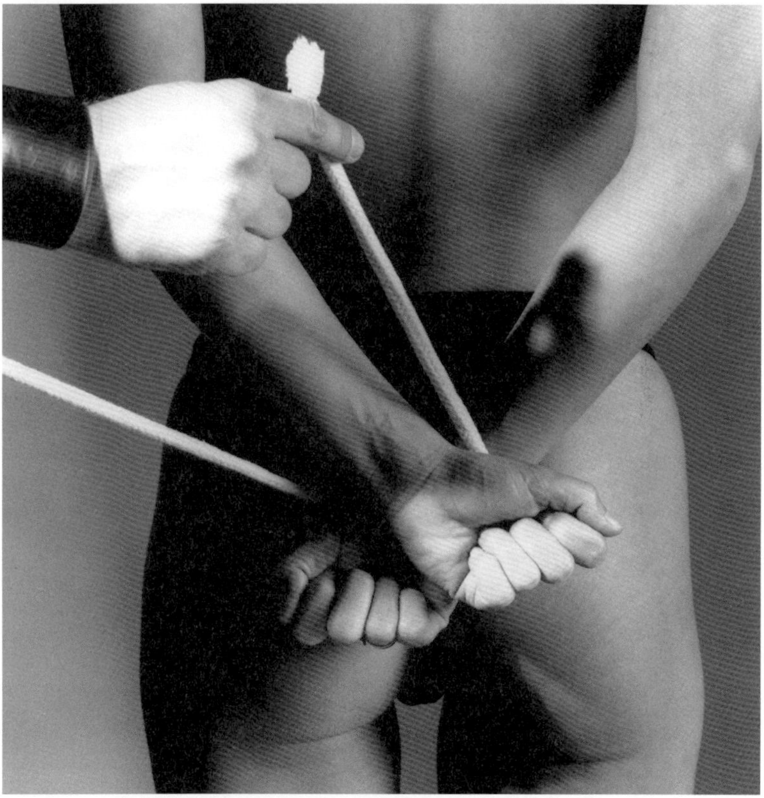

Die Hände werden über Kreuz gehalten. Eine Seilwindung wird um die Handgelenke gelegt. Das Seil sollte mindestens 1m lang sein.

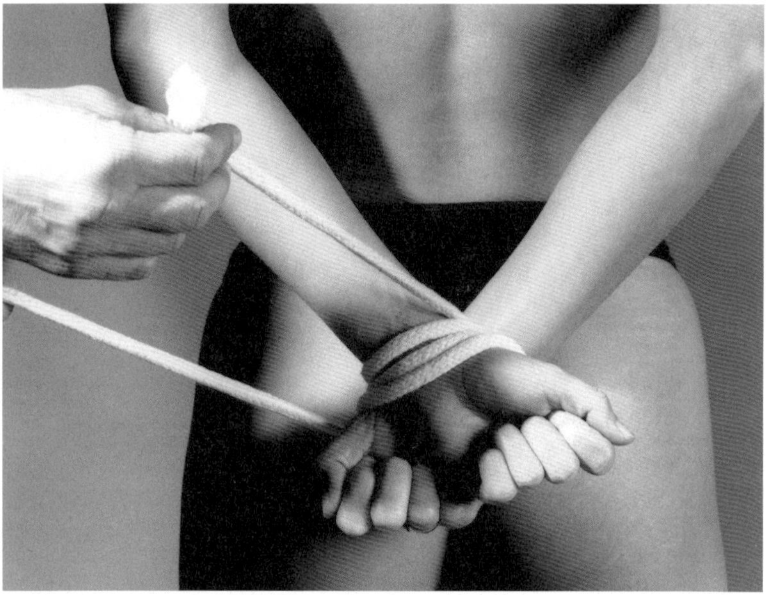

Auch hier sollte man mehrere Windungen ausführen, damit eine größere Auflagefläche entsteht.

Das Seil wird ein- oder zweimal zwischen den Händen hindurchgeführt.

Dann wird es mit einem Weberknoten verschlossen. Hübscher wäre der Knoten unsichtbar hinter den Händen. Aber vorne ist er besser zu sehen und auch leichter wieder zu öffnen, falls das notwendig sein sollte.

Ellenbogenfesselung hinter dem Rücken

Beim Fesseln der Ellenbogen aneinander sollte man ganz besonders darauf achten, dass die Gelenke nicht überdehnt werden. Nur zu schnell kann es bei zu straffer Fesselung zu lang anhaltenden Schmerzen im Hals-Nacken-Bereich kommen. Außerdem kann die Fesselung zu sehr auf die Blutgefäße und Nerven im Arm drücken, was ein Taubheitsgefühl in den Händen verursacht. Falls das eintritt, muss die Fesselung sofort gelöst werden. Manche Leute können ihre Ellenbogen hinten sehr dicht zusammenbringen, aber besonders Männer sind da eher recht eingeschränkt. Das Faszinierende an dieser Bondage ist, dass sie den Brustkorb herausdrückt und für eine sehr aufrechte Haltung sorgt. Diese Bondage eignet sich nicht, jemanden damit auf den Rücken zu legen, auch Bauchlage kann recht schnell äußerst unbequem werden.

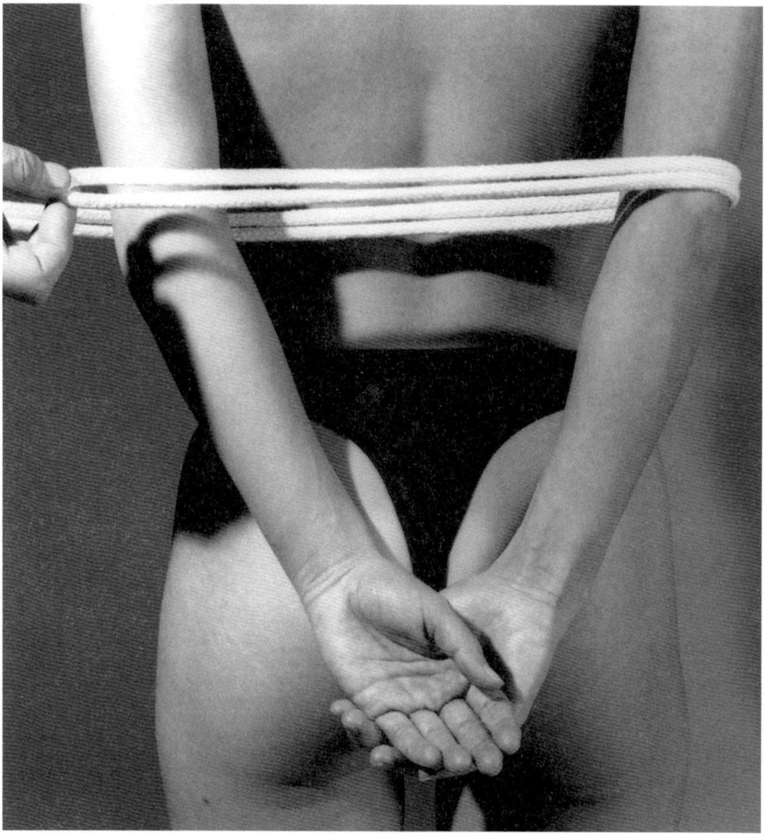

Die Arme werden nach hinten genommen. Ein doppelt gelegtes Seil von ca. 1,5 m Länge wird um beide Ellenbogen knapp oberhalb der Ellenbeuge gelegt.

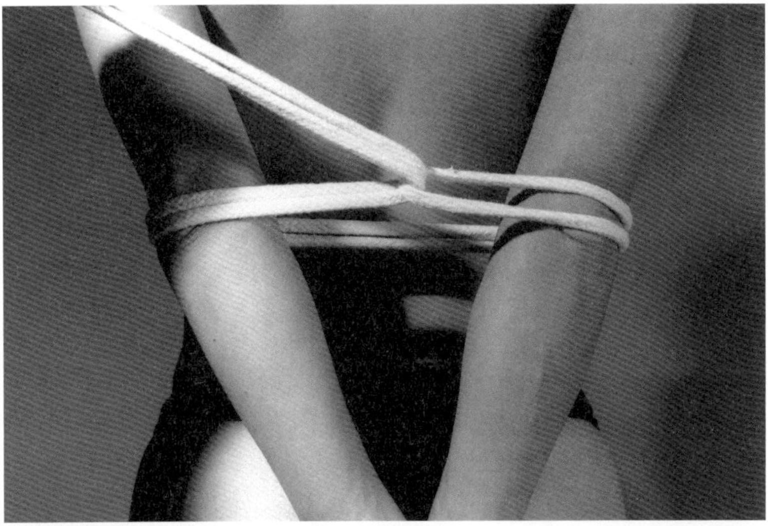

Das laufende Ende wird durch die so gebildete Schlinge gezogen und gespannt. Nicht zu straff ziehen.

Mit einer einfachen Schlinge wird das laufende Ende einmal um die beiden Doppelstränge gezogen. Man kann das laufende Ende jetzt mit einem einfachen Knoten sichern.

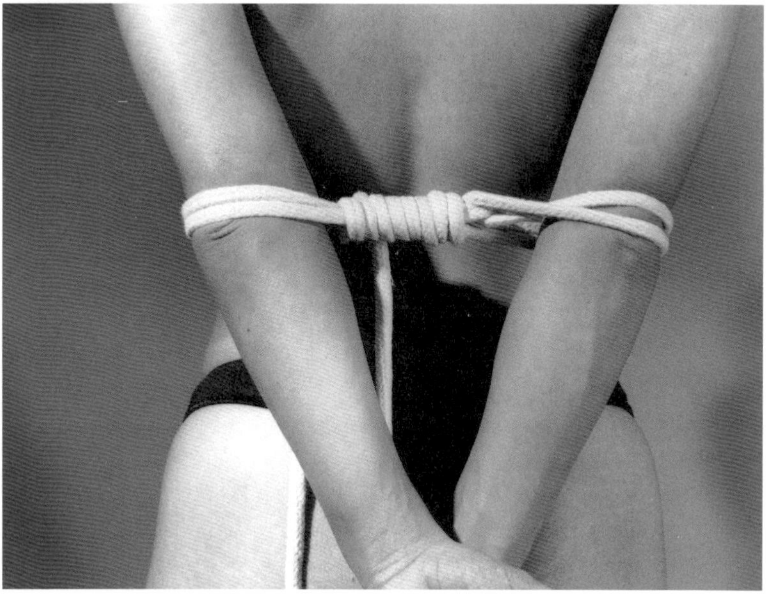

Schöner ist es, wenn man das Seil mehrmals symmetrisch um die beiden Doppelstränge wickelt und es dann sichert.

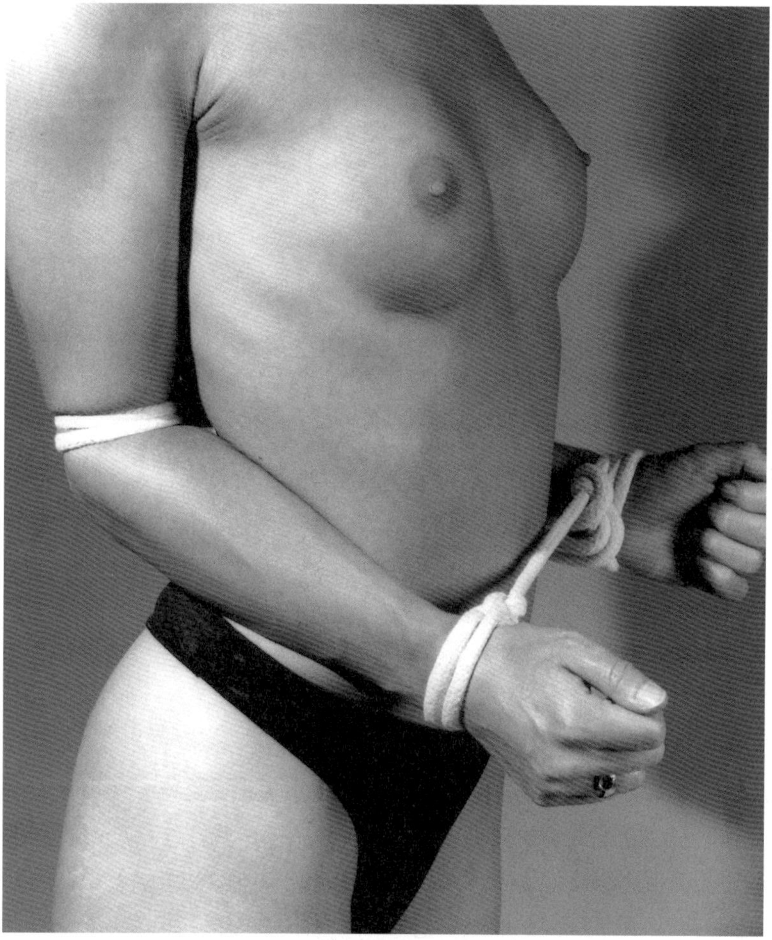

Zum Abschluß kann man die Hände nach vorne ziehen und sie aneinander fesseln. Achtung, wenn die Ellenbogen zusammengebunden sind, lassen sich die Hände vorne nur im Abstand der Körperbreite aneinander fesseln.

Als Variante kann man zusätzlich noch einen dicken Bambusstab oder einen Besenstiel zwischen Rücken und Ellenbeugen hindurch schieben. Anders als oft in Filmen oder Bildern gezeigt, eignet sich diese Fesselung nicht, um jemanden dann an dieser Stange hochzuziehen, es sei denn, man will ihm die Arme auskugeln.

Stuhlbondage

Es müssen nicht immer beeindruckende Bondage-Möbel her, auch einfache Stühle mit und ohne Armlehne oder Sessel bieten genug Möglichkeiten, jemanden bewegungsunfähig zu machen. Das Holzgestell des Stuhles im folgenden Beispiel eignet sich besonders gut für verschiedene Bondages.

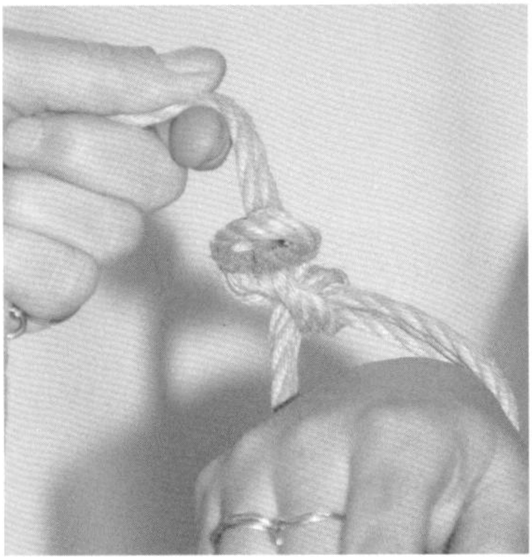

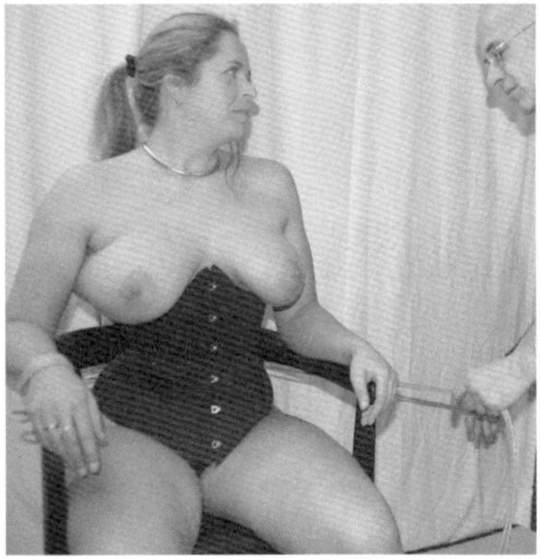

Man kann mit einer Hand anfangen, danach Festlegen des Seils an der Armlehne und von dort einmal hinten um den Stuhl gehen.

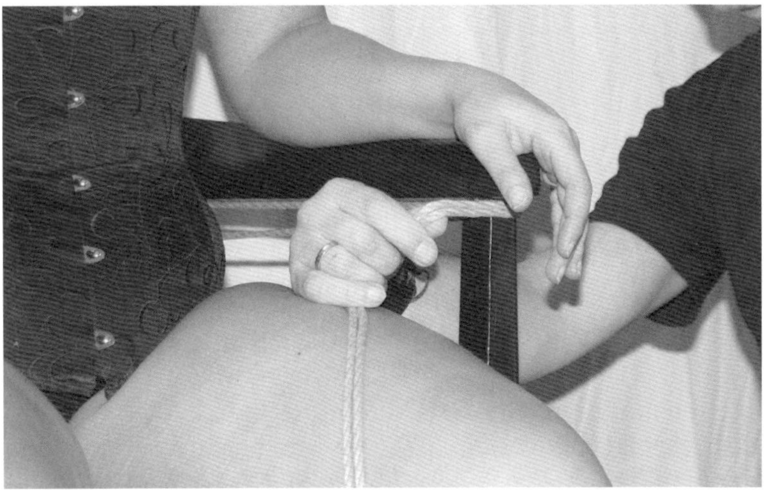

Hier das Seil fixieren.

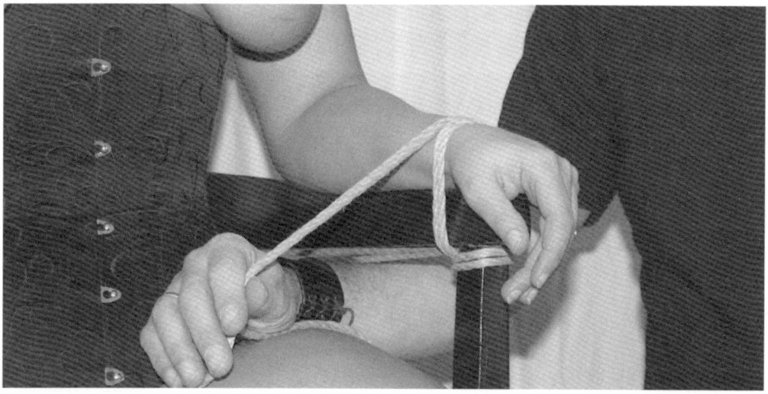

Dann den anderen Arm mit zwei Wicklungen fixieren.

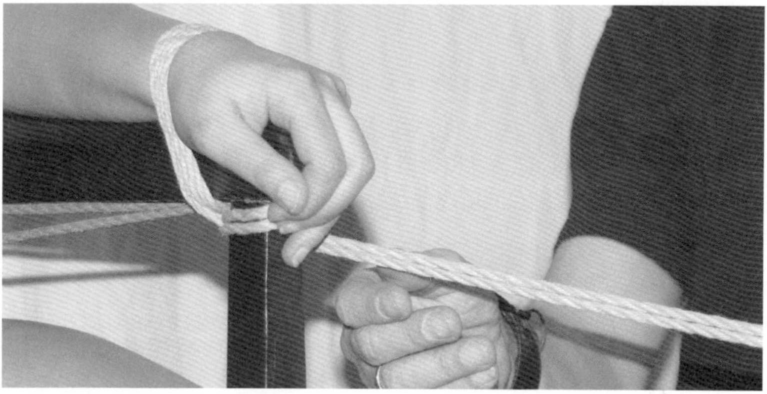

Und nochmal festlegen am Stuhl.

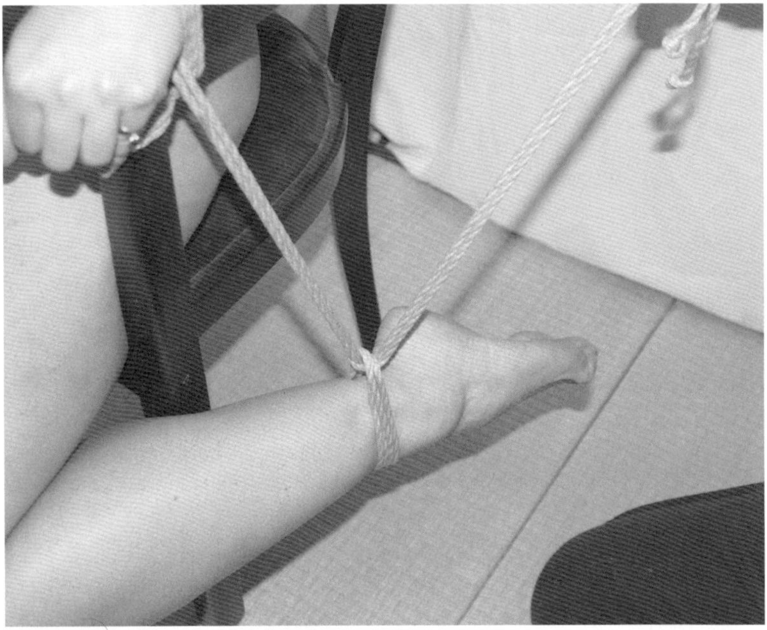

Zum Fußgelenk, zweimal des Seil rumlegen und unter den Seillagen durchziehen.

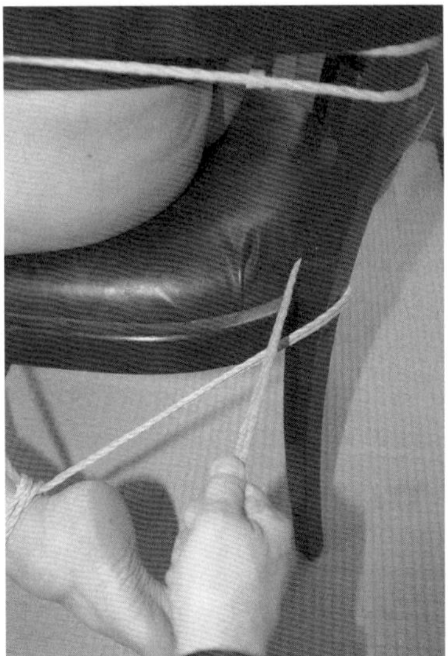

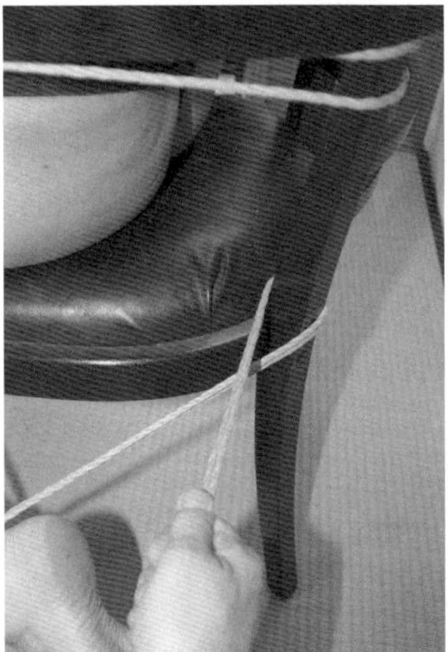

Weiter zum Stuhlbein und dort festlegen.

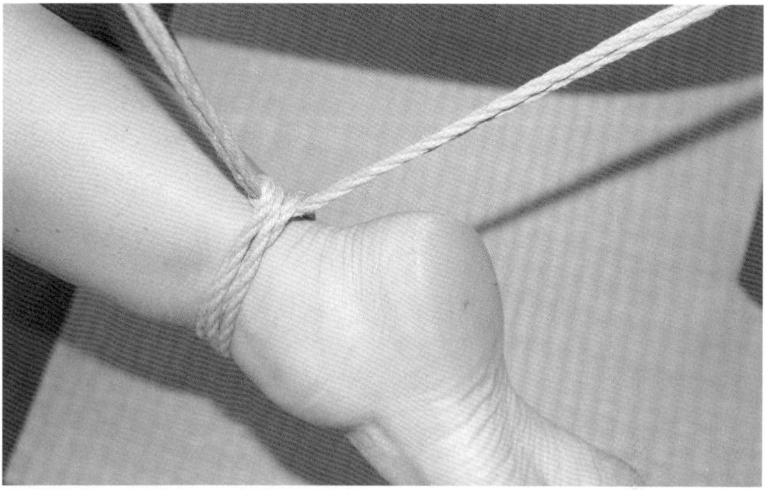

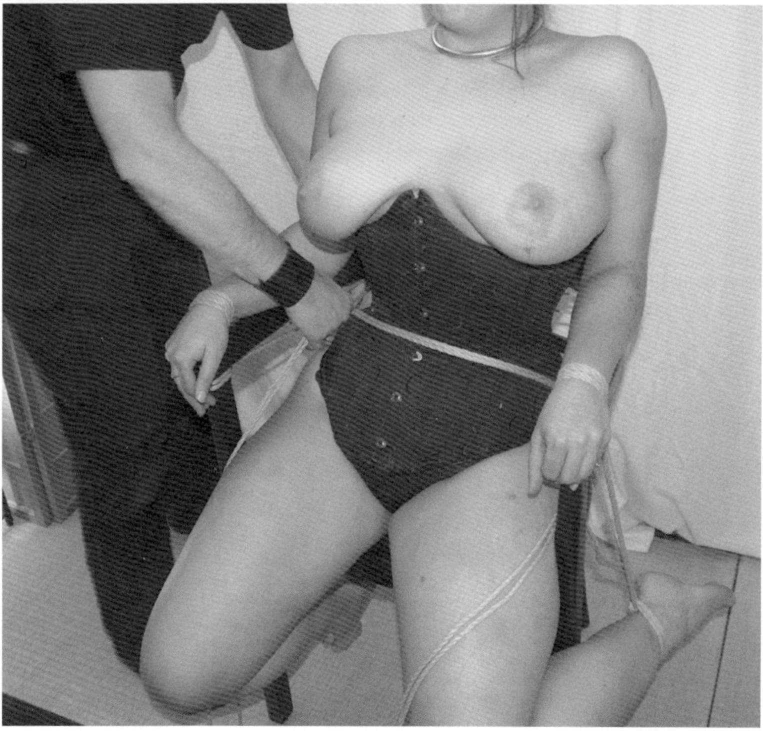

Mit neu angesetztem Seil weiter und nochmal um die Stuhllehne und um die Taille.

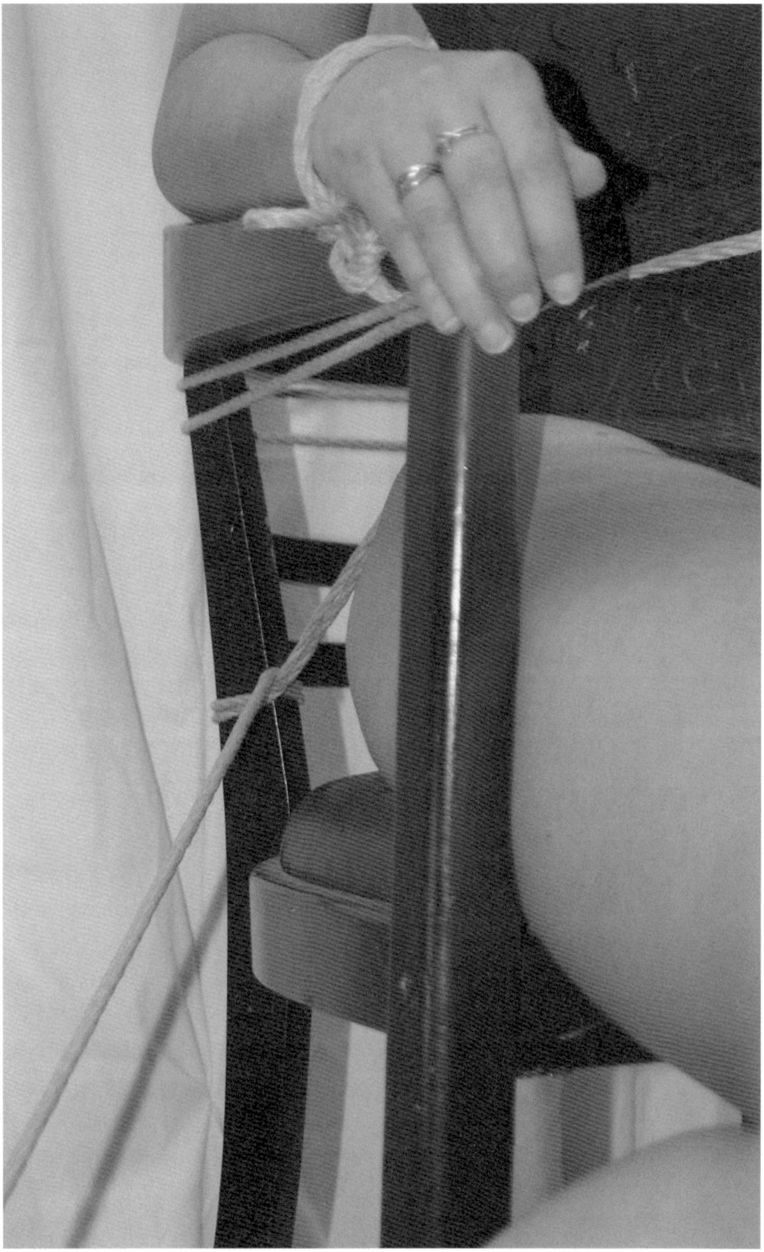

Vorne am Körper herum zur anderen Seite und weiter nach hinten.

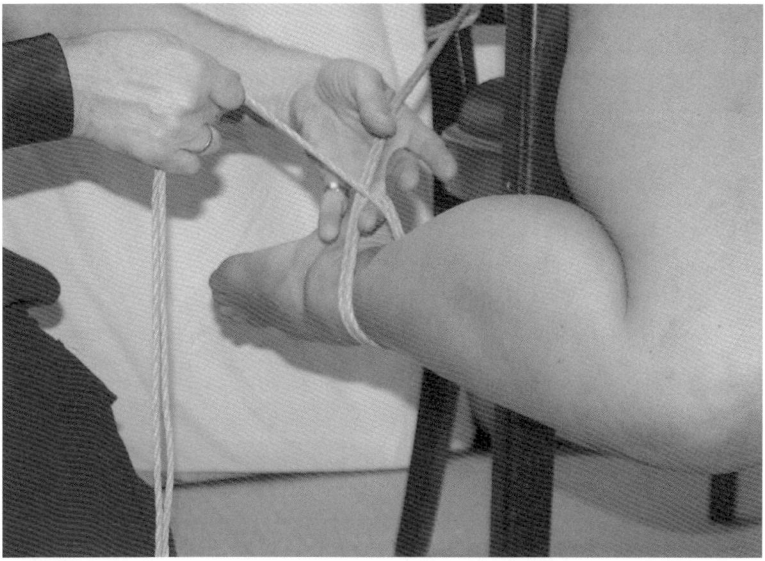

Den zweiten Fuß hochnehmen, zweimal das Fußgelenk umwickeln und Knoten.

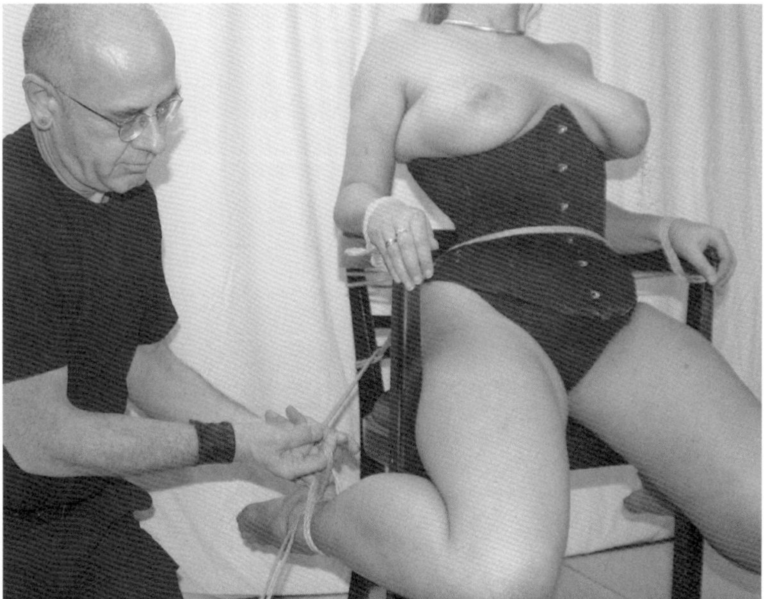

Jetzt ist die Bondage fertig.

Aber das restliche Seil kann man kreativ verbasteln,

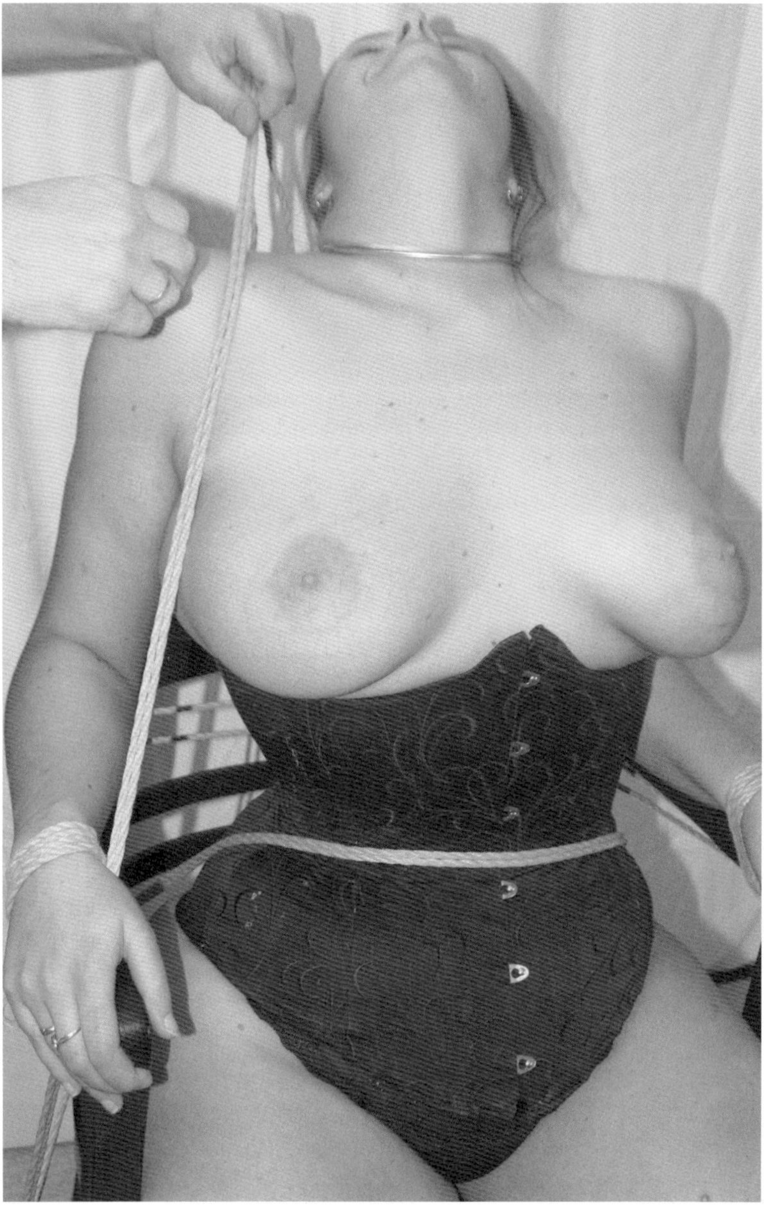

um etwa den Oberkörper weiter zu fixieren.

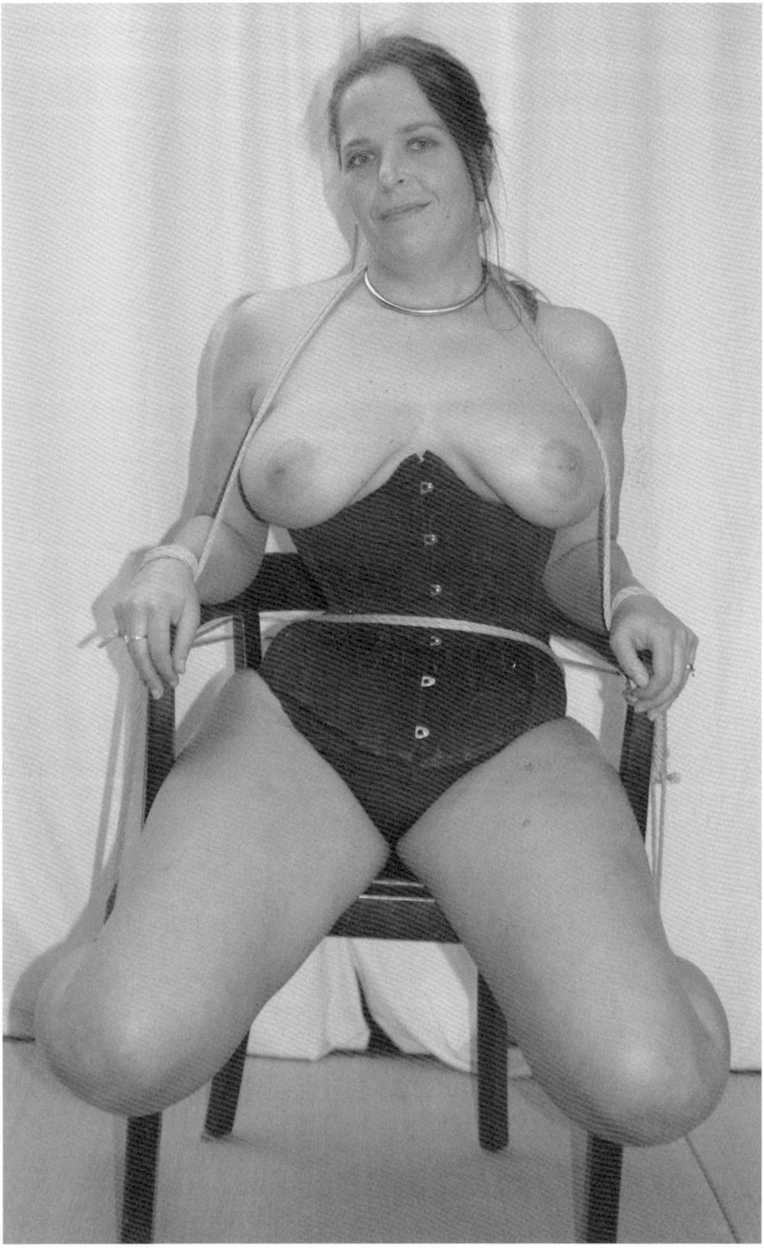

So sieht es dann am Schluss aus.

Spinnennetz draußen, drinnen wäre ein Fesselrahmen nötig.

Outdoor- und Indoor-Bondage

Auch wenn es für die meisten Menschen selbstverständlich ist, ihren fesselnden Vorlieben in den eigenen vier Wänden nachzugehen, so gibt es doch eine nicht ganz kleine Minderheit, für die der ultimative Kick darin besteht, sich im Freien mit Bondage zu vergnügen. Vielleicht weil das am nächsten an die alten Indianerspiel Erfahrungen herankommt, vielleicht auch weil die Gefahr entdeckt zu werden einen wesentlichen zusätzlichen Reiz ausmacht. Juristisch kann es sowohl für den Aktiven als auch für den Passiven auf Erregung öffentlichen Ärgernisses herauslaufen, wobei der Passive in dem mir bekannten Fall zu einer höheren Geldstrafe verurteilt wurde. Ein paar Tips für das Verhalten im Freien: möglichst abseits von Wanderwegen bleiben und auf Sichtschutz achten, eigenes von außen nicht einsehbares Grundstück wäre optimal. Fesselungen verwenden, die sich blitzartig lösen lassen. Mit einem Fotoapparat bewaffnet kann man sich immer noch auf ein künstlerisches Happening herausreden. Auf der Hamburger Reeperbahn ist mehr möglich als in München oder Frankfurt. Dabei meine ich keine aufwendige Bondage-Aktion (das ist in jedem Falle zuviel der Zumutung für den normalen Bürger), sondern das Spazierengehen mit gefesselten Händen oder Halsband und Leine. Am wichtigsten sollte der Schutz des Passiven sein, immerhin kann der erstmal nicht weglaufen. Einsame Kirchen oder Gebäude sollte man meiden, denn diese Orte sind auch anderen bekannt und nur zu schnell erhält man hier unerwarteten Besuch. Den Ort in der Natur mit Bedacht wählen, denn eine Bondage-Session an einer Ameisenstraße oder auf einer Wildschweinfährte oder gar einer Wiese mit Hochsitz kann aus naheliegenden Gründen richtig danebengehen.

Beim Aufenthalt im Freien sollte man besonders an die Gefahr einer Verkühlung denken, denn Aufregung lässt einen leicht das Gefühl, ob man friert, verlieren, so sollte eine warme Decke (auch als schneller Schutz) und eine Thermoskanne mit einem Heißgetränk immer dabei sein. Wenn dann alles klappt, kann es eine der schönsten und tiefsten Erfahrungen sein.

Fesseln zwischen zwei Bäumen mit gespreizten Armen und Beinen

Spreadeagle zwischen Bäumen.

Fesseln der Hände an die Oberschenkel im Bett

Viele Leute, die sich für erotisches Fesseln interessieren, möchten ihr ›Opfer‹ im Bett zur Verfügung haben. Immerhin geht es ja oft nicht nur um den Akt des Fesselns, sondern die Bondage dient als eine Art erotisierendes Vorspiel bzw. wird zum Bestandteil für guten Sex. Und das läßt sich traditionellerweise besonders gut im Bett bewerkstelligen.
Da bietet es sich an das ›Opfer‹ so zu fesseln, wie es vielleicht ohnehin beim Sex liegen würde. Diese Stellung hat fast etwas Normales, wenn da nur nicht die Seile wären, die den Körper in der gewünschten Form festhalten.
Mit dieser Bondage kann das ›Opfer‹ gefahrlos auf die Seite gelegt werden. Aus dieser Position heraus kann man es auch noch weiter drehen, bis eine kniende Stellung erreicht ist.

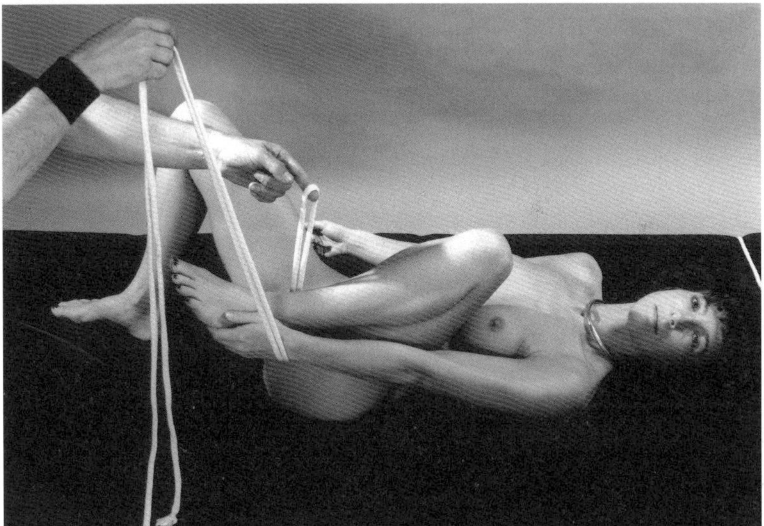

Die linke Hand greift den linken Fuß mit angewinkeltem Bein. Das Handgelenk liegt am Fußknöchel an. Man nimmt ein doppelt gelegtes Seil von ca. 1,5 m Länge. Die Seite, auf der sich die Schlinge befindet, ist das feste Ende, die andere Seite ist das laufende Ende. Das Seil wird einmal von unten um Handgelenk und Fußknöchel gelegt.

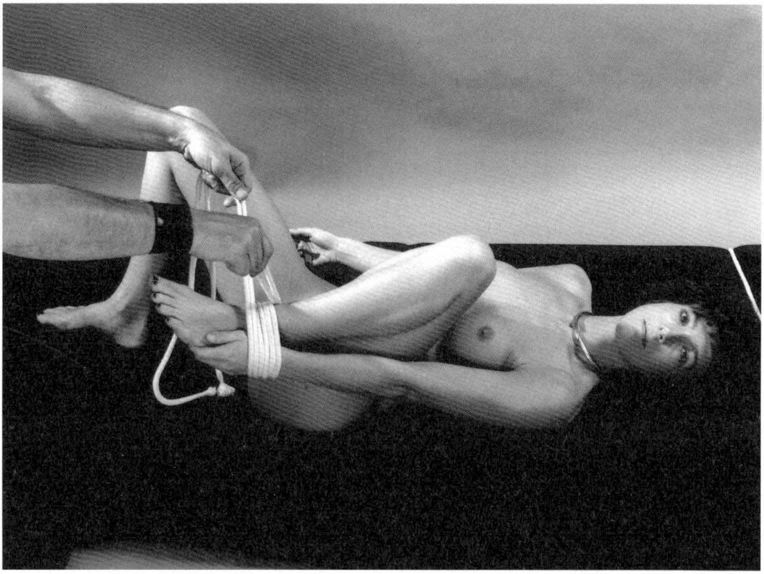

Das laufende Ende wird jetzt mehrmals symmetrisch um Arm und Bein geschlungen.

Dann verdreht man das feste und das laufende Ende so gegeneinander, dass sich ein X bildet.

Das laufende Ende wird jetzt einmal um die bisher gelegten Seilschlingen zwischen Knöchel und Handgelenk hindurchgezogen.

Jetzt werden beide Enden miteinander verknotet.

Da dabei der Kopf auf die Unterlage gedrückt wird, ist es wichtig darauf zu achten, dass das ›Opfer‹ ungehindert atmen kann. Das längere Verharren in dieser Stellung kann zu Verspannungen im Hals-Nacken-Bereich führen.

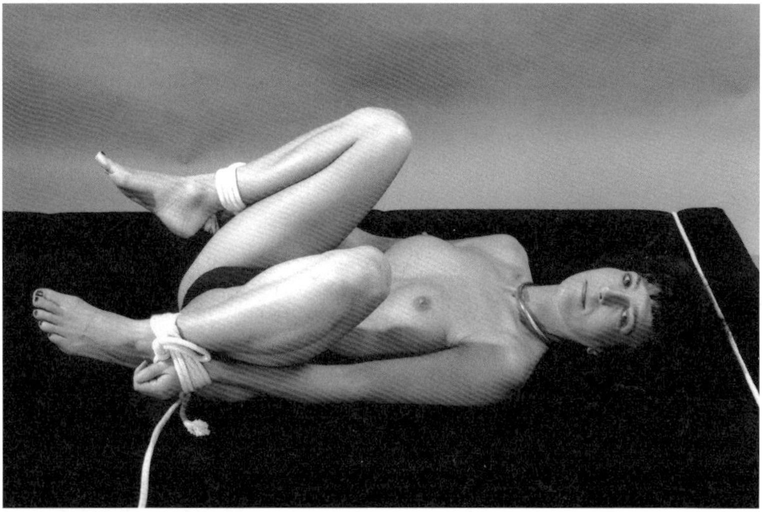

Nachdem dieser Vorgang rechts wiederholt worden ist, ist die Bondage fertig. Dass die Schenkel sich in dieser Stellung fast automatisch öffnen, ist beabsichtigt.

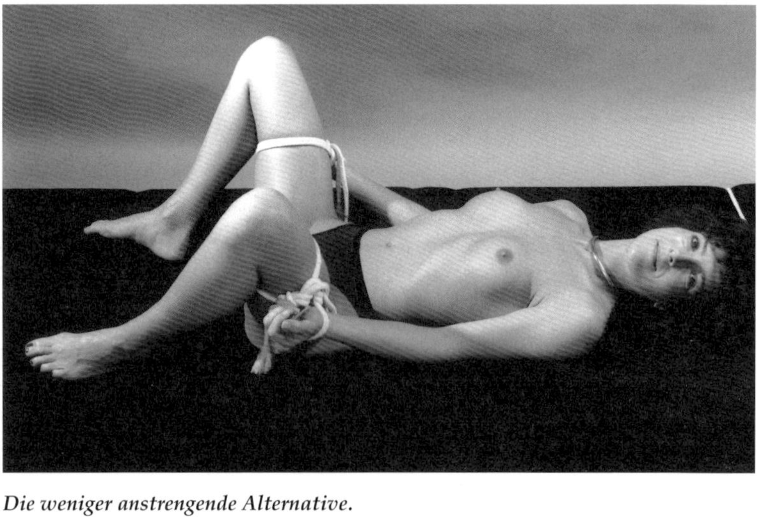

Die weniger anstrengende Alternative.

Eingeklemmtes Seil zwischen Tür und Türrahmen als Befestigung für eine Bondage

Ein ca. 1,5m langes Seil doppelt nehmen. Einen Knoten machen.

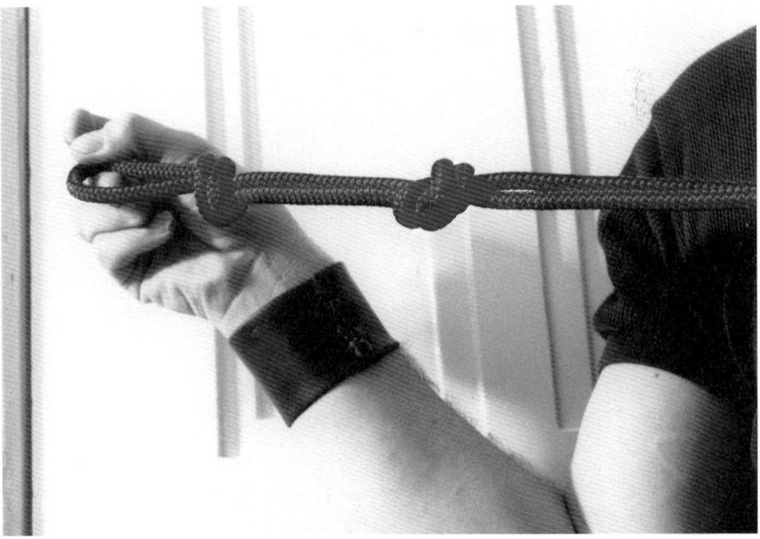

Im Abstand von ca. 10cm einen weiteren Knoten schlagen.

Das Seil über eine Tür hängen und die Tür schließen (sicherheitshalber abschließen).

Jetzt kann man an den freien Enden eine Person befestigen.

Europäische Bondages

Es gibt keine wirklich ausgeprägte europäische oder deutsche Bondage-Tradition. Mal abgesehen von einem Nachspielen von Fesselungen an einem Marterpfahl oder Baum, wie sie auf manchen alten Postkarten oder in erotischen Filmen aus den 20er und 30er Jahren zu sehen sind oder Haremsszenen mit festgeketteten Haremsdamen, findet man kaum eine eigenständige Bondage-Kultur. Auffällig bei den alten Darstellungen ist das Fehlen von Symmetrie bei den Bondages, die Seile sind mehr oder weniger zufällig um den Körper geschlungen. Scheinbar ging es mehr um den Zweck des Gefesseltseins, als um das Fesseln als eigene, erotische Form.

Dies macht auch ein Blick auf die neuere (ab den 70er Jahren) europäische Video Produktion deutlich. Hier dominieren Filme, in denen zwar Bondage vorkommt, aber meist nur als Möglichkeit, das gefesselte Opfer nach allen Regeln sadomasochistischer Lust zu quälen.

Unsere modernen westlichen Betten bieten selten eine Möglichkeit sie mit Haken und Ösen zu versehen, die sich tarnen lassen. Auch die Bettmodelle, die durch ihre vier Pfosten förmlich dazu einladen, jemanden darin zu fesseln, sind seltener geworden.

Dagegen spricht auch nicht die neuerliche Verbreitung von Betten wie dem sogenannten ›Jailhouse-Bett‹ oder einer Renaissance der schmiedeeisernen Betten wie sie früher benutzt wurden. Am verbreitetsten ist heute immer noch das typische Ehebett aus zwei Hälften oder das Futonbett nur mit Kopfbrett.

Seilschlingen, am Lattenrost befestigt oder unter der Matratze durchgezogen, beheben dieses Manko recht schnell. Auch die schon erwähnten Spanngurte aus dem Autozubehör bieten da ungeahnte Möglichkeiten. Das ist sogar eine Chance für all jene, die ihre Matratze auf dem Fußboden liegen haben und sich bisher fragten, wie sie da jemanden festbinden können.

Amerikanische Bondages

Schon in den 30er und 40er Jahren gab es eine kleine, aber ausgeprägte Sammlerkultur, die in der Gründung von Magazinen wie ›Bizarre‹ oder ›Exotique‹ mündeten oder in neuerer Zeit Magazine wie ›Centurion‹, ›Bondage Life‹, ›Devon‹, ›Hogtie‹, ›Bound to Tease‹, ›Knots and Kinks‹, ›Restraint‹ oder ›Love Bondage‹ hervorbrachten. Inzwischen hat sogar das amerikanische Erotik Magazin ›Hustler‹ seinen Ableger ›Bizarre‹, der sich unter anderem Bondage widmet.

Waren es anfangs nahezu immer bekleidete Frauen (nicht zuletzt wegen der restriktiven Rechtsprechung), entstanden später diverse Magazine, die nackte, fast ausschließlich weibliche Bondage-Opfer zeigen. Auch im Videosektor und erst recht auf den verschiedensten Bondage-Seiten im Netz gibt es die unterschiedlichsten Reihen, die sich mit Spezialgebieten von Bondage beschäftigen. Bondage mit großbrüstigen Modellen, mit Modellen in Badeanzügen, mit vollständig bekleideten Modellen oder nackten.

Einige Filme bieten die Möglichkeit, sich eine halbe Stunde eine gefesselte Frau aus den unterschiedlichsten Perspektiven anzuschauen, die sich in stramm angezogener Bondage hin und her bewegt, ohne dass eine weitere Person zu sehen ist.

Bondage scheint ohnehin in der heterosexuellen Medienkultur ein Phänomen zu sein, das durch die hauptsächliche Darstellung gefesselter Frauen zu signalisieren scheint, dass der von einer Frau nicht nur bildlich gefesselte Mann nicht existiert.

Der Mann als Diener, Sklave, Haustier und Opfer weiblicher Willkür taucht in verschiedenen Publikationen auf (so in dem immer noch existierenden Magazin ›Exotique‹ oder in Magazinen wie ›Cruella‹). Spekulieren, warum das so ist, könnte man viel, sicher hat es nicht mit dem mangelnden Bedürfnis von Männern, sich von ihren Partnerinnen im erotischen Spiel fesseln zu lassen, zu tun.

Ganz anders sieht es in der schwulen Subkultur aus. Hier gibt es ganze Videoreihen und Online-Angebote, die sich mit dem gefesselten Mann beschäftigen, seinem Kampf gegen Seile und Ketten, seinem Schmerz in exotischen Positionen.
Das graue Hanky (Teil des vorwiegend in der schwul-lesbischen Subkultur benutzten Tüchercodes, der bestimmte sexuelle Vorlieben signalisiert) für den Bondage-Freund ist eines der Standards, die man von Zeit zu Zeit sogar auf unseren Straßen aus hinteren Hosentaschen lugen sieht. Wie auch bei Handschellen oder Schlüsseln bedeutet das Tragen an der rechten Seite, dass man sich gerne fesseln lässt, das Tragen links, dass man Lust hat, jemanden zu fesseln.
Seit einige Jahren gibt es in den USA auch eine Reihe Filmerinnen, die sich dem Thema Bondage widmen. Hier seien in erster Linie Maria Beatty und Julie Simone genannt.

Spreadeagle – Arme und Beine jeweils an eines der vier Bettbeine gebunden

Spreadeagle wird jede Form der Bondage genannt, bei der Arme und Beine vom Körper abgespreizt werden. Hierzu bietet sich ein Bett mit Pfosten, ein Andreaskreuz oder ein Fesselrahmen besonders an. Der englische Ausdruck verrät, dass diese Fesselung sich einer gewissen Tradition erfreut.
Neben dem umseitig erklärten Hogtie gehört der Spreadeagle (dem Sinne nach ›Adler mit ausgebreiteten Schwingen‹) schon lange zu den amerikanischen Bondage-Techniken. Hat das Bett keine Pfosten, lässt sich, wie schon erwähnt, aus Seilen oder Gurten eine Hilfskonstruktion herstellen. Die hier gezeigte Variante ist eine sehr abgemilderte Form des Spreadeagle. Die Beine sind nur leicht gespreizt und die Arme noch angewinkelt. Diese Haltung lässt sich aber länger aushalten als die strengere Form.
Besonders achtsam sollte man sein, wenn das ›Opfer‹ über Taubheitsgefühle im Nackenbereich klagt, die besonders

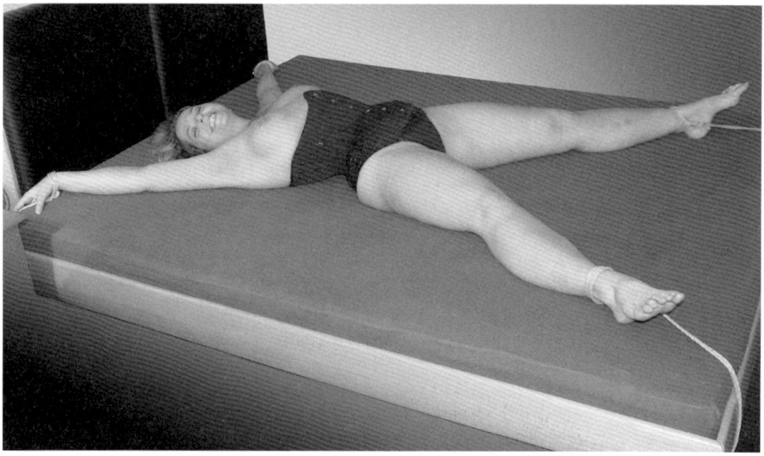

dann auftreten können, wenn die Arme unter Zug gespreizt werden. Auch ein Überdehnen der Schenkel ist zu vermeiden. Nur ganz wenige Menschen sind in der Lage, einen Spagat zu machen, die Schmerzgrenze beim weiten Öffnen der Schenkel ist sehr individuell. Einen Schenkel um mehr als 30 bis 40 Grad von der Körpermitte abzuspreizen ist für viele Untrainierte schon das Maximum (dass heißt, beide Schenkel bilden einen spitzen Winkel). Vorteil des Spreadeagles im Liegen ist seine kreislaufschonende Körperhaltung. Neben Seilen bieten sich hier alle möglichen anderen Fesselutensilien an, solange sie nicht einschneiden.
Bei Seilen nie eine sich bei Zug enger ziehende Schlaufe benutzen, sondern das Seil sollte analog zur Fesselung an einen Stuhl mehrmals um Hand- und Fußgelenke gelegt werden.

Hogtie – Handgelenke an Fußgelenke

Der Begriff ›Hogtie‹ kommt aus dem landwirtschaftlichen Sprachgebrauch und meint im ursprünglichen Sinne das Aneinanderfesseln der Beine von Tieren zum Transport. Auch wenn der Name es nahe legt, der Hogtie am Menschen eignet sich nicht zum Transport desselben. Diese

Technik gehört zu den eher unbequemen Fesseltechniken, bietet aber für den Betrachter oft einen echten voyeuristischen Genuss. Da der Hogtie meist an einem auf dem Bauch liegenden ›Opfer‹ gemacht wird, sollte auch hier regelmäßig die ungehinderte Atmung kontrolliert werden.
Angenehmer als auf dem Bauch liegt es sich in einem Hogtie auf der Seite. Dennoch ist daran zu denken, dass diese Bondage sowohl auf dem Bauch als auch auf der Seite den gesamten Körper sehr stark auf Spannung hält, was auf Dauer recht unangenehm werden kann.

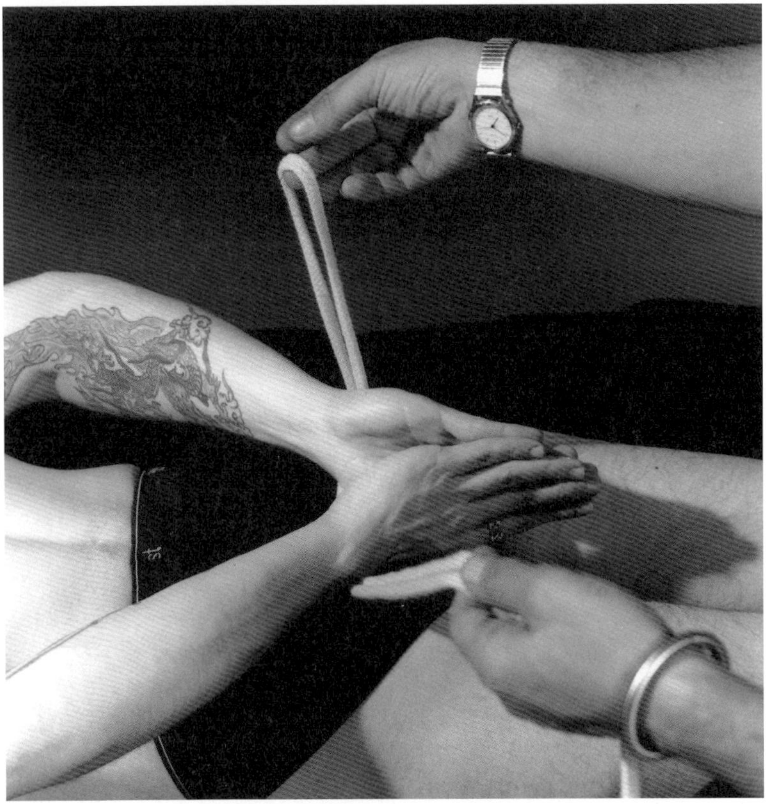

Das ›Opfer‹ wird auf den Bauch gelegt. Die Hände sind auf dem Rücken zusammengelegt. Man nimmt ein ca. 2m langes, doppelt gelegtes Seil. Dieses wird einmal um die Handgelenke geschlungen.

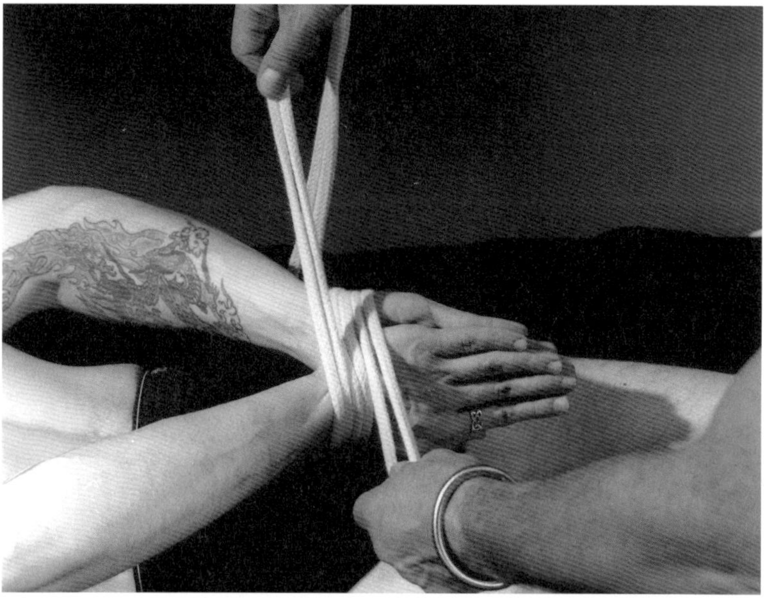

Um den Druck zu verteilen, macht man noch eine oder zwei weitere Windungen.

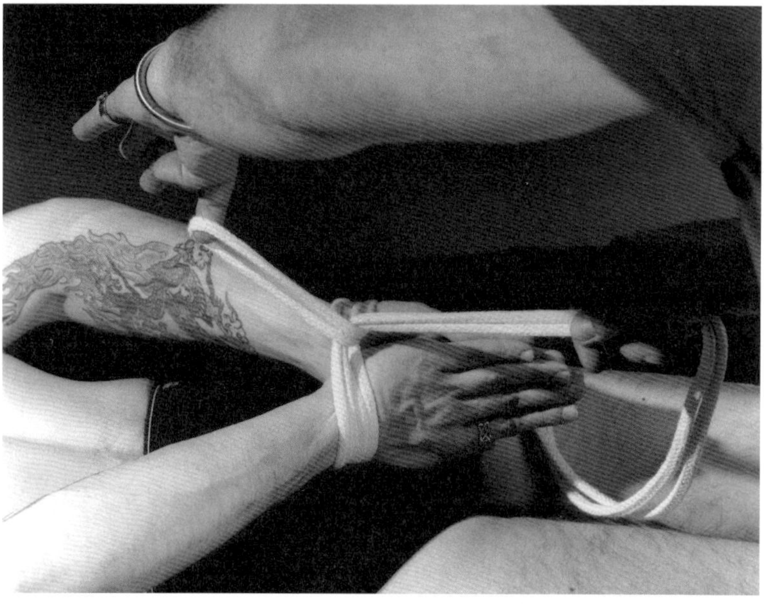

Die beiden Seilenden werden gegeneinander verdreht, bis sich ein X bildet.

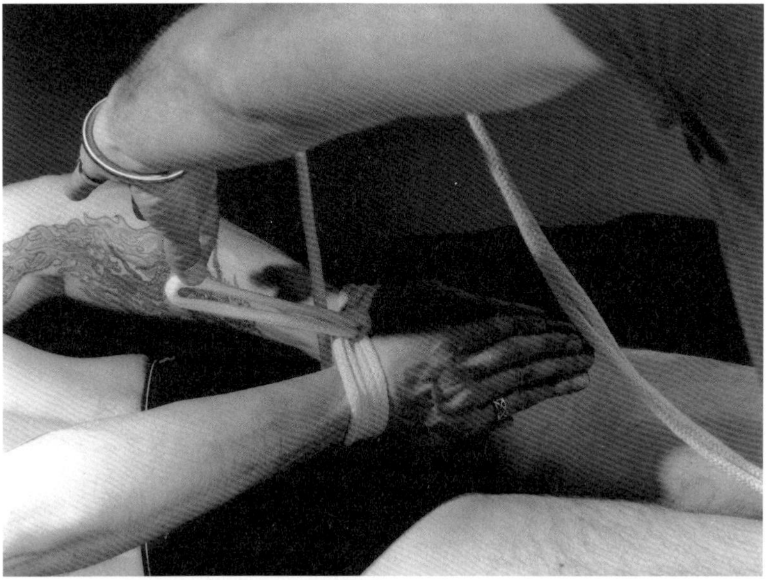

Das kurze Ende mit der Schlinge wird einmal zwischen den Handgelenken hindurchgezogen.

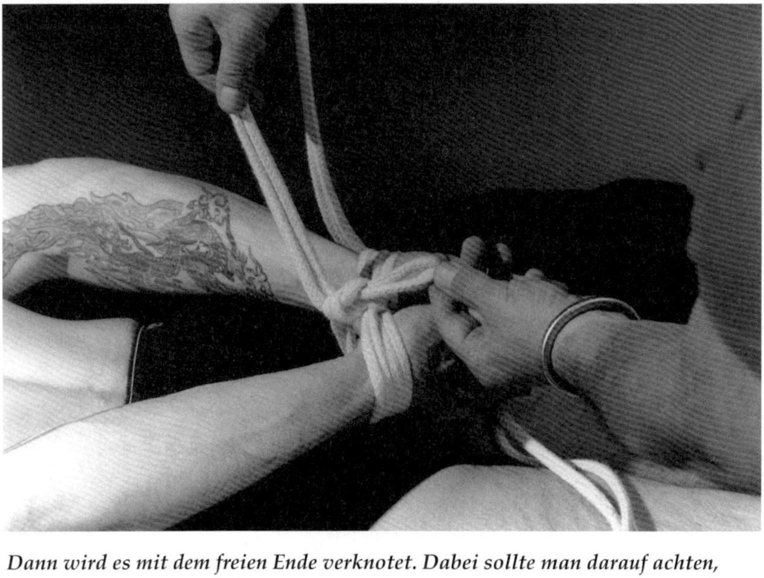

Dann wird es mit dem freien Ende verknotet. Dabei sollte man darauf achten, dass das Auge der Schlinge groß genug ist, um das freie Ende des Doppelseils dort hindurchzuziehen.

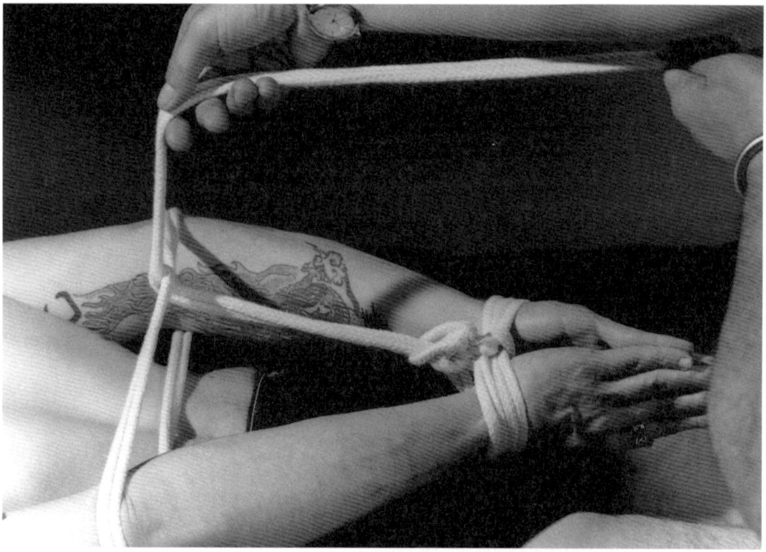

Jetzt kann man den ersten Teil beenden oder noch die Ellbogen miteinbeziehen. Dazu wird das Seil nicht zu straff von hinten um die Ellenbogen gelegt und in der Mitte straffgezogen.

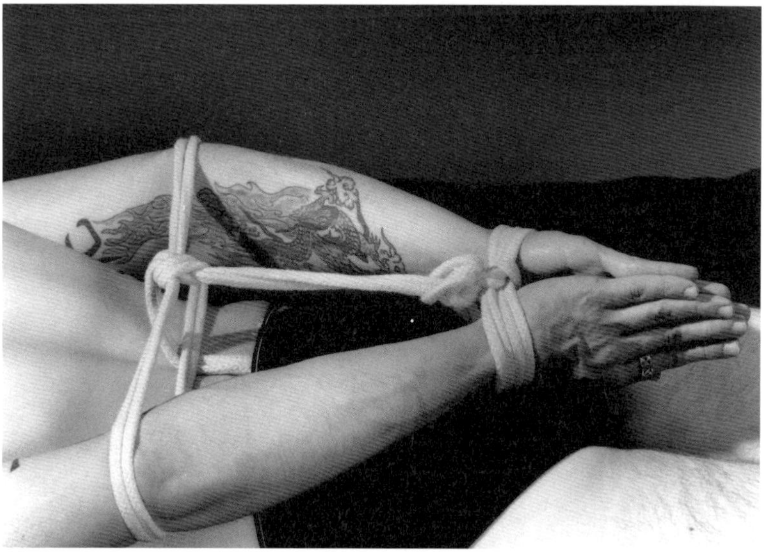

Nach einer Wicklung zwischen den Ellenbogen wird das Seil wie bei der Ellbogenfesselung (s.o.) fixiert.

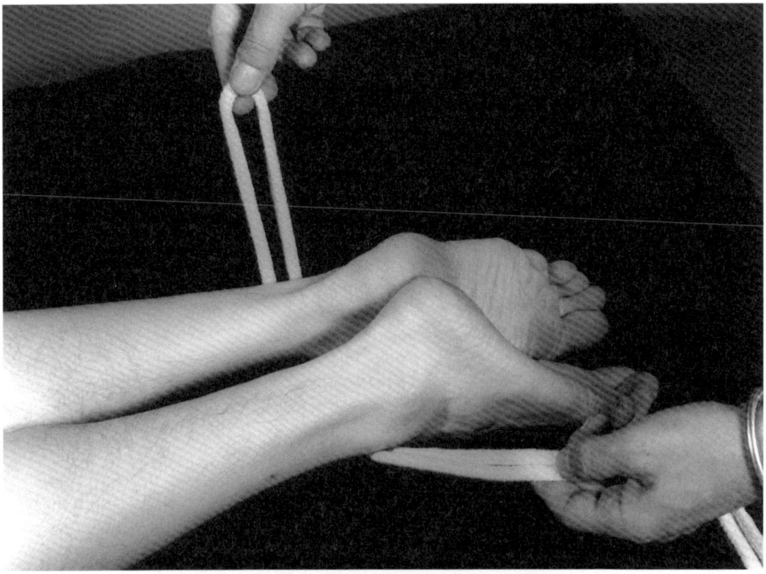

Jetzt wendet man sich den Füßen zu. Auch hier wieder wird ein doppelt gelegtes Seil (mindestens 2m lang) um die beiden Gelenke gelegt.

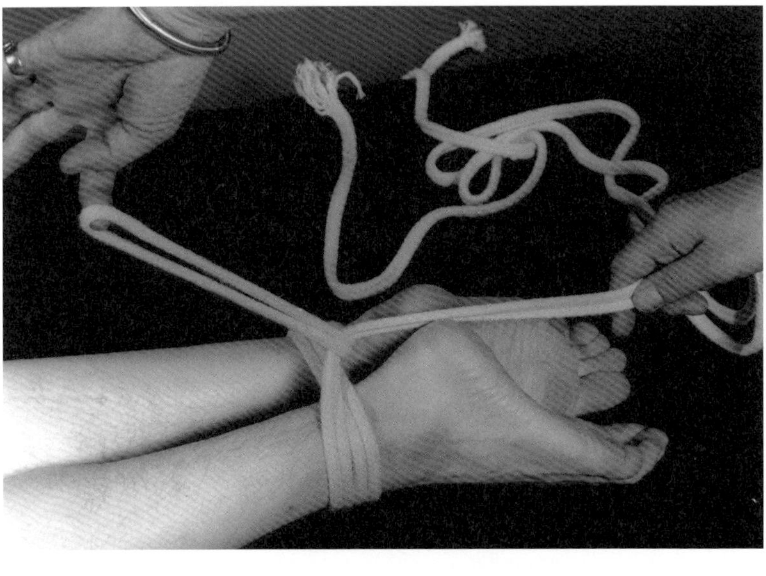

Mehrere nicht zu straffe Wicklungen (Knöchel an Knöchel kann sehr unangenehm sein) verteilen den Druck. Beide Seilenden werden gegeneinander verdreht.

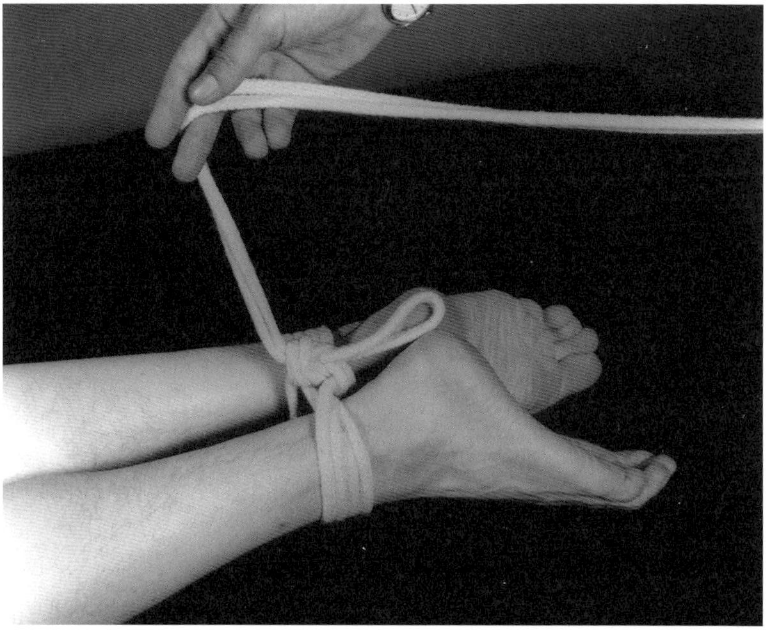

Zwei Windungen werden zwischen den Knöcheln hindurchgeführt und mit einem Knoten gesichert.

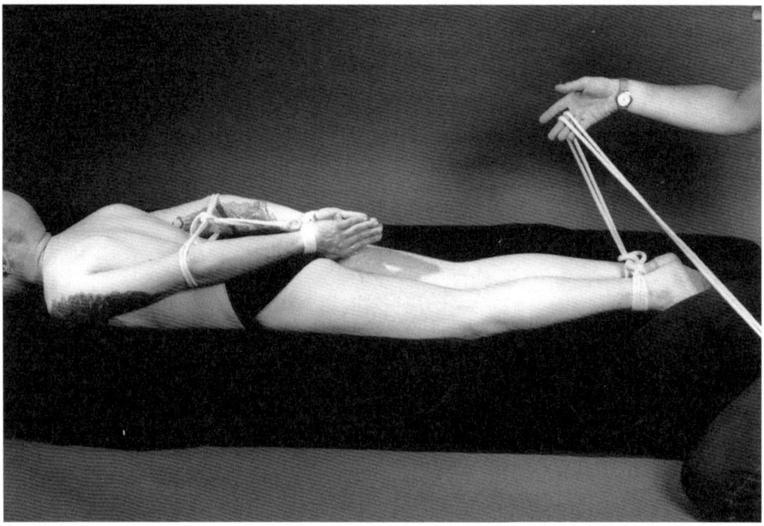

Das laufende Ende des Doppelseils wird durch das Auge der Schlaufe gezogen.

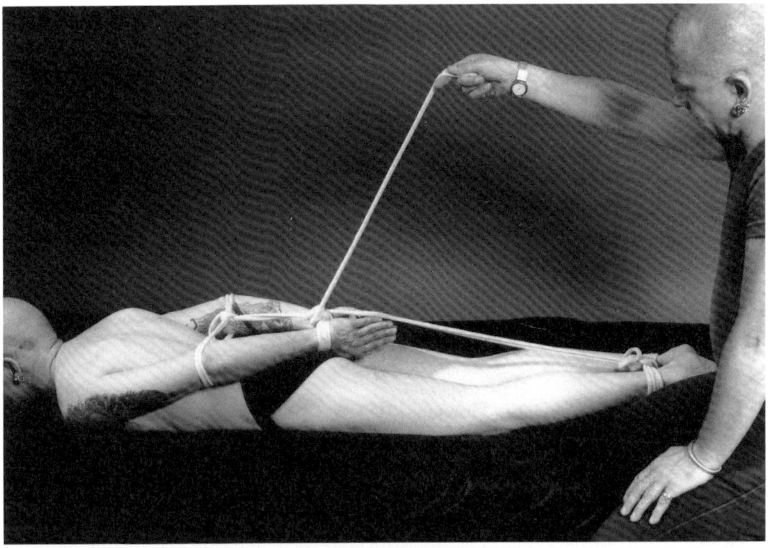

Danach wird das freie Ende zu den Handgelenken und zwischen ihnen hindurchgeführt.

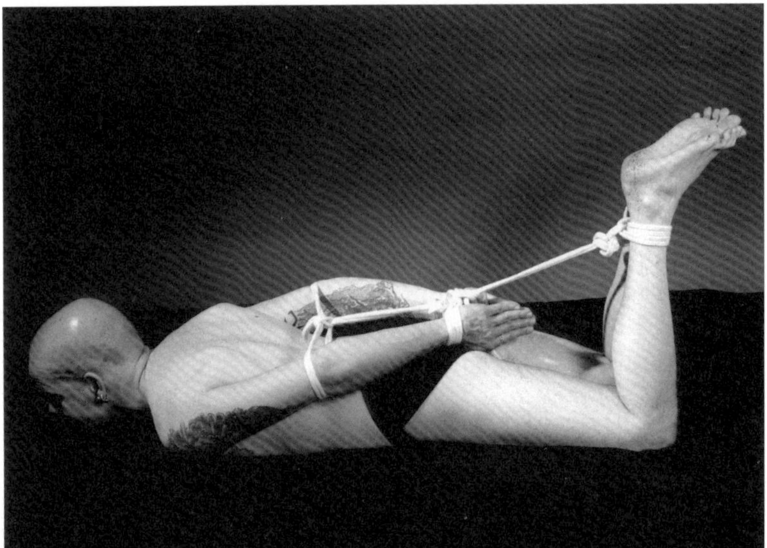

Je nach Biegsamkeit des ›Opfers‹ kann das Seil mehr oder weniger straff gezogen werden.

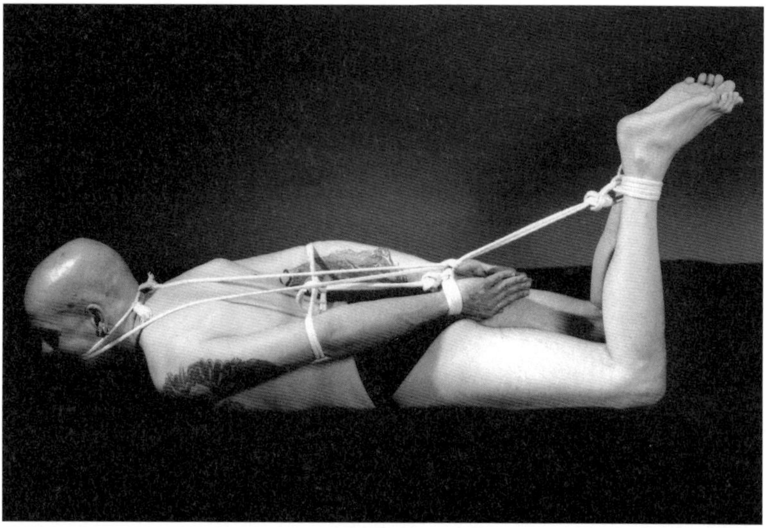

Wenn das Seil sehr weich ist (Baumwolle) kann man als besondere ›Gemeinheit‹ die freien Enden von links und rechts jeweils durch den Mund des ›Opfers‹ führen (Nicht die Aufforderung vergessen: Mit den Zähnen festhalten) und sie hinter dem Nacken verknoten. Dies sorgt für eine ›stolze‹ Kopfhaltung. Diese Variante sollte nur kurzzeitig gemacht werden, da sie für den Nacken sehr anstrengend ist und die Mundwinkel strapaziert. Achtung: Das Seil darf nicht aus dem Mund nach unten rutschen, weil es dann ganz schnell um den Hals liegt und die Luft abdrückt!

Ketten und Stahl

Wie schon in dem Kapitel über die Bondage Utensilien erwähnt, gibt es einige wichtige Verhaltensregeln. Dies hat in erster Linie damit zu tun, dass sowohl Ketten als auch Handschellen aus starrem Material sind und im Gegensatz zu Leder, Stoff oder Seil keinen Millimeter nachgeben. Häufig kommt noch eine kleine Auflagefläche dazu und so ist hier die Gefahr einer unbeabsichtigten Verletzung besonders groß. Wenn etwa die Hände noch relativ locker in (gesicherten!!!) Handschellen stecken, kann sich das schnell ändern, wenn man die Handschellen an einer Kette unter Zug befestigt. Oder ein locker sitzendes Kettenhalsband kann zum Strangulationsinstrument werden, wenn der Kopf nach hinten gezogen wird und sich dadurch das Halsvolumen vergrößert. Gerade hier kann eine Stellungsänderung zu einem stark veränderten Druck führen und die eben noch bequem sitzende Kette kann Haut einklemmen oder Druckstellen hinterlassen.

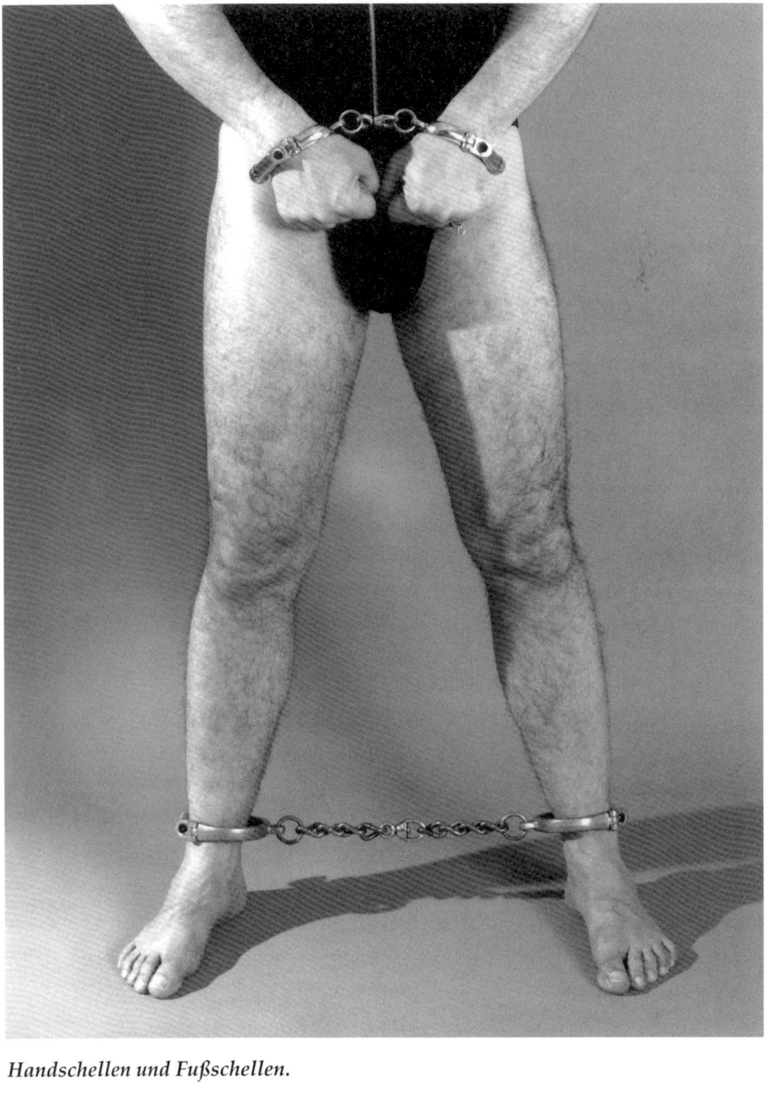

Handschellen und Fußschellen.

Das Wissen um die Schlüssel für die Schlösser sollte vorher da sein. Im entscheidenden Moment nach den Schlüsseln suchen zu müssen ist nicht nur peinlich, sondern auch grob fahrlässig. Der angeblich in Berlin sitzende SM-Schlüsseldienst, der immer mal wieder durch die Medien geisterte, ist für die Leute in Hamburg, München oder Oldenburg sowieso zu weit weg.

Ketten-Bondage um den Körper.

Japanische Bondages

Die japanische Fessel-Tradition ist schon einige hundert Jahre alt. Im 15. und 16. Jahrhundert wurde Bondage als Strafe benutzt oder zum Fesseln von Gefangenen. Die verschiedenen Fesselungen waren sehr ausgefeilte Techniken, die von Spezialisten ausgeübt wurden. Dabei ging es nicht nur um den körperlichen Aspekt, sondern auch um Demütigung, denn die meisten dieser Strafen wurden öffentlich vollstreckt. Manche dieser Bondages führten zum Tode durch Strangulation oder Atembehinderung.
Mit Beginn des eher friedlichen 17. Jahrhunderts entwickelte sich aus diesen Strafen eine künstlerische Bewegung, die Bondage eher erotisch und dekorativ benutzte.
Im heutigen Japan gibt es nur eine Hand voll so genannter Bondage-Meister, wobei es keine festgelegte Regel gibt, nach der man ein Meister wird, sondern das eher mit öffentlichen Auftritten, Videoproduktionen und teilweise jahrzehntelangen Erfahrungen zu tun hat.

Warum nur Männer diese ›Meisterschaft‹ erreichen, liegt sicher an der japanischen eher männerzentrierten Gesellschaft. Eine Seil-Mistress aus Tokyo mit 20-jähriger Bondage-Erfahrung findet dafür folgende Erklärung: »Seil sieht besser auf einem weiblichen Körper aus. Aber Frauen fesseln meistens Männer und Männer fesseln Frauen, daher werden die Bondage-Meister berühmter«. Inzwischen wird neben der Ästhetik besonders die Sicherheit der Fesselungen bei den japanischen Bondage-Künstlern groß geschrieben, aber in erster Linie geht es um Emotionen, die das Seil bei dem ›Opfer‹ hervorruft.

Die ersten in Japan gefertigten Fotos gefesselter Asiatinnen tauchten in den 50er Jahren unter westlichen Sammlern auf. Erst Anfang der 80er Jahre gab es Magazine mit japanischen Bondage-Fotos in Europa zu kaufen. Inzwischen gehören die Hefte und Bücher zum Standard in europäischen Erotikshops. Zunehmend werden die Bilder auch im Internet verbreitet. Das japanische Tabu (zumindest nach den Spielregeln der staatlichen Zensoren) Schamhaare zu zeigen, wird deutlich in den meist abgedeckten oder retuschierten weiblichen Genitalien.

Durch prominente japanische Fotografen wie Akita Masami oder Nobuyoshi Araki wurde japanische Bondage-Fotografie auch in Europa als Kunstform bekannt und löste von Zeit zu Zeit Proteste gegen Ausstellungen mit Bildern dieser Künstler aus.

Von guten Fotografen gemachte Bondage-Fotos haben eine ganz eigene Ästhetik, spielen mit dem Körper des Opfers und mit detailversessener Akribie inszenieren sie das Interieur der Bondage-Szene. Der gefesselte Körper wird so zu einem Kunstwerk, die Scham und der verhaltene Schmerz in den Gesichtern der Frauen hat nichts von erotischer Bereitschaft, wie sie einem so oft von amerikanischen Bildern entgegenlächelt.

Inzwischen bedienen sich auch diverse europäische und amerikanische Fetischfotografen wie z.B. Gilles Berquet,

Guy Lemaire, Richard Kern, Eric Kroll, Kelvin Kert oder Robert Chouraqui an der Ästhetik japanischer Bondage-Techniken.

Bondage-Kunst als handwerklich korrektes Fesseln bedeutet auf japanisch Nawa Shibari.
Der Begriff Kinbaku meint weniger die Technik, sondern mehr den emotionalen und künstlerischen Aspekt japanischen Fesselns.
Im Folgenden werden japanische Namen der einzelnen Bondages als Untertitel vorgestellt (nach der Nomenklatur von Randa Mai und Shima Shiko), hierbei ist zu beachten, dass manch einer der japanischen Bondage-Leute seinen ähnlich aussehenden Bondages hiervon abweichende Namen gibt.

Fesseln beider Handgelenke
Ryo-tebuki Shibari

Dies ist eine der Basistechniken, denn gefesselte Hände sind der erste Schritt zur Hilflosigkeit. Gleichzeitig bietet diese Bondage die unterschiedlichsten Möglichkeiten: Die Hände können über dem Kopf befestigt werden, vor dem Bauch oder zwischen den Schenkeln. Wie auch bei den folgenden Bondages geht es hier um Effizienz und Schönheit, dass heißt es ist mehr als nur eine Möglichkeit die Hände zu fesseln und auch mehr als nur eine dekorative Variante.
Japanische Fesselungen setzen immer das offensichtliche Einverständnis des ›Opfers‹ voraus, schöne Japan-Bondage innerhalb eines Überwältigungsspieles ist kaum möglich.
Ein interessanter Aspekt ist, dass viele japanische Bondages auch über oder unter der Kleidung getragen werden können.

Fesseln der Hände im Nacken

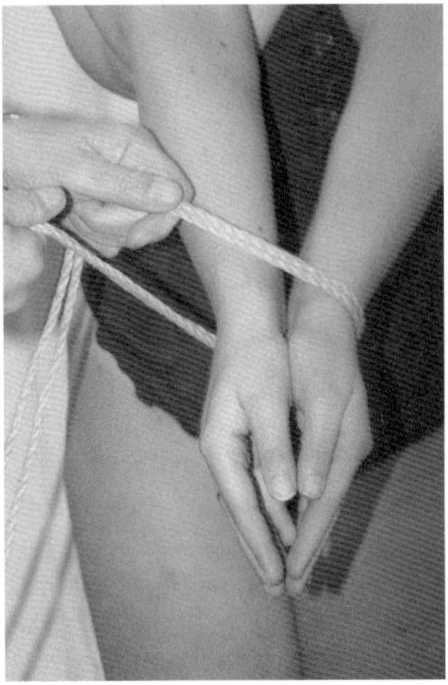

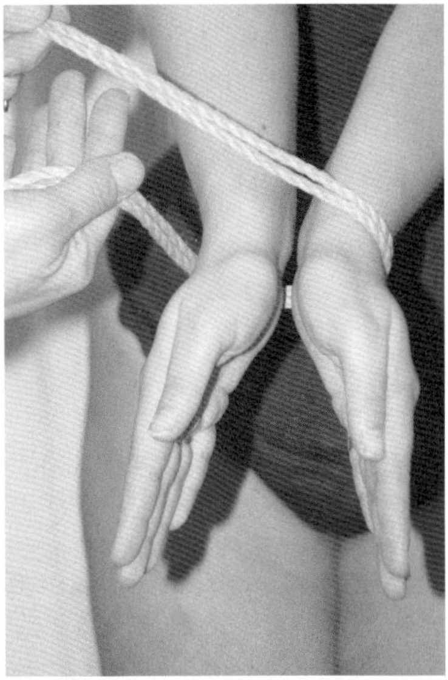

Das doppelt gelegte Seil wird einmal um die Handgelenke gelegt. Dabei ist das Ende mit der Schlaufe in der Führhand.

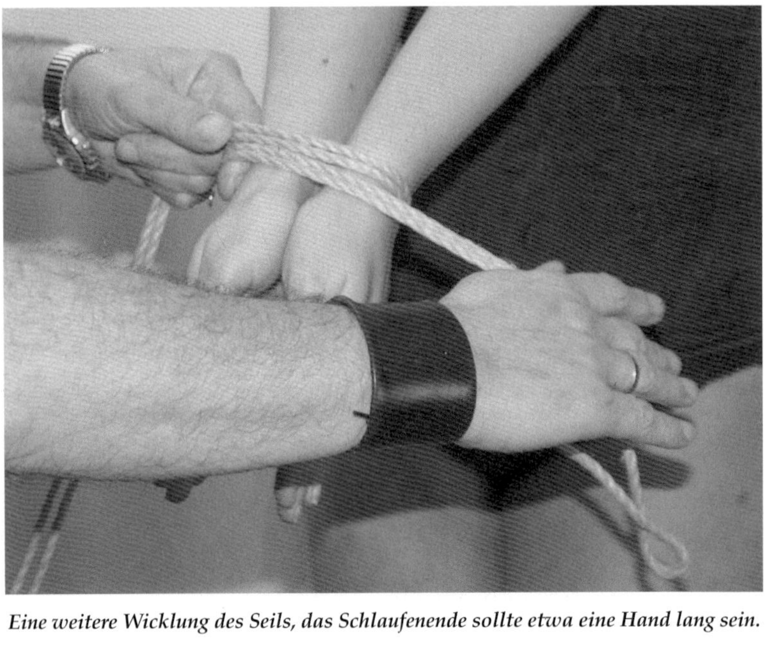

Eine weitere Wicklung des Seils, das Schlaufenende sollte etwa eine Hand lang sein.

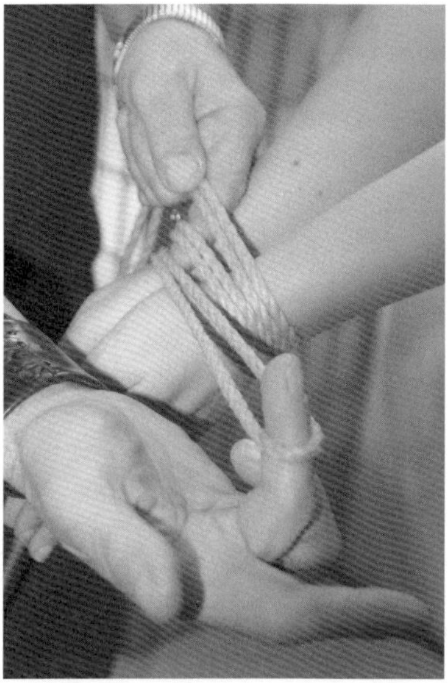

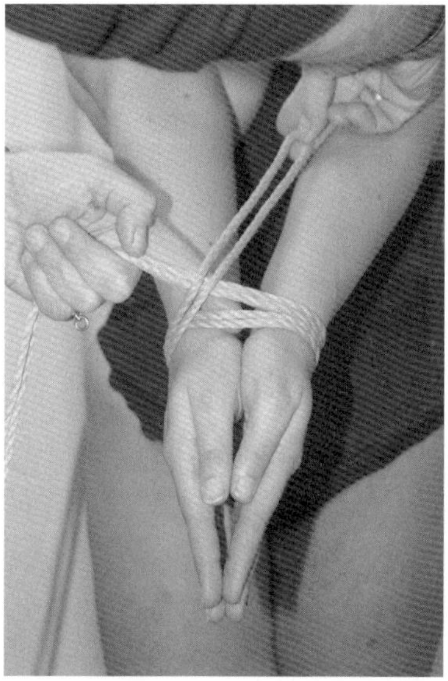

Die Doppelseile werden über den Wicklungen überkreuzt.
Die Schlaufe wird unter den oberen Seillagen hindurch gezogen.

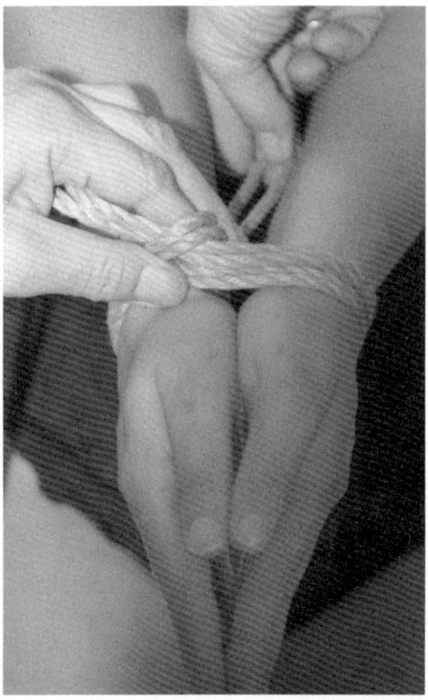

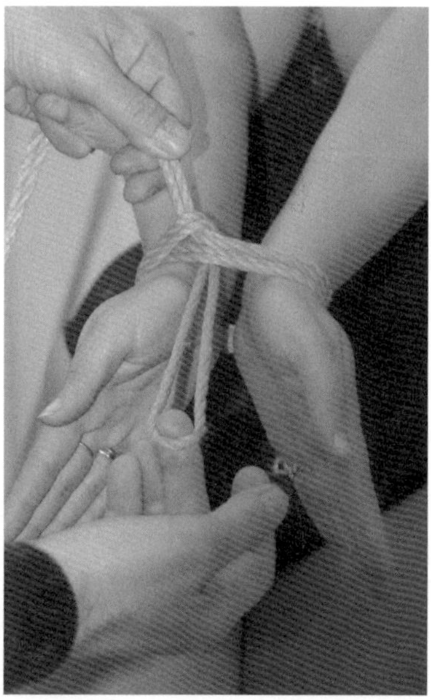

Hierbei sollten die Seillagen straff gehalten werden.

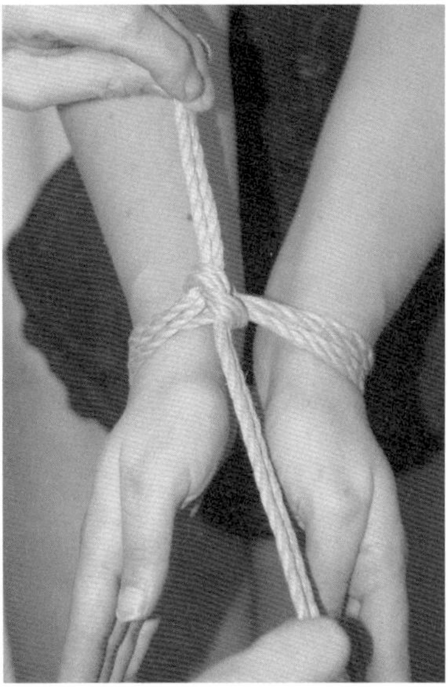 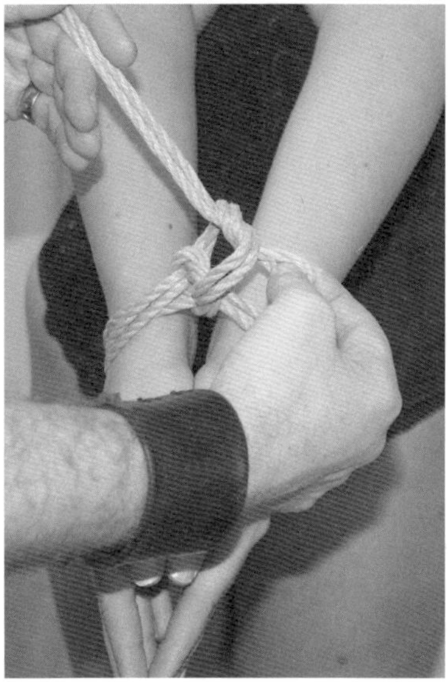

Dann wird ein einfacher Knoten gemacht.
Dieser wird mit einem weiteren Knoten gesichert.

Sie sieht der fertige Gesamtknoten aus.

Kotobu Ryo-tekubi Shibari

Diese Fesselung ist eine der vielen Möglichkeiten, wie man das laufende Endes des Seiles fast wie ein Kleidungsstück am Körper drapieren kann. Doch die Stellung ist für Schultern, Arme und Hände auf Dauer recht anstrengend.

Armfesselung auf dem Rücken

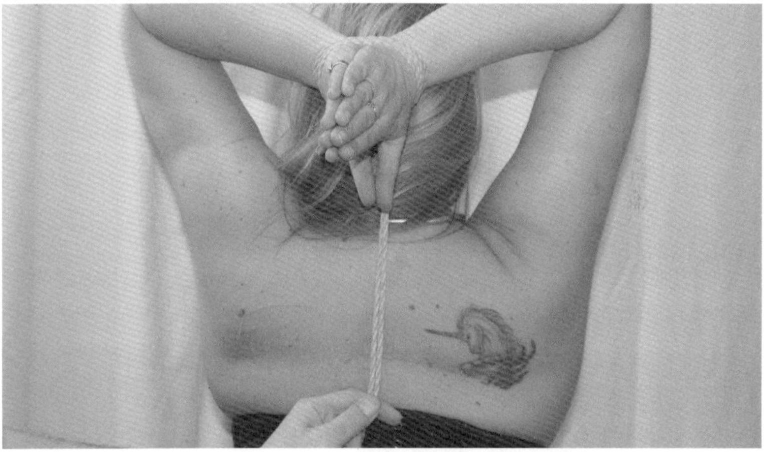

Die gefesselten Handgelenke werden nach hinten gezogen.

Das Doppelseil wird unterhalb der Brust um den Körper gelegt.

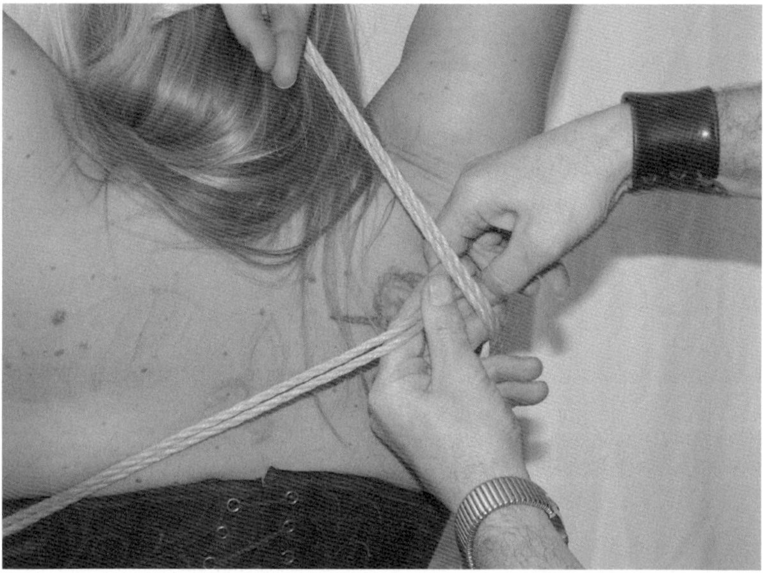

Dann wird es unter dem nach oben laufenden Seil durchgezogen.

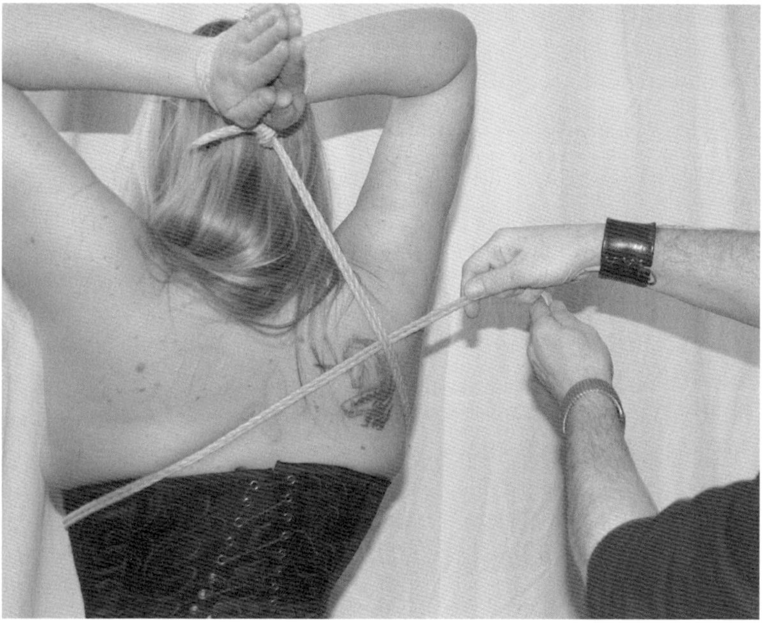

Mit dem Seil wird jetzt der Strang von den Händen auf Mitte gezogen.

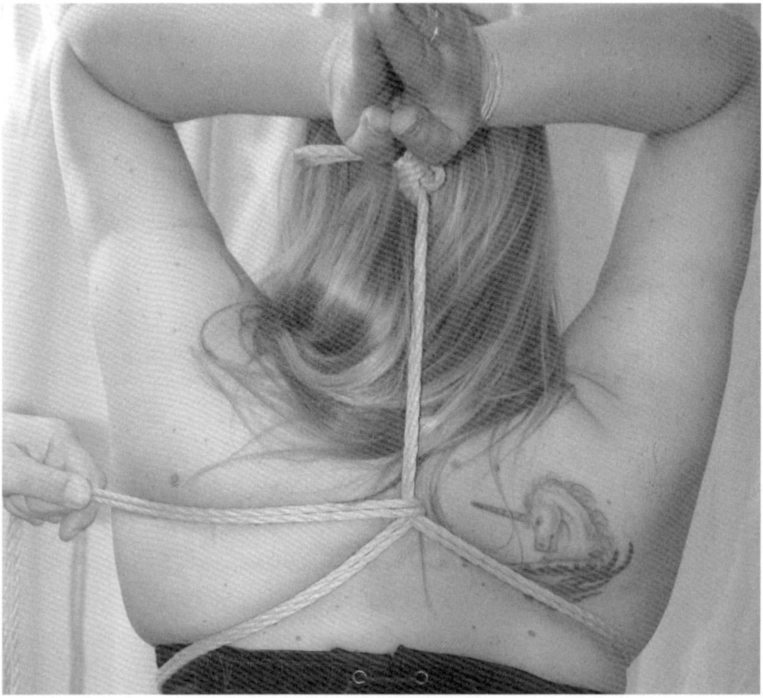

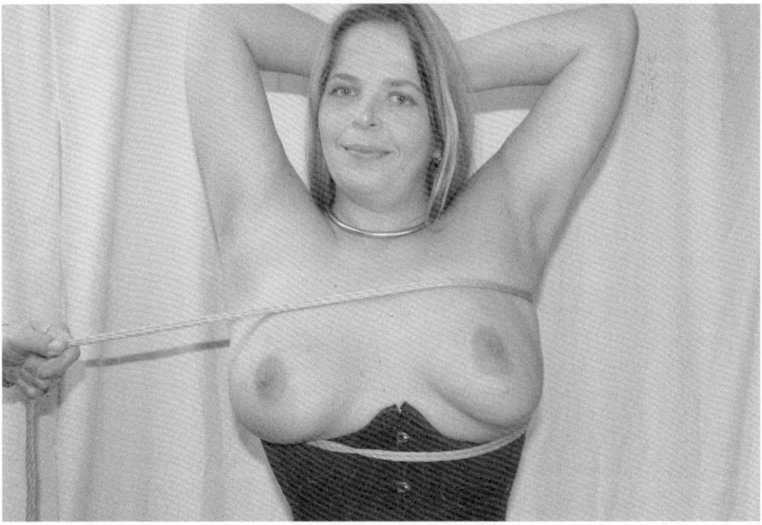

Die zweite Seilwicklung erfolgt oberhalb der Brust.

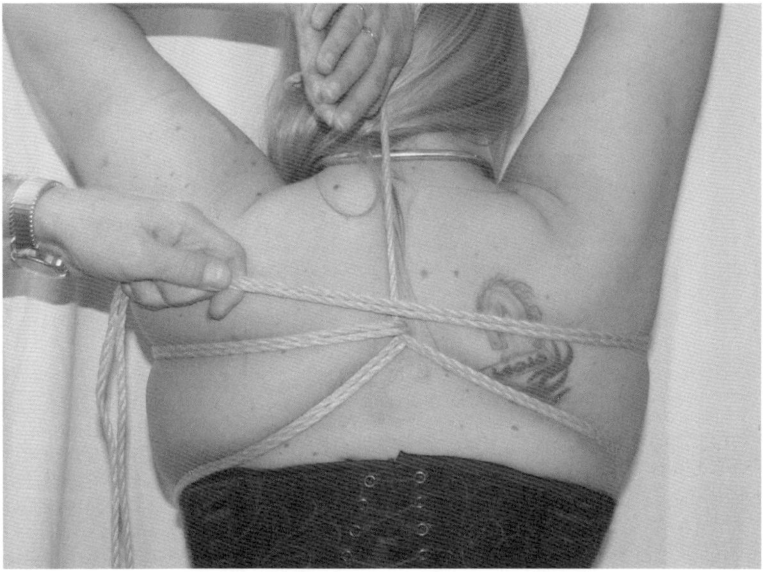

Das Seil wird in das von den Wicklungen gebildete V eingehängt.

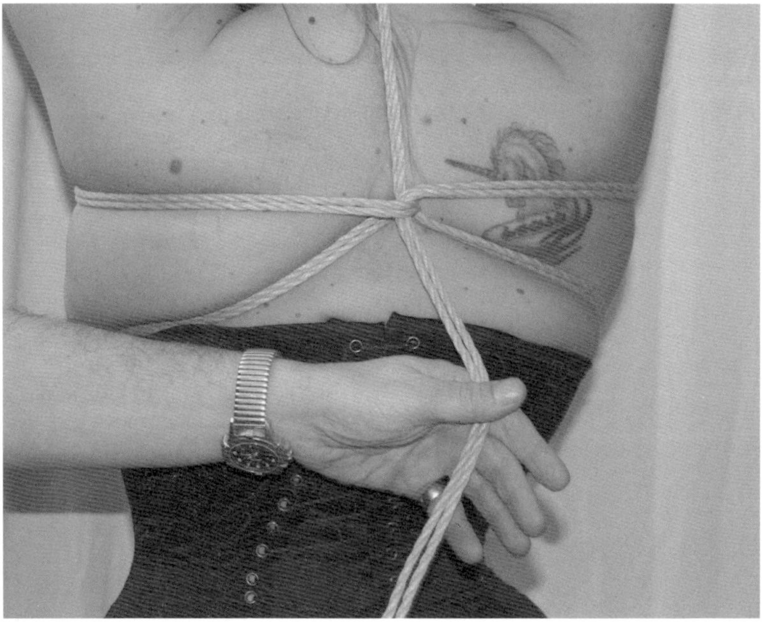

... und straff gezogen.

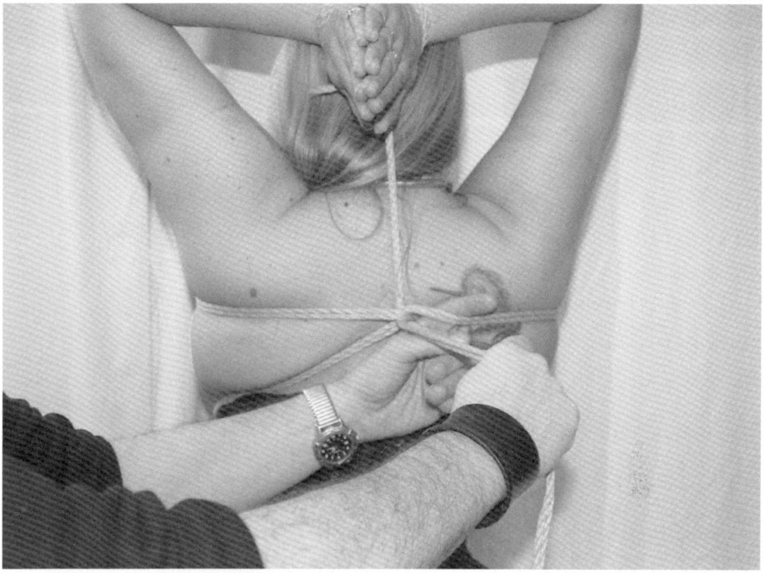

Jetzt wird das Seil am Mittelseil festgelegt.

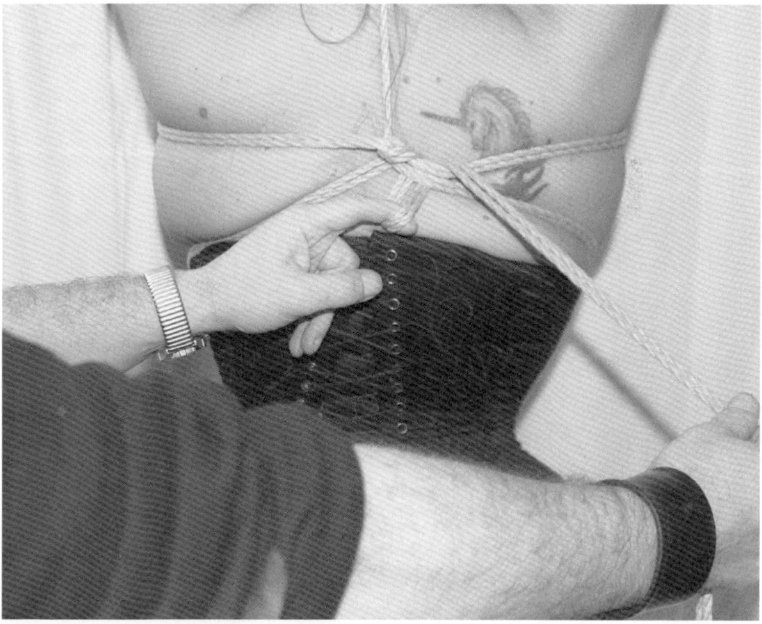

Dabei dient der Zeigefinger als Haken, um das Seil unter den Seillagen durchzuziehen.

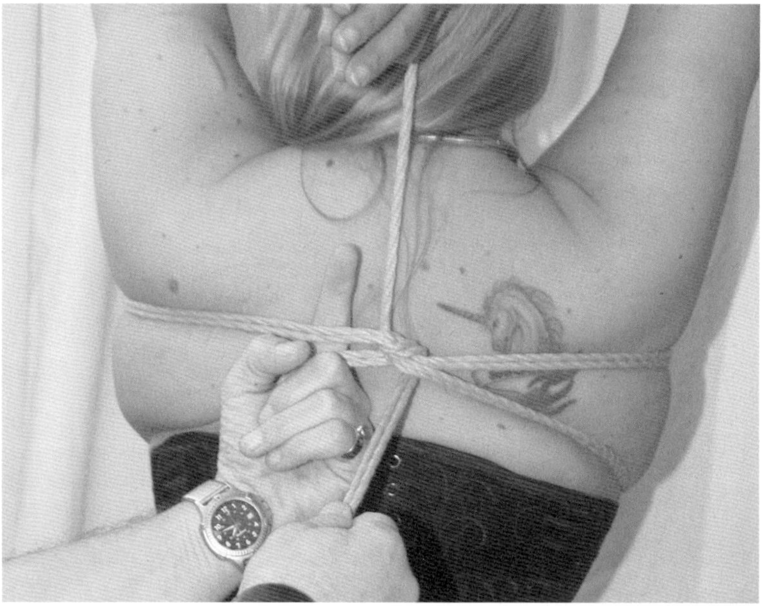

Eine weitere Wicklung auf der anderen Seite.

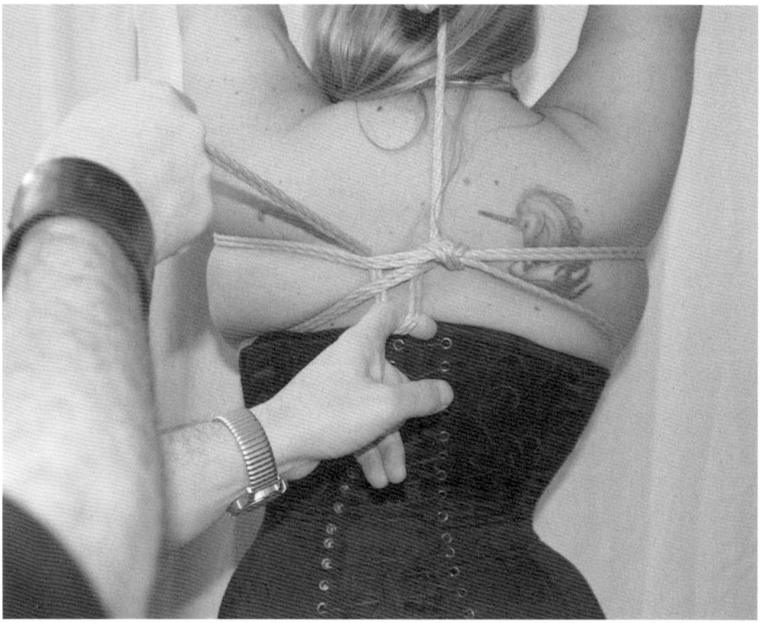

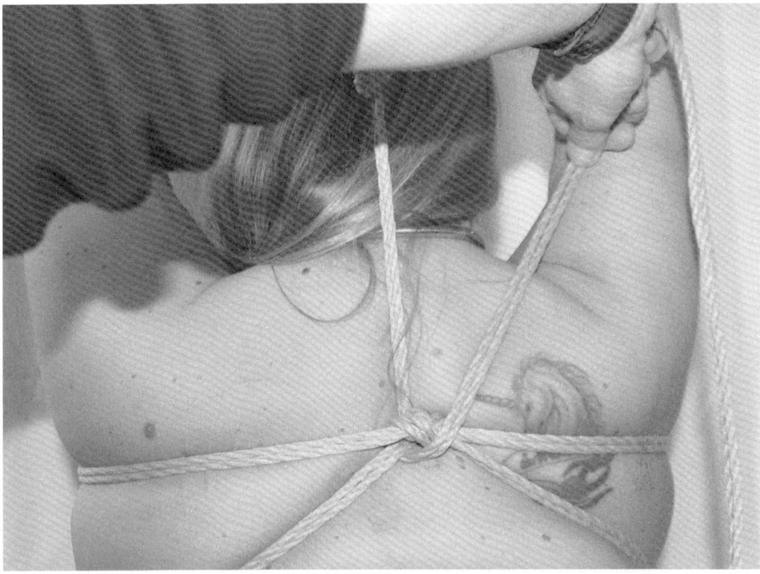

Wenn noch genug Seil übrig ist, kann das Seil über die Schulter geführt werden.

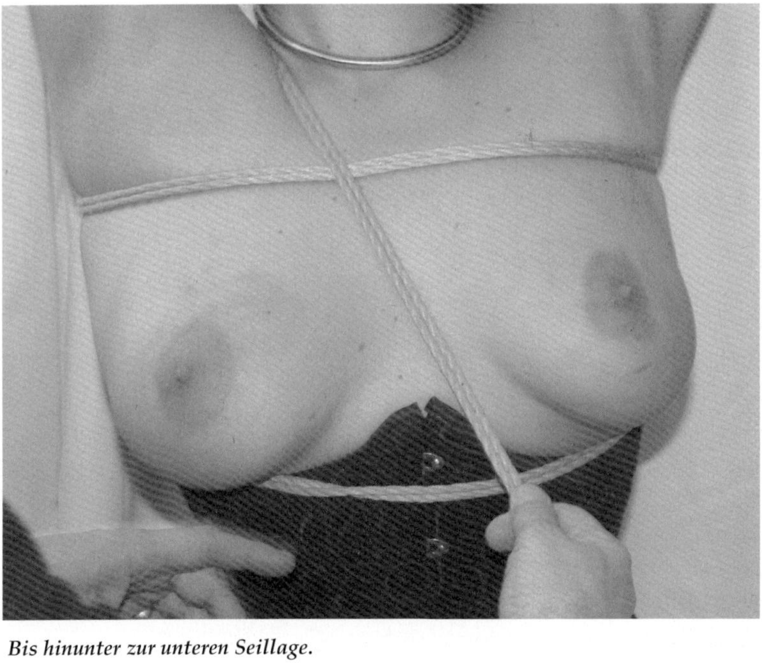

Bis hinunter zur unteren Seillage.

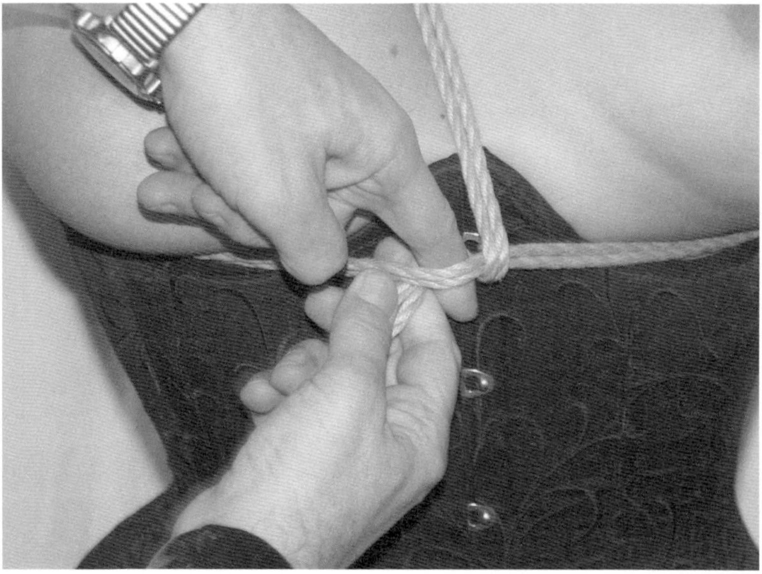

Unter dieser wird es hindurchgezogen.

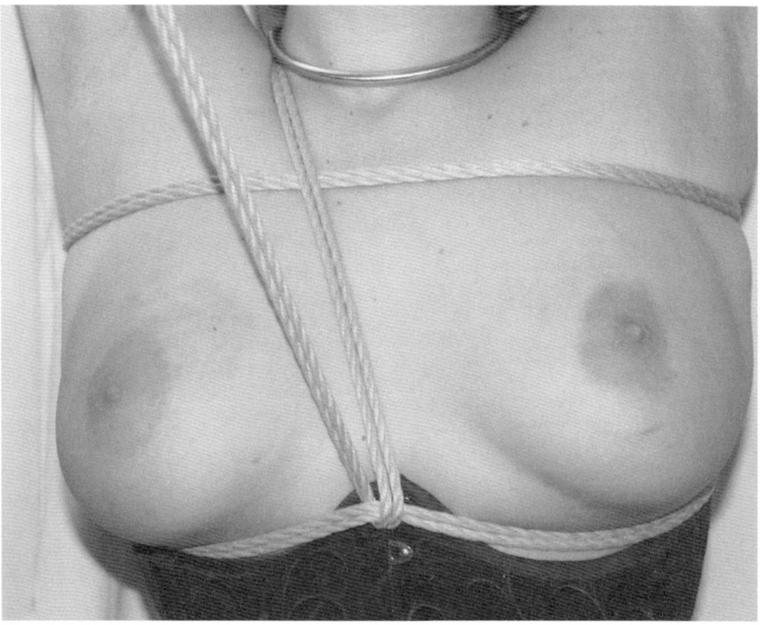

Nach oben geführt.

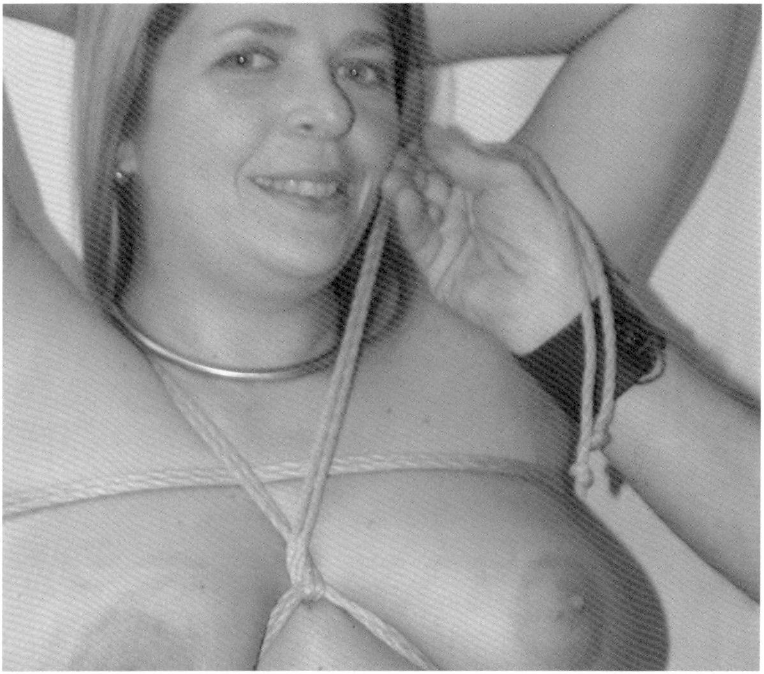

Und über die andere Schulter nach hinten gezogen.

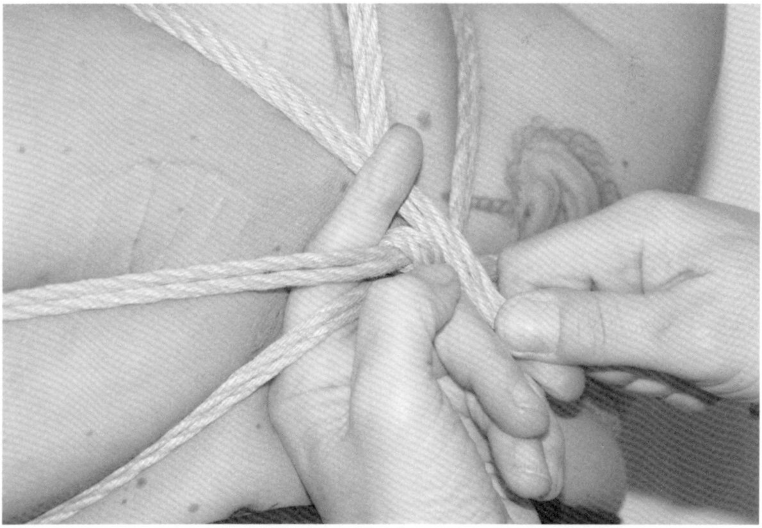

Dort wird es am Mittelseil fixiert.

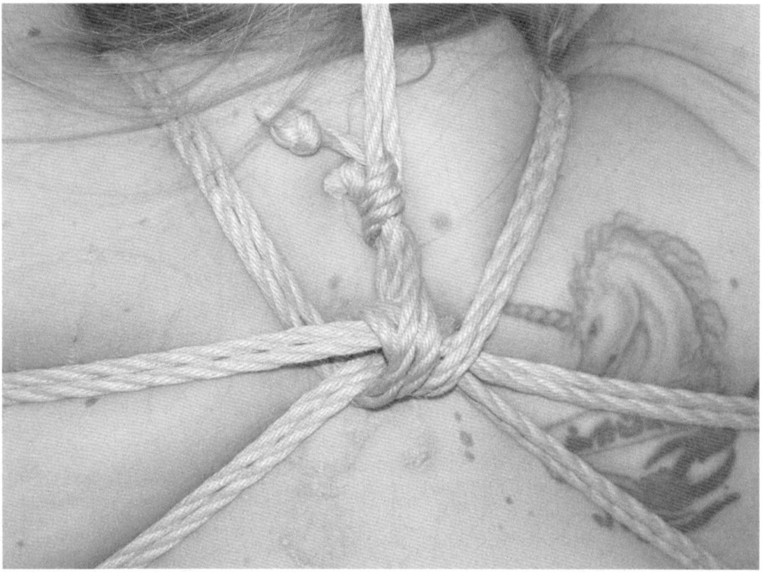

Das Ende wird am Mittelstrang hoch gewickelt.

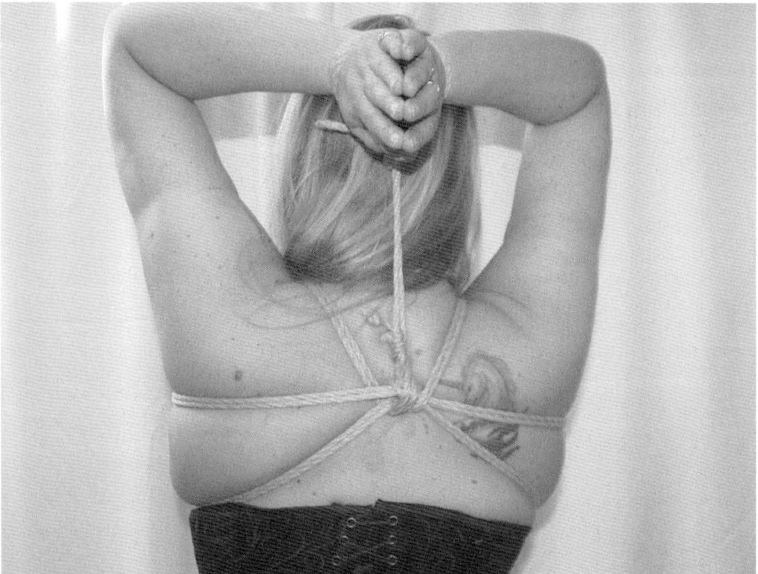

So sollte die fertige Bondage aussehen.

Unterkörper-Bondage
Matanawa Shibari

Matanawa ist eigentlich nur das Schrittseil, das durch Spannungsveränderungen alle möglichen Sensationen zwischen den Beinen möglich macht. Wenn das Seil zwischen den Beinen etwas wund gerieben hat oder ein Genital-Piercing eingeklemmt wurde, dann war man unachtsam und darf sich nicht wundern, dass man Ärger mit seinem Partner bekommt.
Wie bei den meisten Bondages gibt es auch hier die unterschiedlichsten Varianten.

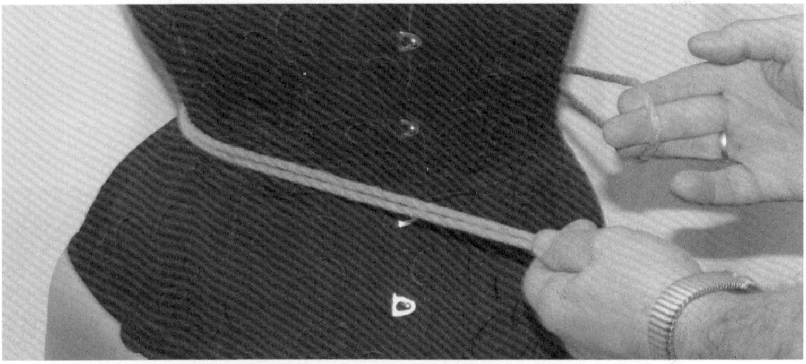

Das doppelt gelegte Seil wird um die Taille geführt.

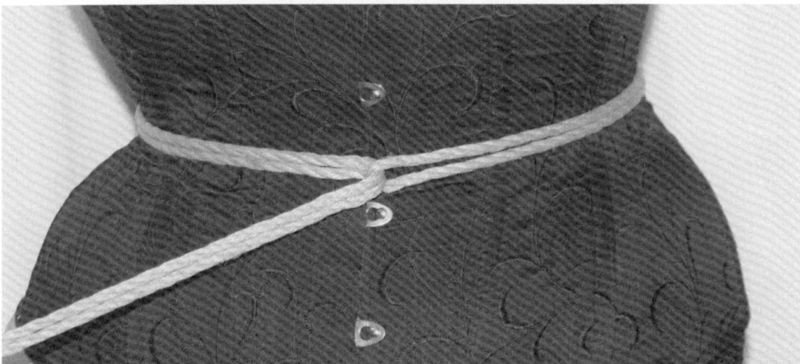

Das lange Ende geht durch die Schlaufe.

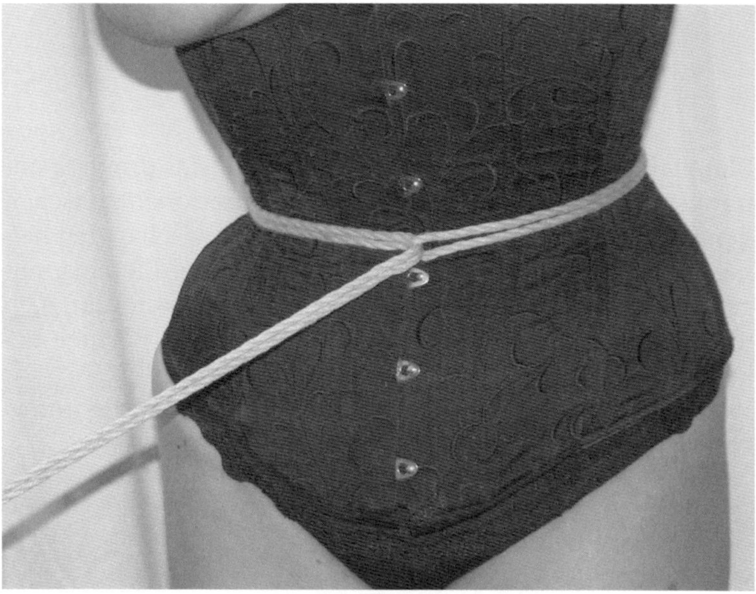

Dann um das Becken herum, es sollte unterhalb der Pobacke liegen.

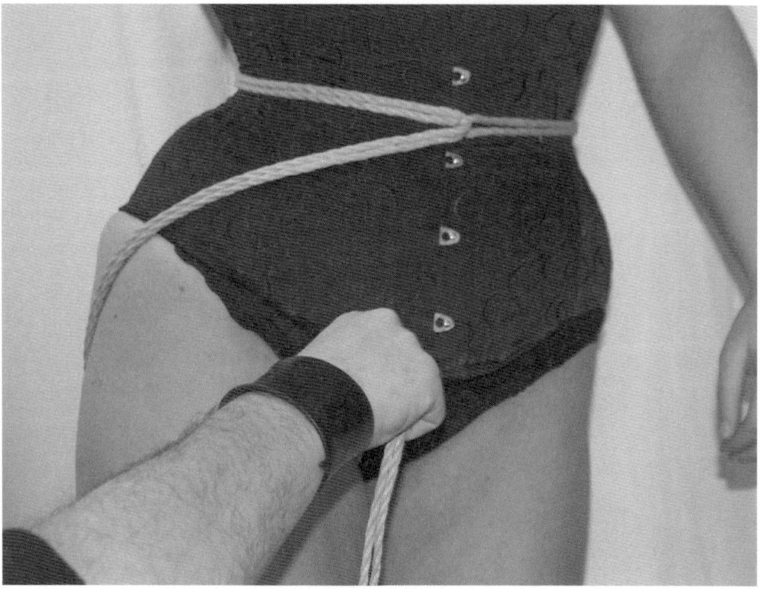

Und zwischen den Beinen wieder nach vorne.

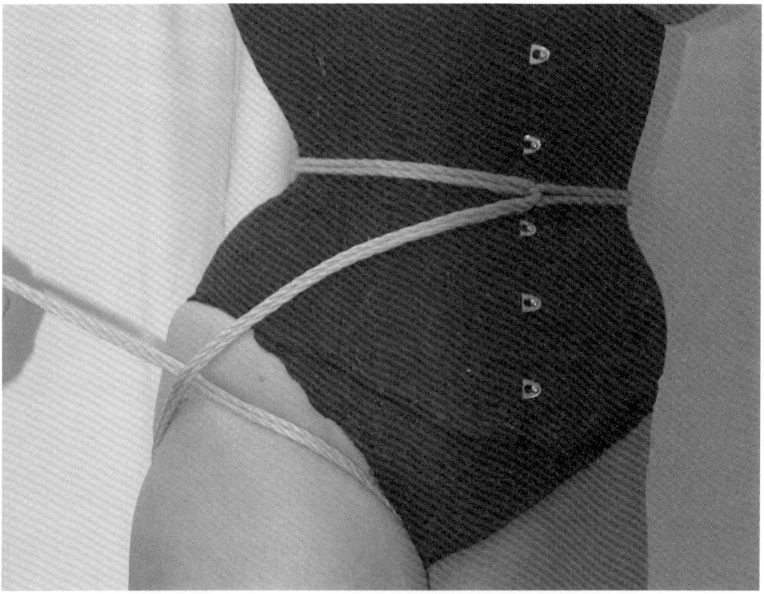

Unter dem herabführenden Seil durchziehen.

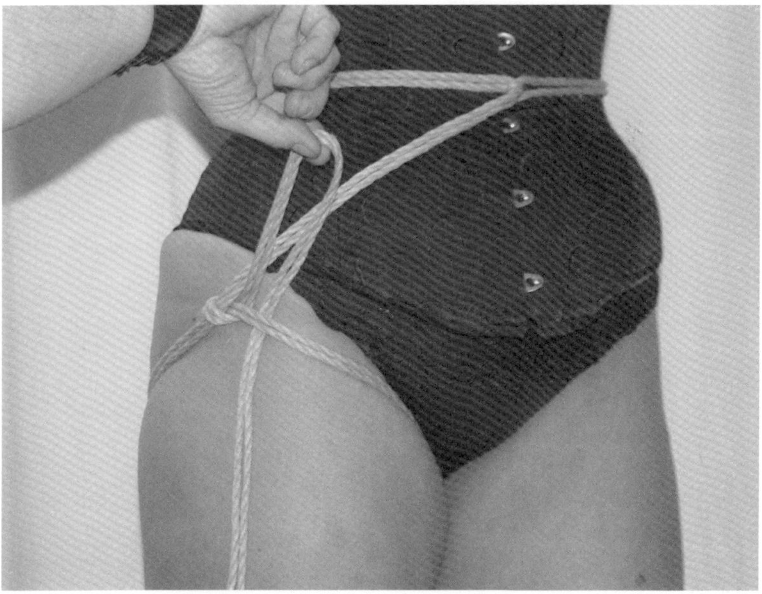

Mit einer Wicklung festlegen.

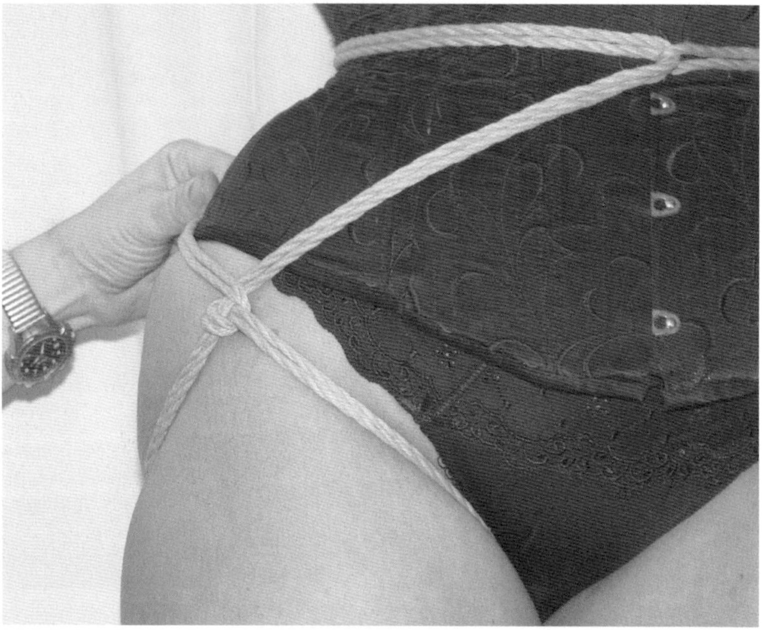

Von dort zurück nach hinten gehen.

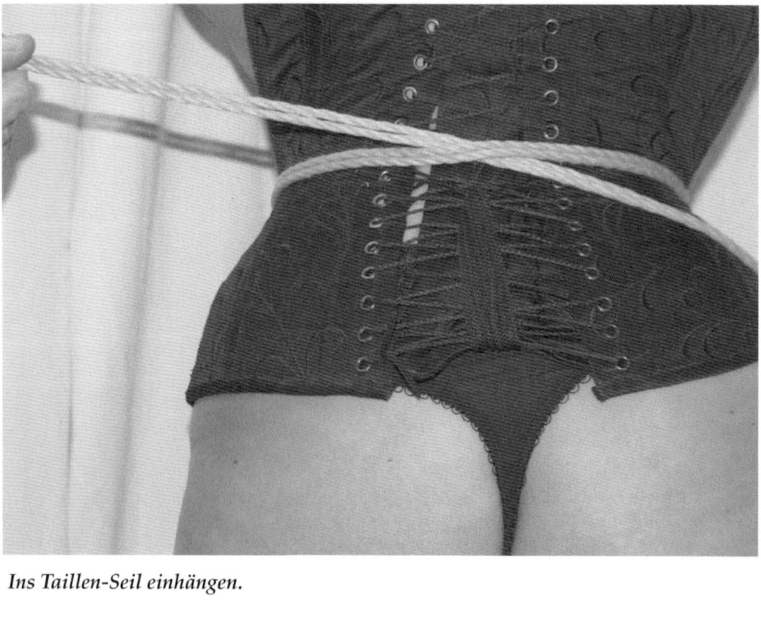

Ins Taillen-Seil einhängen.

In der Mitte festlegen.

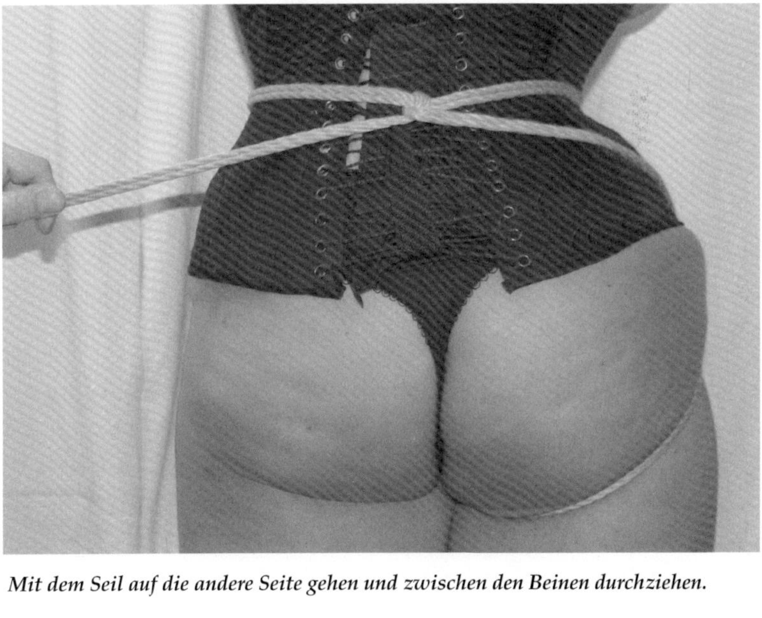

Mit dem Seil auf die andere Seite gehen und zwischen den Beinen durchziehen.

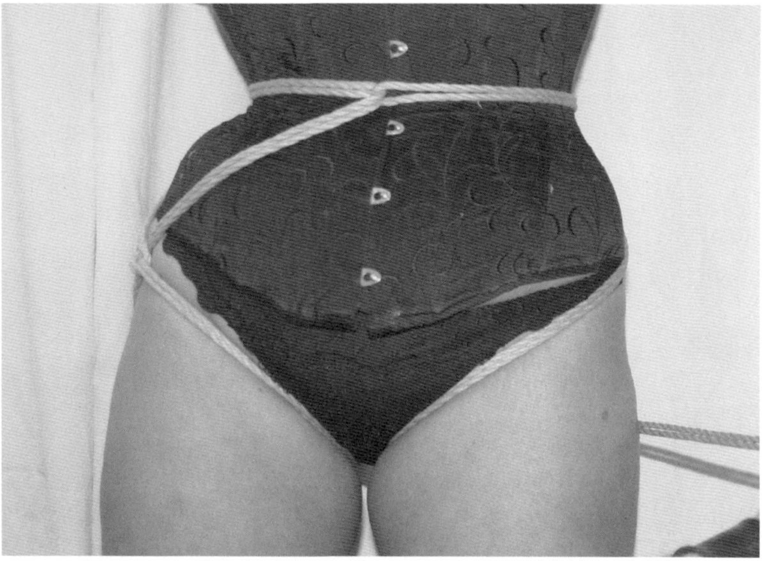

Nach vorne zurück gehen – wieder unterhalb der Pobacke.

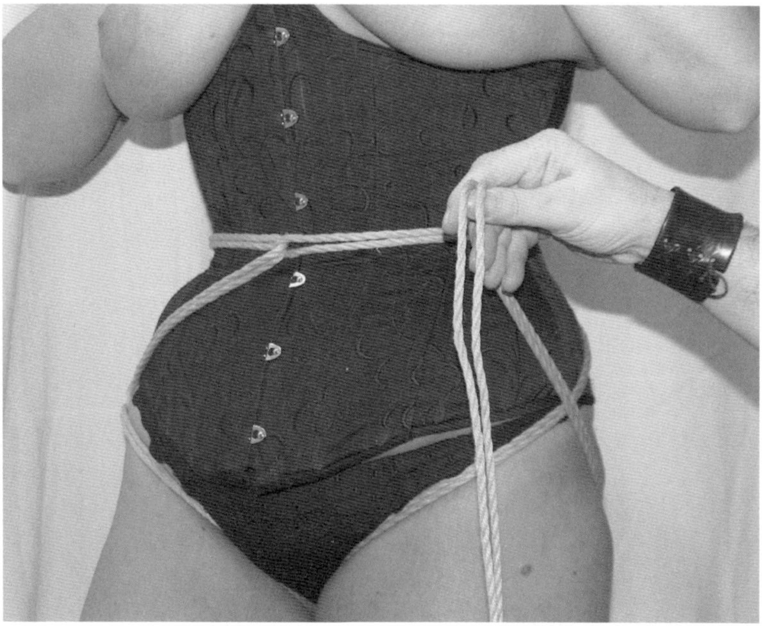

Unter dem von oben kommenden Seil hindurchgehen.

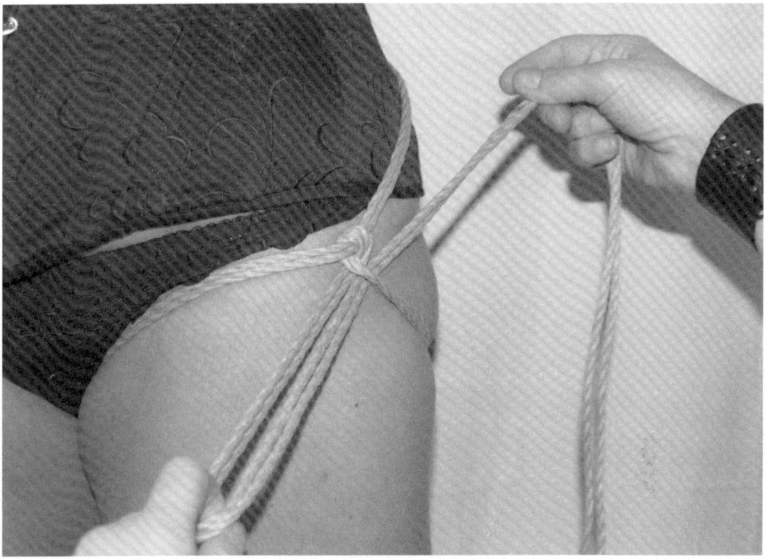

Festlegen des Seils.

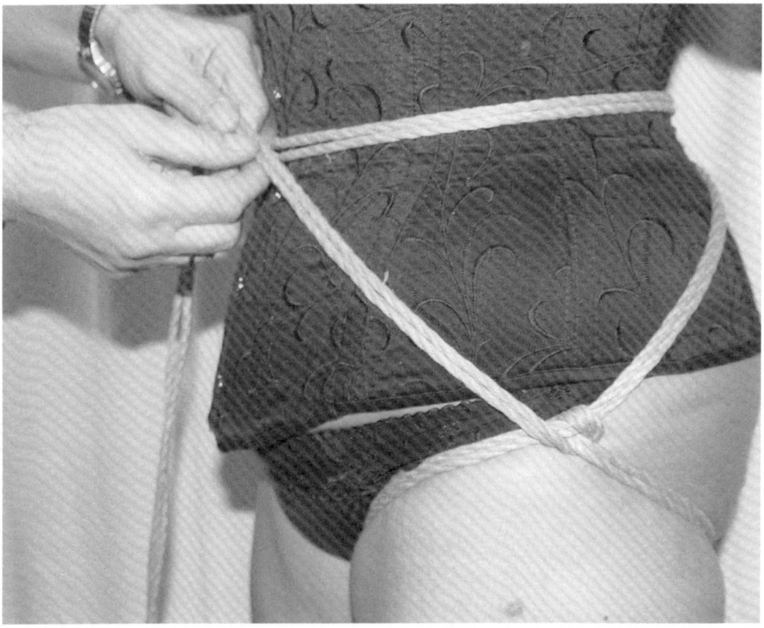

Zurück zur Mitte der Taille.

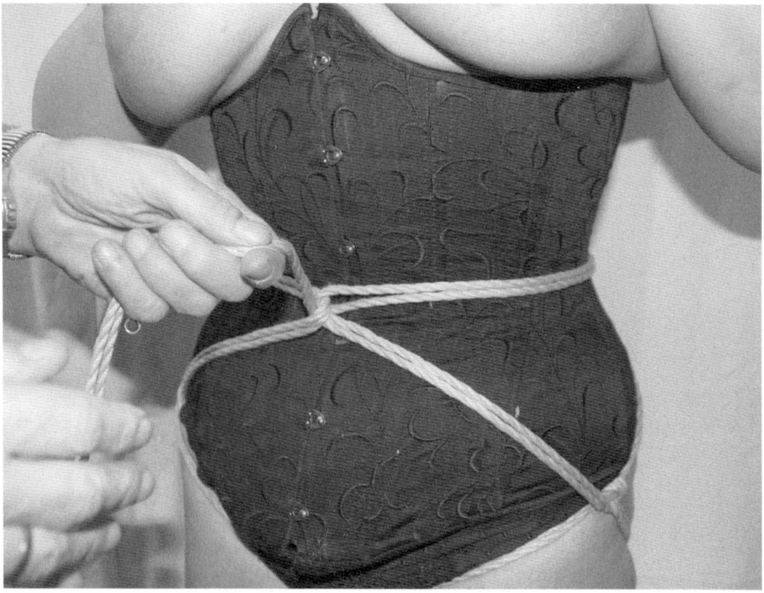

Dort einhängen und festlegen.

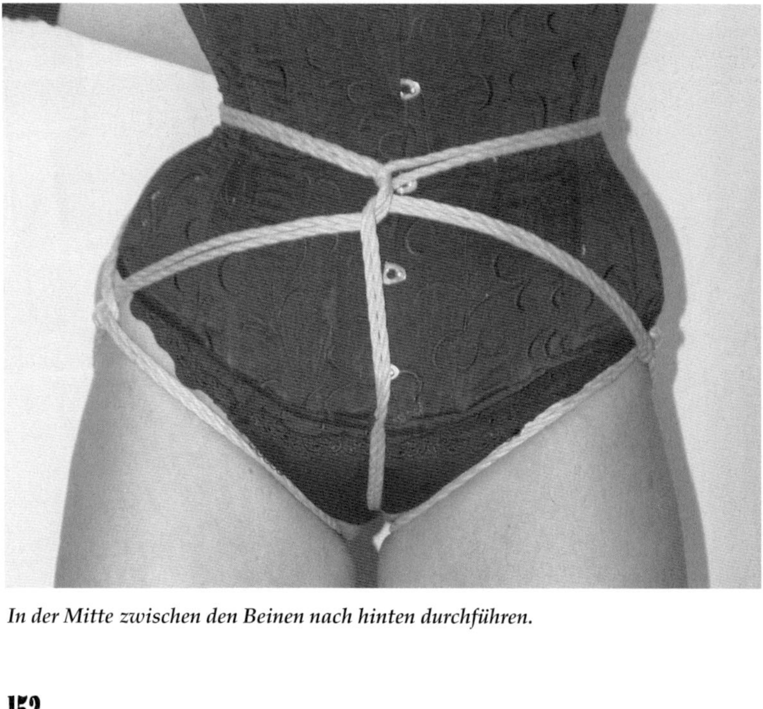

In der Mitte zwischen den Beinen nach hinten durchführen.

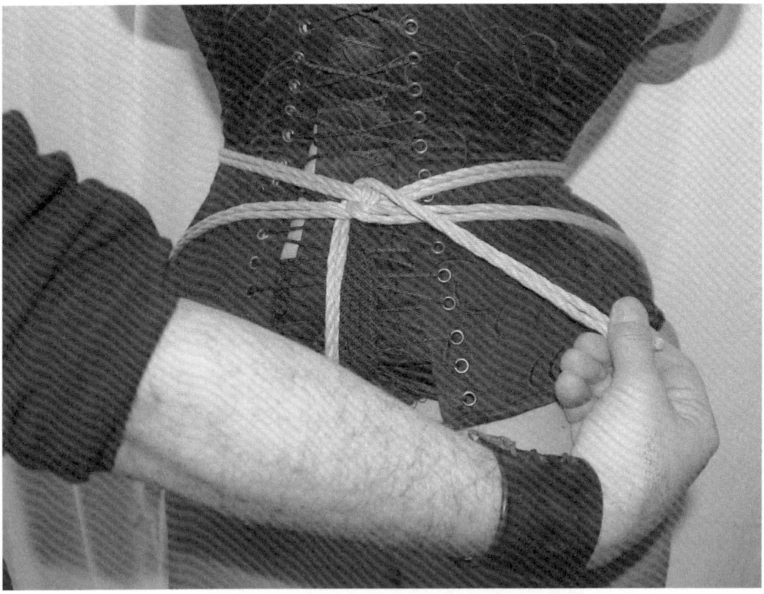

Hinten unter der Mitte des Taillen-Seils durchziehen.

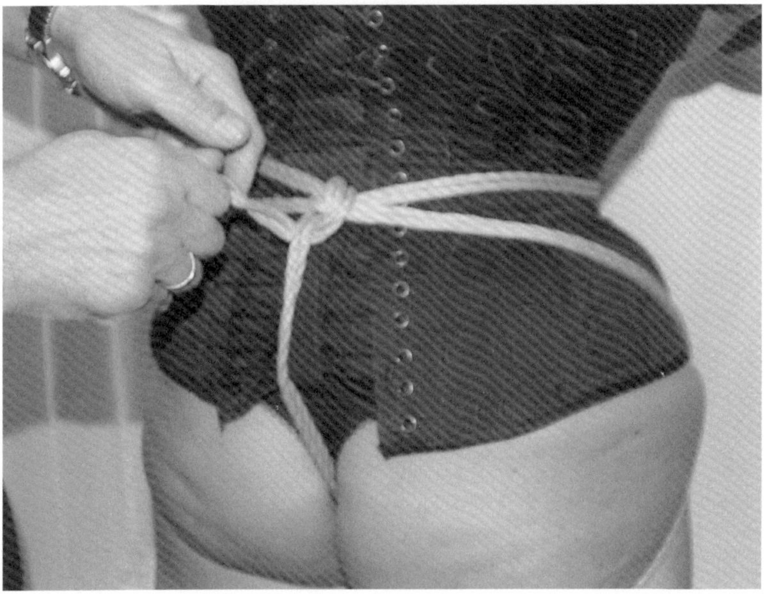

Und festlegen.

Fertig.

Seil anknüpfen

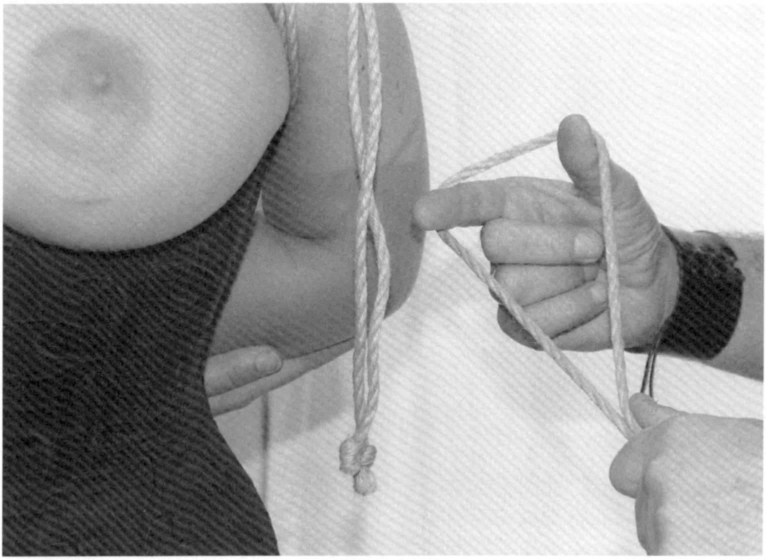

Das Seil ist zu Ende, ein neues muss angeknüpft werden.

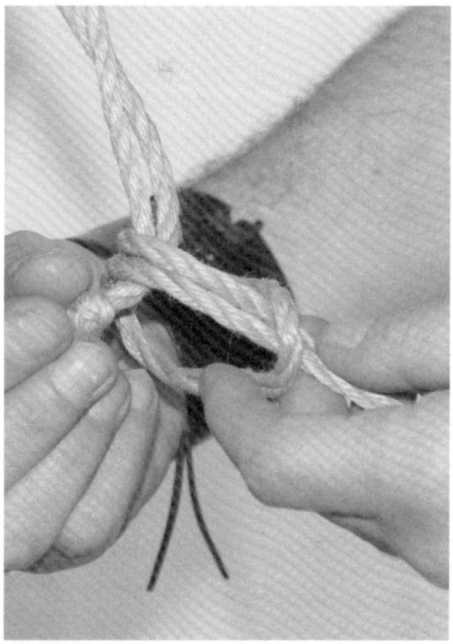

Die einfachste Variante, wenn das Seil am Ende Knoten hat: Mit dem neuen Seil eine Schlaufe bilden – Diese Schlaufe um die Enden des ersten Seils legen.

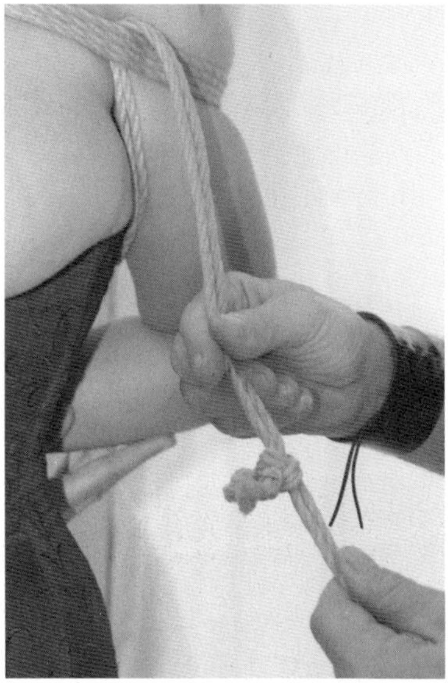

Gut zuziehen und auf Spannung bringen.

Fertig zum Weitermachen mit der Bondage.

Ushirode-gassho-shibari

Diese Bondage erspart den Armbondage-Sack; je nach Spannung (besonders im Ellenbogenbereich, Achtung: Gefahr von Überdehnung möglich) ist sie halbwegs bequem bis richtig ungemütlich.

Oberkörper-Bondage

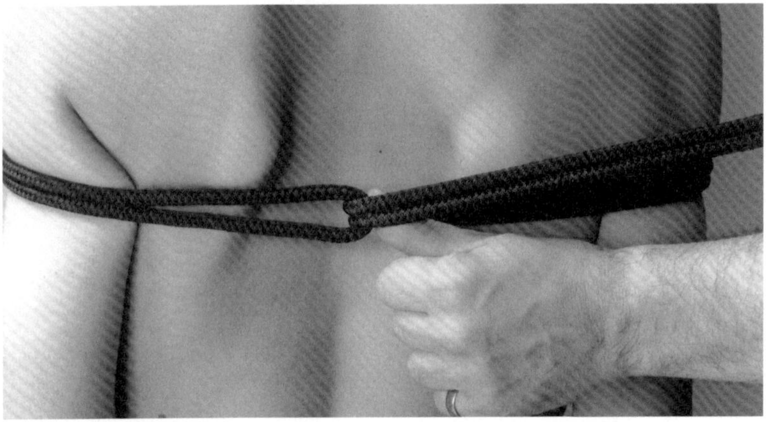

Wieder nimmt man ein doppelt gelegtes Seil von ca. 8m Länge und legt es einmal um den Brustkorb (oberhalb der Brustwarzen). Das laufende Stück doppelt gelegtes Seil wird auf dem Rücken durch die Schlinge gezogen.

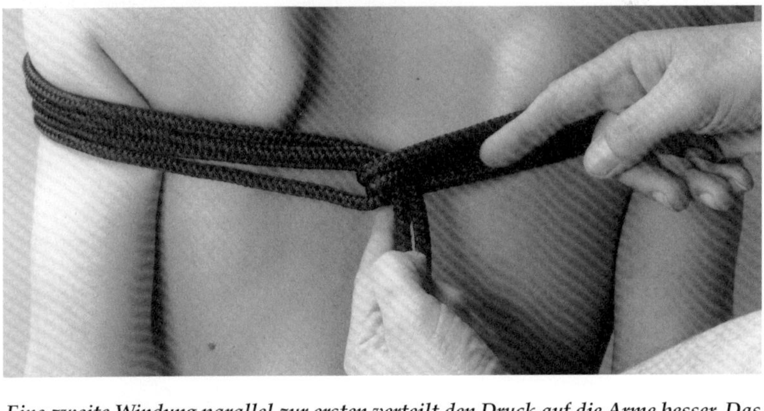

Eine zweite Windung parallel zur ersten verteilt den Druck auf die Arme besser. Das laufende Ende wird durch die neu entstandene Schlinge gezogen. Darauf achten, dass es symmetrisch aussieht.

Jetzt wird das Seil um die Ellenbogen gelegt, das laufende Ende wird zwischen Rücken und hinabführendem Seil hindurch gezogen. Durch das Straffziehen werden sowohl die Ellenbogen zusammengezogen, als auch die Symmetrie wieder hergestellt.

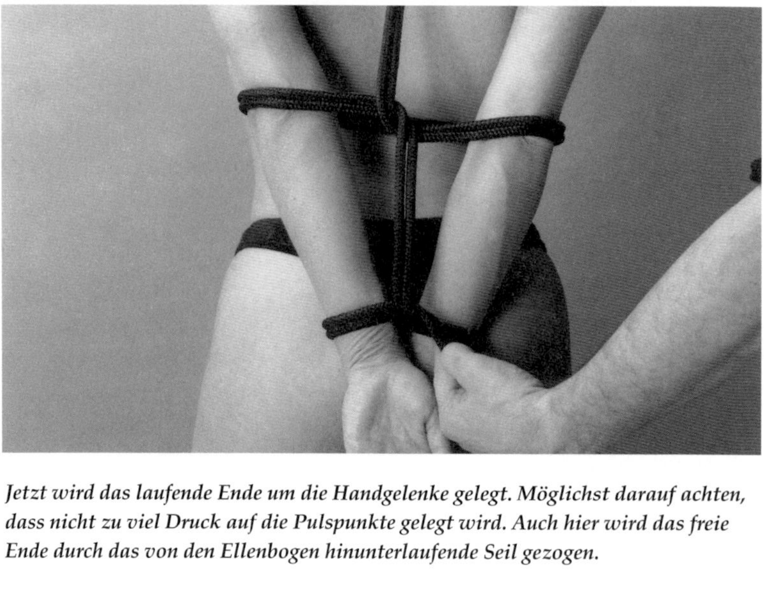

Jetzt wird das laufende Ende um die Handgelenke gelegt. Möglichst darauf achten, dass nicht zu viel Druck auf die Pulspunkte gelegt wird. Auch hier wird das freie Ende durch das von den Ellenbogen hinunterlaufende Seil gezogen.

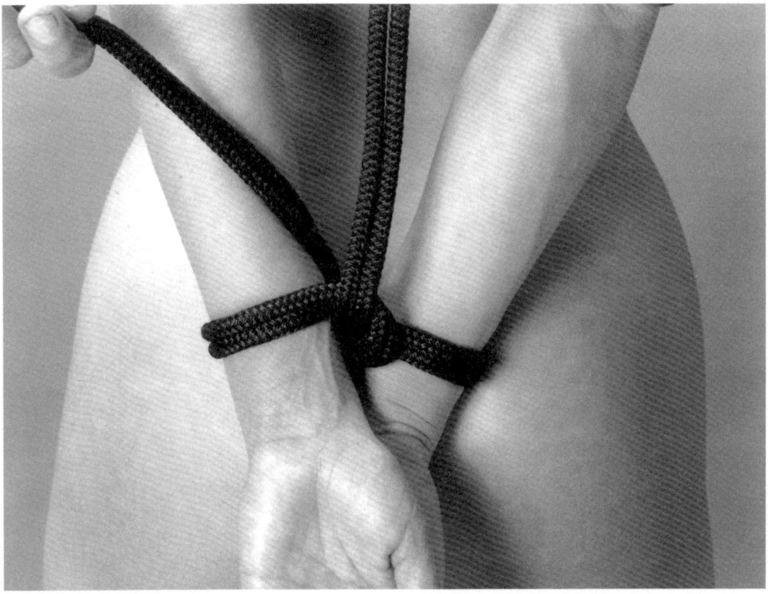

Jetzt wird ein halber Knoten gemacht und das Seil zwischen den Handgelenken hindurch gezogen.

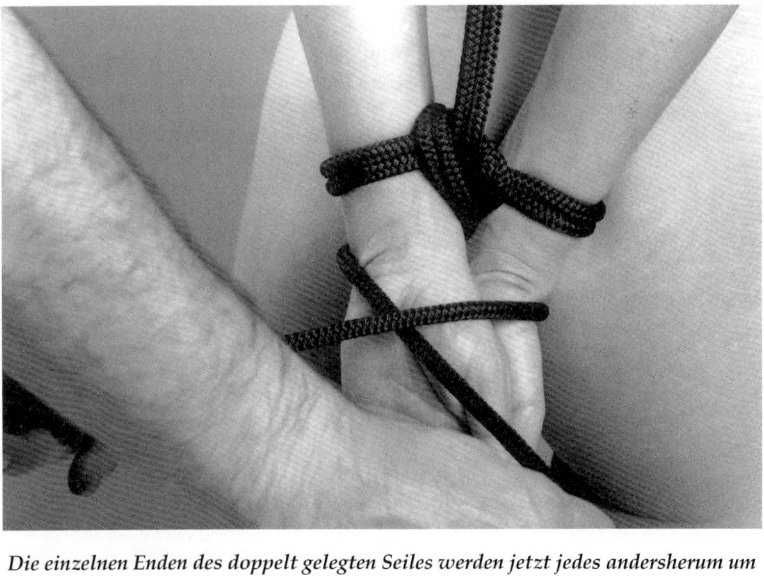

Die einzelnen Enden des doppelt gelegten Seiles werden jetzt jedes andersherum um die Handgelenke gelegt und mit einem doppelten Knoten versehen.

Die fertige Bondage im Ganzen.

mit auf dem Rücken verschränkten Armen

Ushiro Takate Kote Shibari

Dies ist die Standard-Bondage für den Oberkörper, die zum Beispiel bei Ganzkörper-Bondages und Hänge-Bondages eingesetzt wird. Bei Zugbelastungen ist das Gewicht gleichmäßig auf die Oberarmmuskeln und die Brust verteilt, ohne die Atmung sonderlich zu behindern.

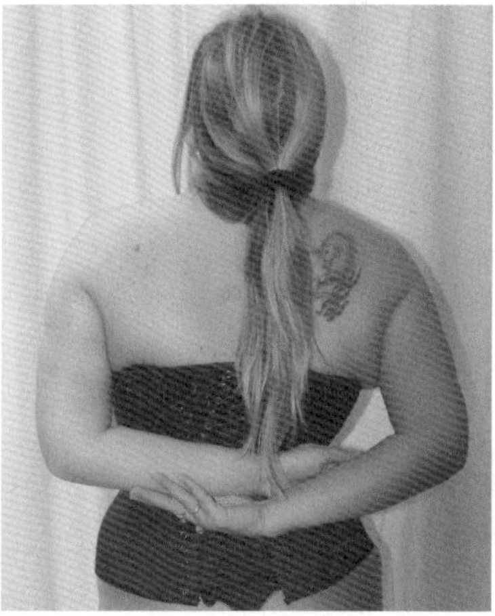

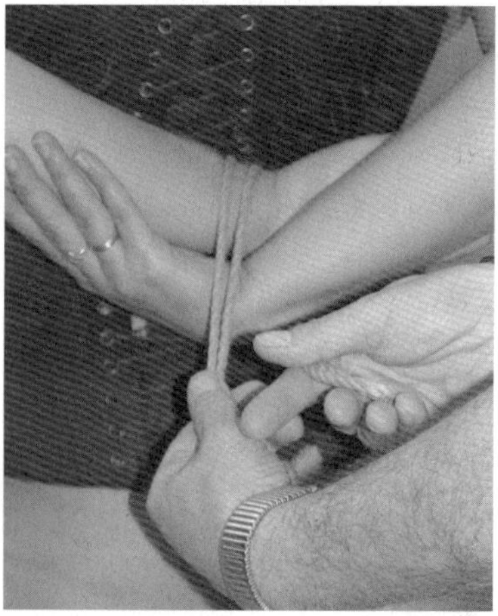

Die Arme hinter dem Rücken verschränken, so dass es bequem ist.
Eine Wicklung um beide Handgelenke. Dann eine zweite Wicklung, das Ende mit der Schlaufe sollte etwa eine Hand lang sein.

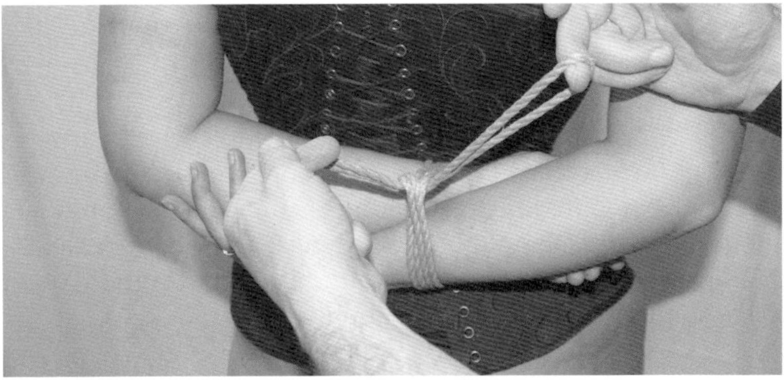

Die Schlaufe wird unter den Seillagen durchgezogen.

Erst mit einem Knoten gesichert.

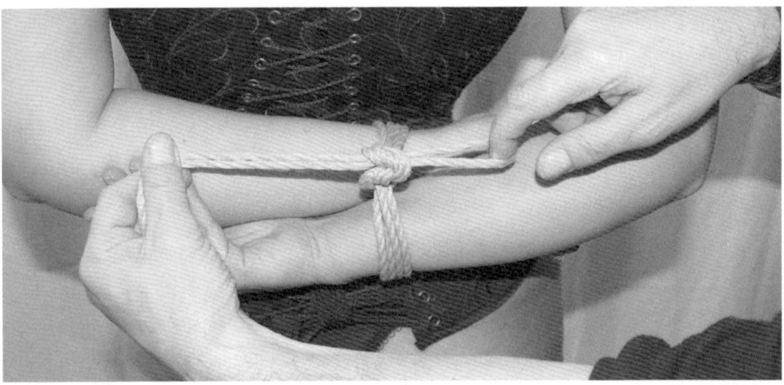

Dann wird mit einem zweiten Knoten abgeschlossen, die Schlaufe bliebt frei, damit man jederzeit während der Bondage die Hände befreien kann.

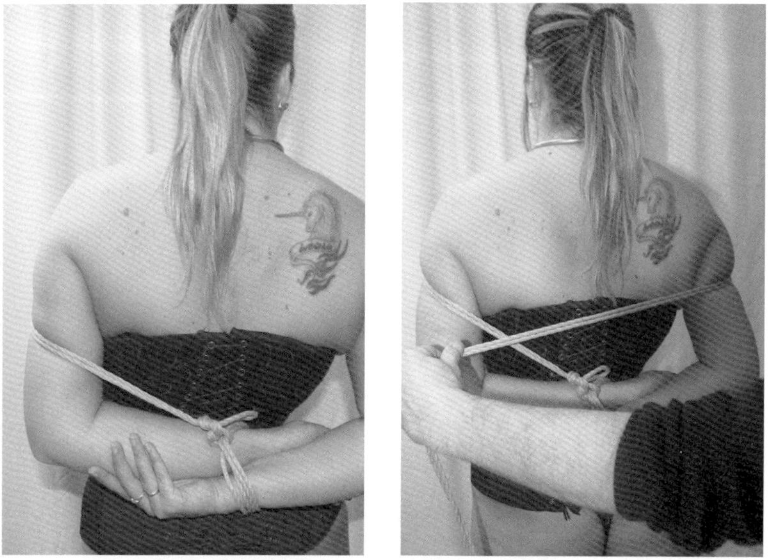

Je nachdem, wie der Knoten liegt, ist die weitere Richtung der Fesselung vorgegeben, hier also links herum um den Körper oberhalb der Brust.

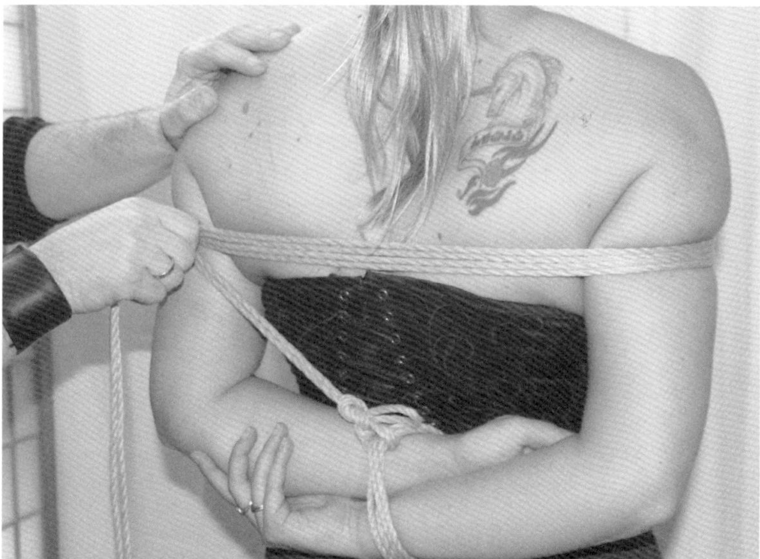

Darüber wird eine zweite Lage des Doppelseils gelegt.

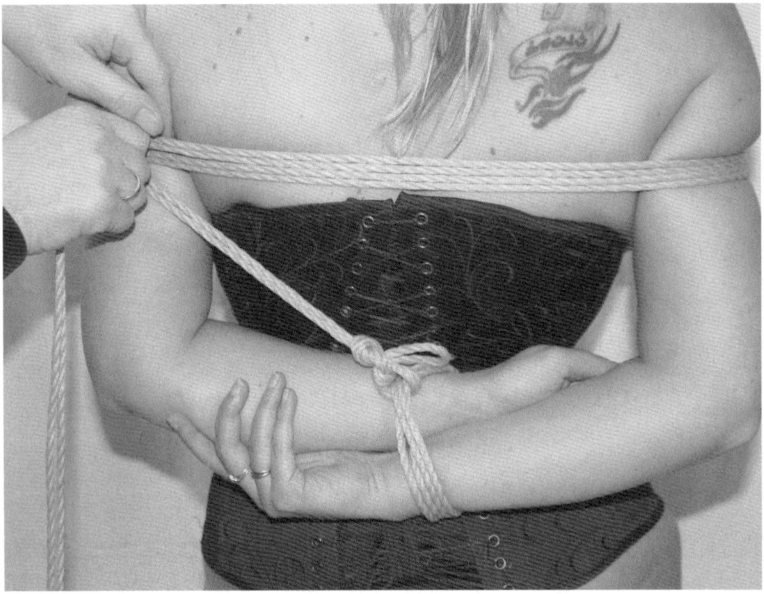

Unter dem nach unten laufenden Seil hindurch ziehen.

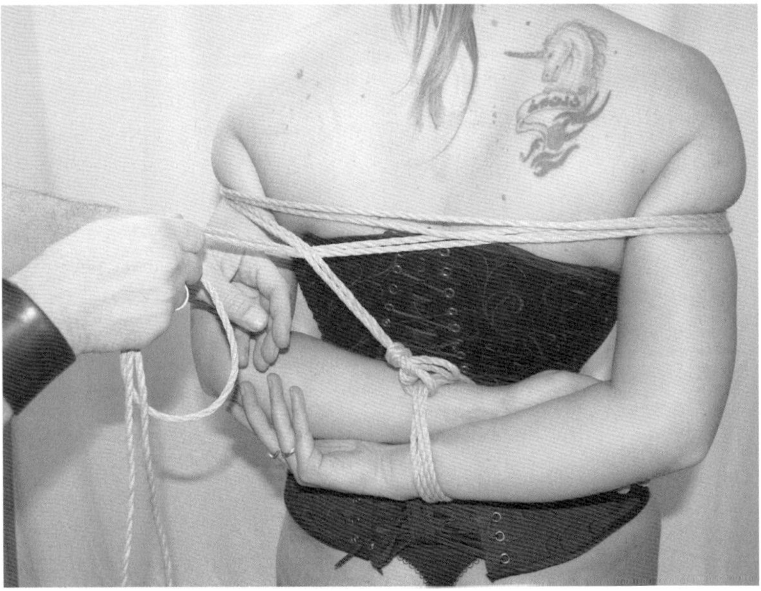

Und dann mit dem Seil das Mittelseil gerade ziehen.

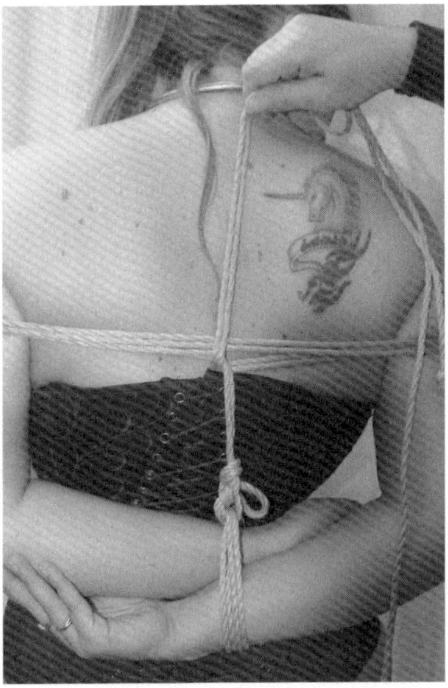

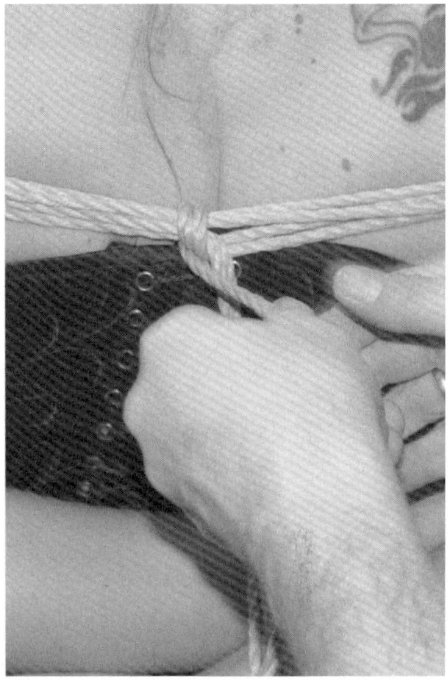

Einmal um das Mittelseil herumführen.
Dann die oberen Seilbahnen am Mittelseil jeweils links und rechts festlegen.

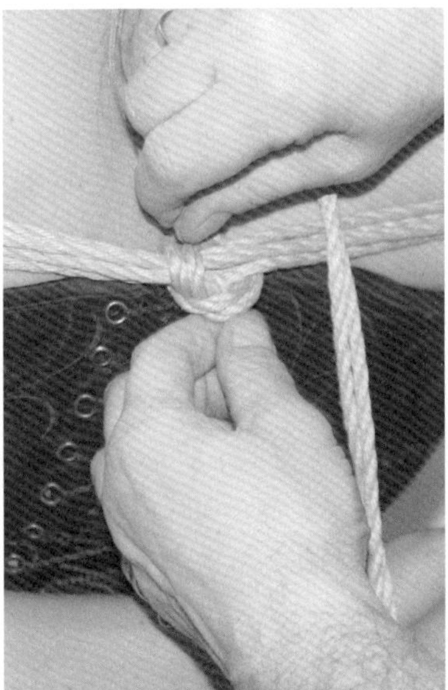

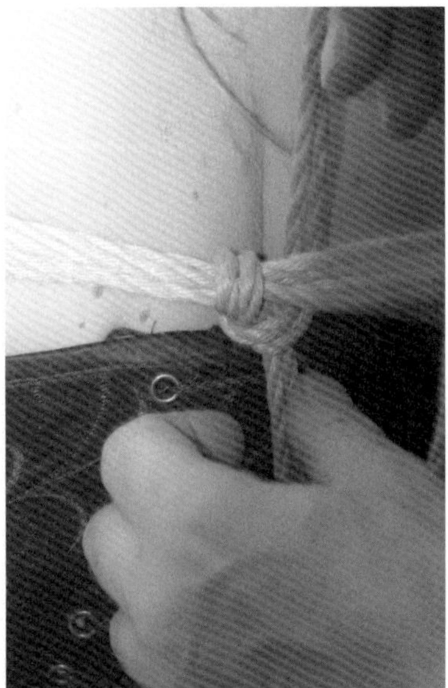

Das Seil geht wieder zurück an den Körper.

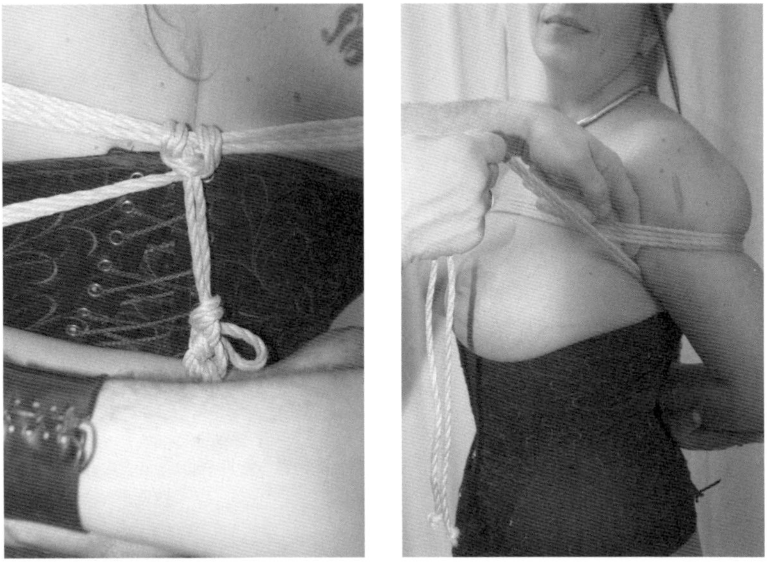

Jetzt wird es zwischen Arm und Körper nach vorne gezogen, um die oberen Seillagen gegen ein Verrutschen nach oben zu sichern.

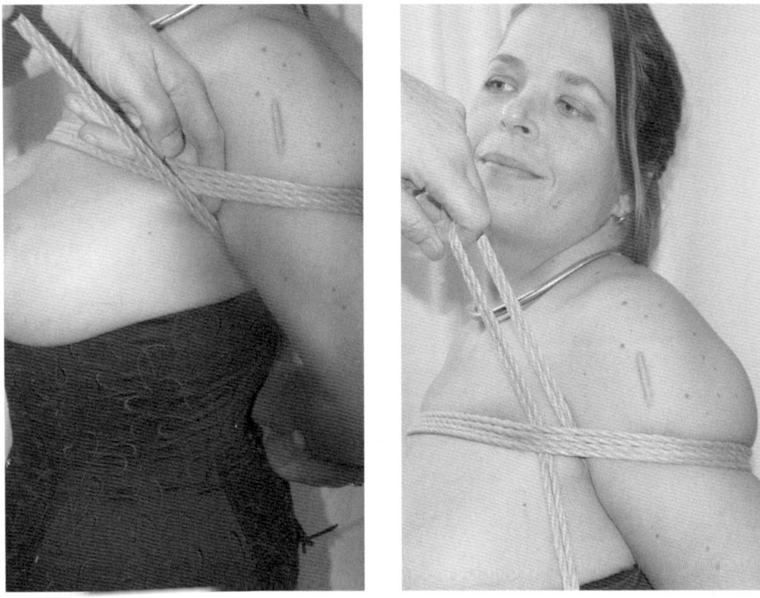

Mit dem Finger wird das Seil unter den Seillagen um den Körper hindurch gezogen.

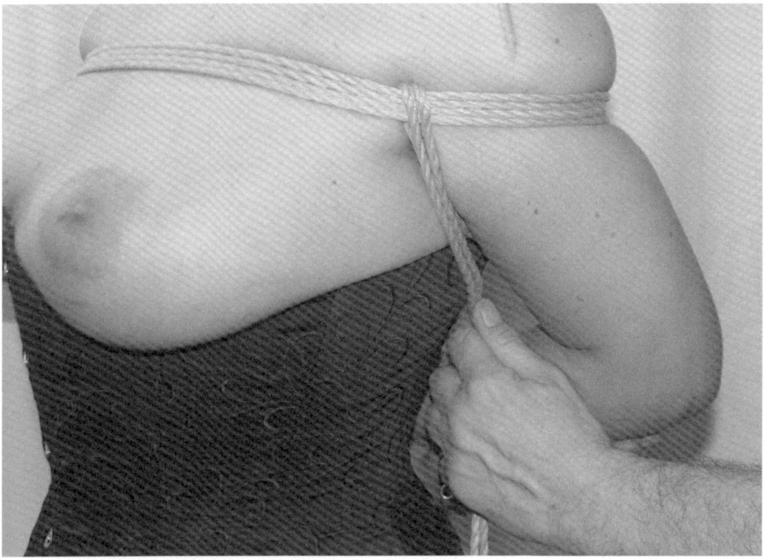

Wieder nach hinten geführt, dabei nicht zu straff ziehen und darauf achten, dass die Wicklungen am Körper nicht verdreht werden.

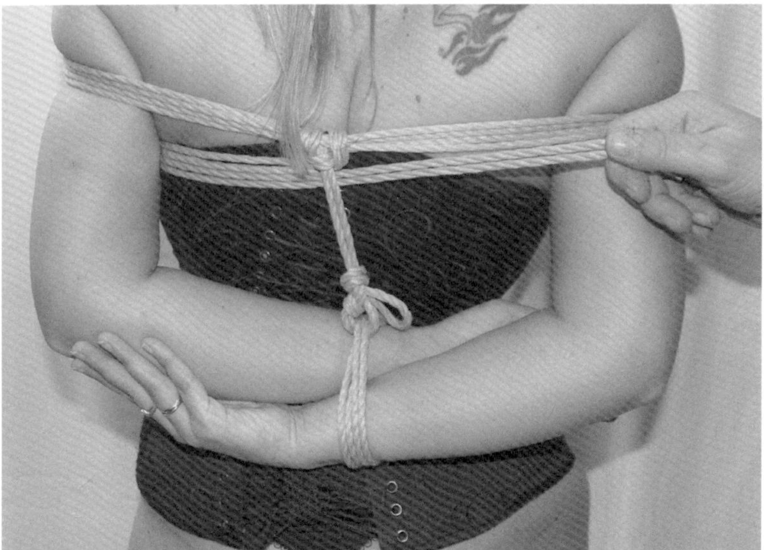

Das Seil geht zurück zum Rücken.

Und da es hier zuende ist, wird es soweit um die Mittelsteg gewickelt, bis sicher ist, dass die Knoten nicht unter dem Arm, sondern hinten sitzen.

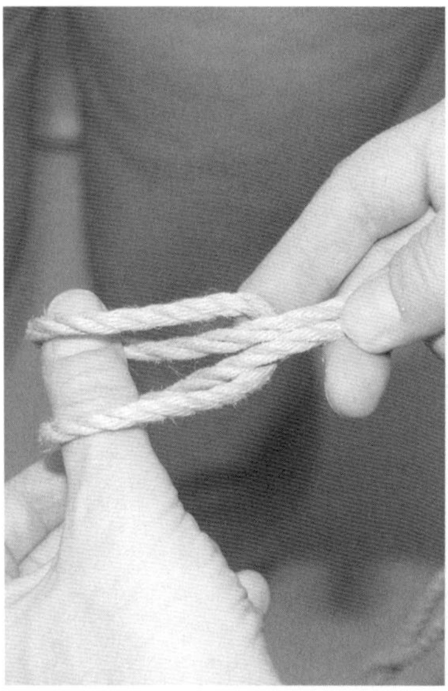

Neues Seil wird angesetzt indem man eine Schlaufe bildet, die über die Knoten des Seilendes vom ersten Seil geschoben wird (s.S. 155 ff).

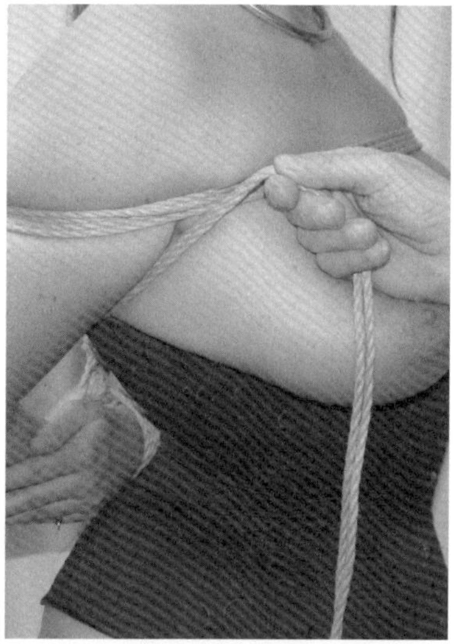

Damit ist das Seil verlängert und die Bondage kann fortgeführt werden.
Um die Sicherung auf der anderen Seite zu machen, wird das Seil zwischen Oberarm und Körper nach vorne geführt.

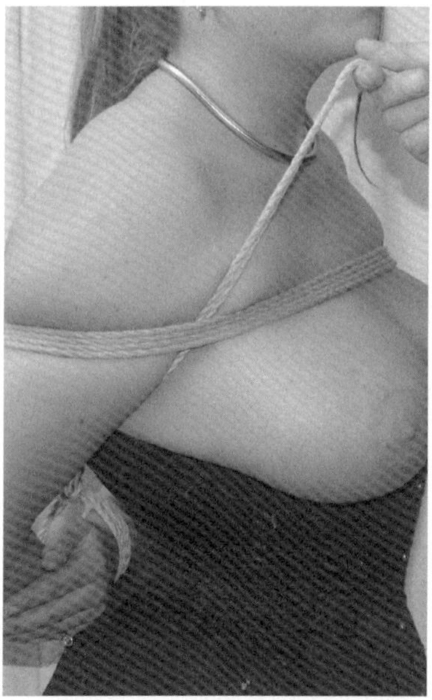
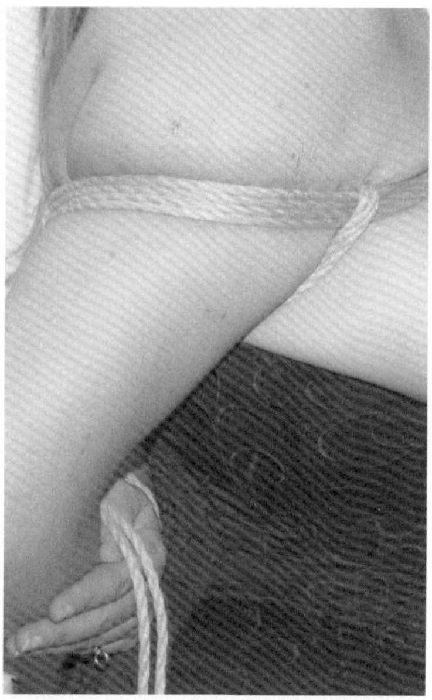

Unter den Körperseillagen hindurch gezogen und geht ohne zu viel Zug nach hinten.

Wird hinter dem Mittelstrang am Körper vorbeigeführt.

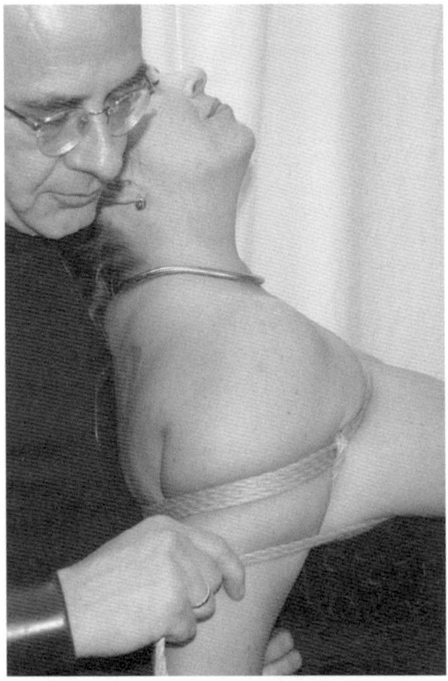

Durch eine Wicklung am Mittelstrang gesichert und geht dann weiter über den Arm nach vorne. Unterhalb der Brust wird das Seil weitergeführt. Parallel eine zweite Lage anlegen.

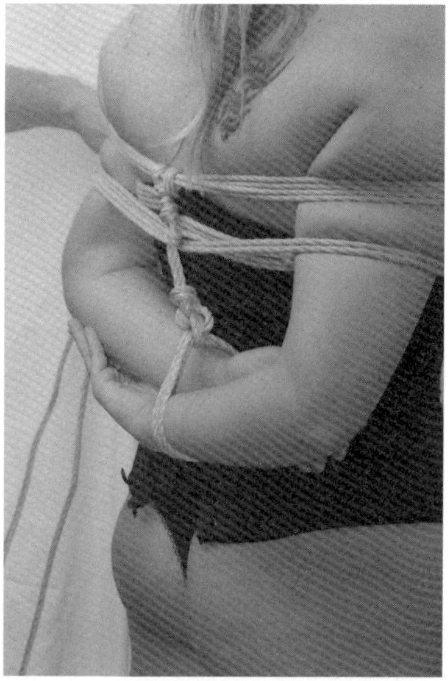

Die gesamte Doppellage wird dann am Mittelstrang festgelegt. Sowohl links als auch rechts.

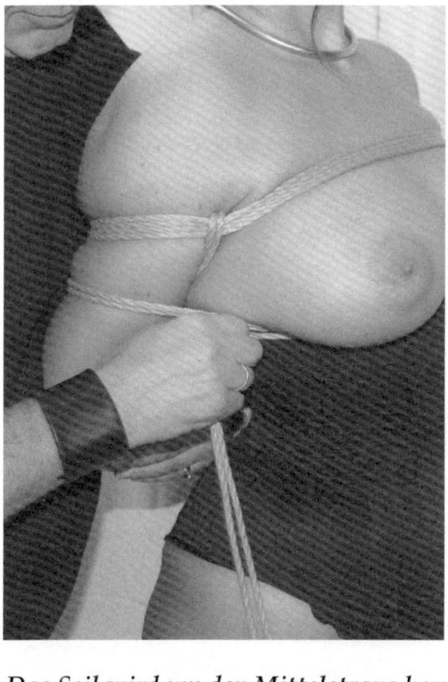

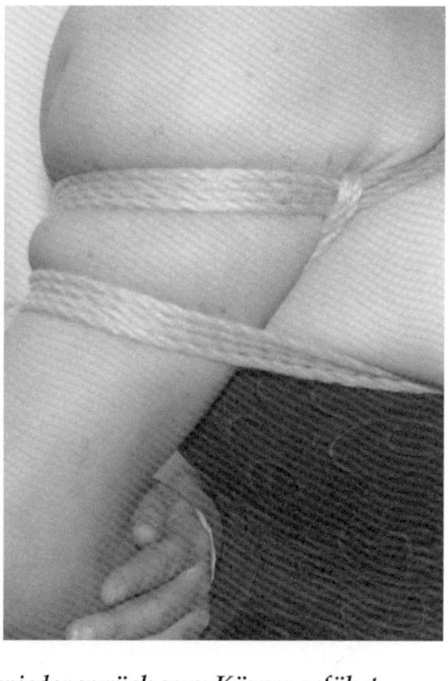

Das Seil wird um den Mittelstrang herum wieder zurück zum Körper geführt (für die Sicherung der unteren Lage). Das Seil wird wieder unter den Körperseillagen hindurch gezogen.

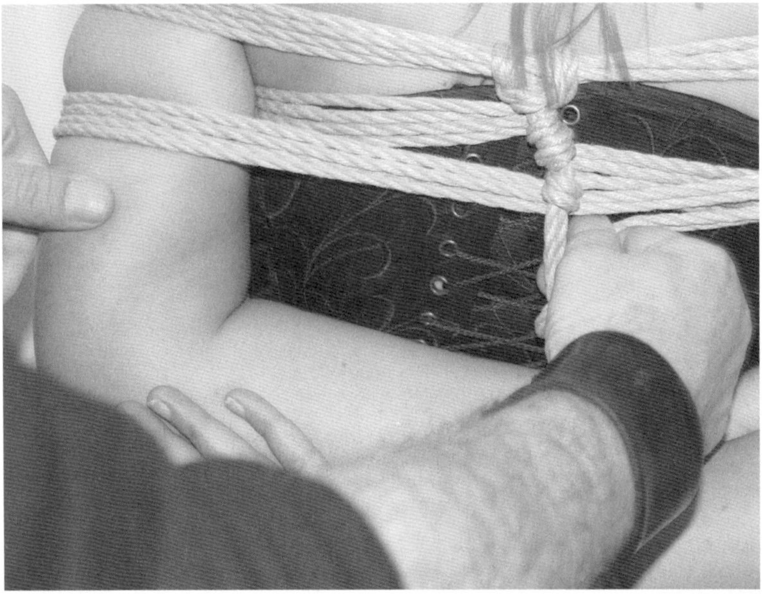

... und sorgfältig gestrafft, damit die Seillagen nicht verdreht werden.

Das Seil geht wieder zurück nach hinten am Körper entlang und unter dem Mittelstrang auf die andere Seite. Die Sicherung wird auf der anderen Seite wiederholt.

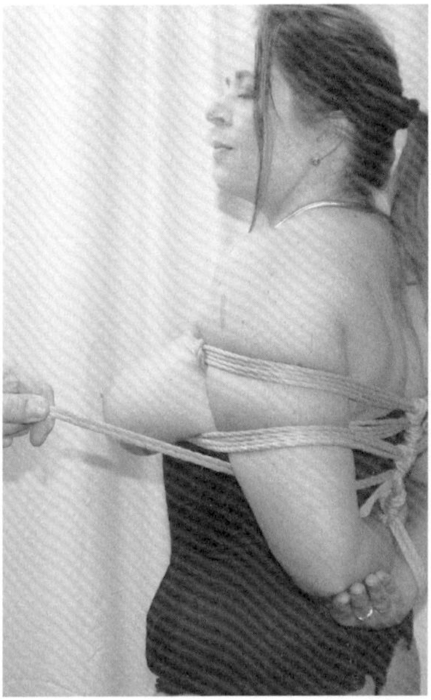
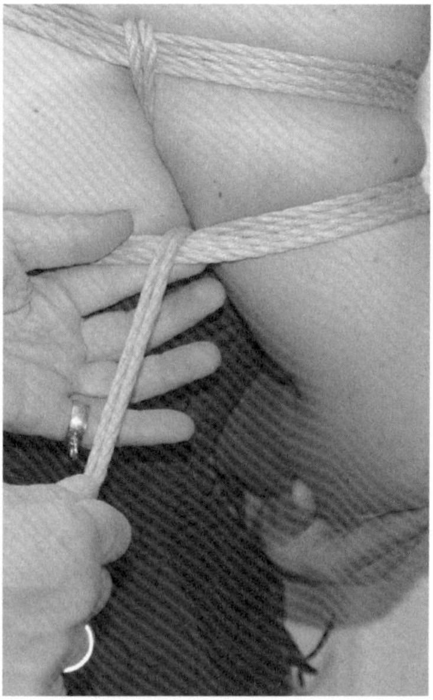

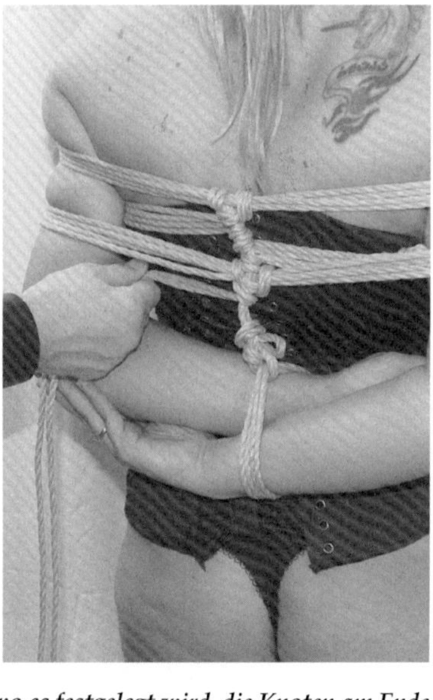

Von dort geht das Seil an den Mittelstrang, wo es festgelegt wird, die Knoten am Ende des Seils dienen dabei als Knöpfe, die zwischen die Seillagen geschoben werden.

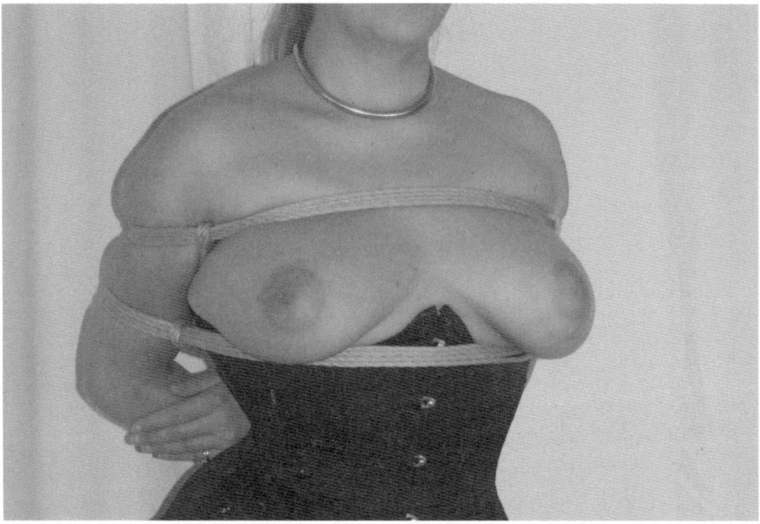

So sollte der Takate Kote dann von vorne aussehen.

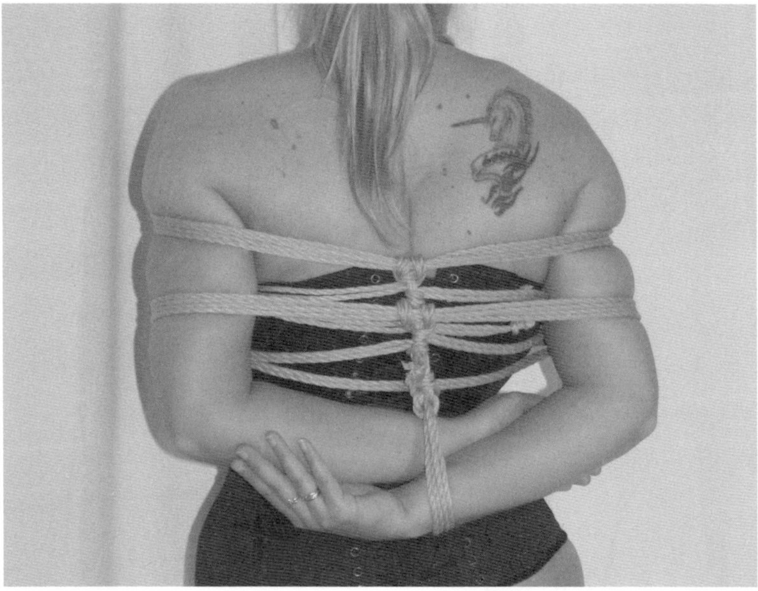

Und so von hinten.

Der Knoten um die Handgelenke ist immer noch frei zugänglich und kann jederzeit geöffnet werden.

Oberkörper-Bondage
mit auf dem Rücken verschränkten Armen
Hon kikkou

Diese Bondage eignet sich nicht als Basis für eine Suspension, ist dafür aber recht bequem zu tragen.

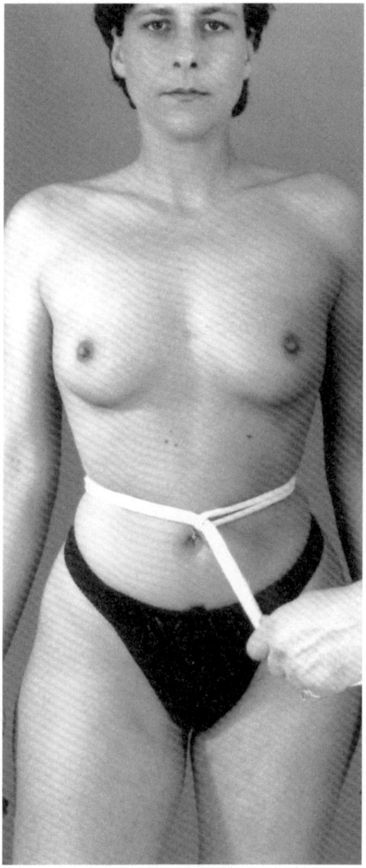

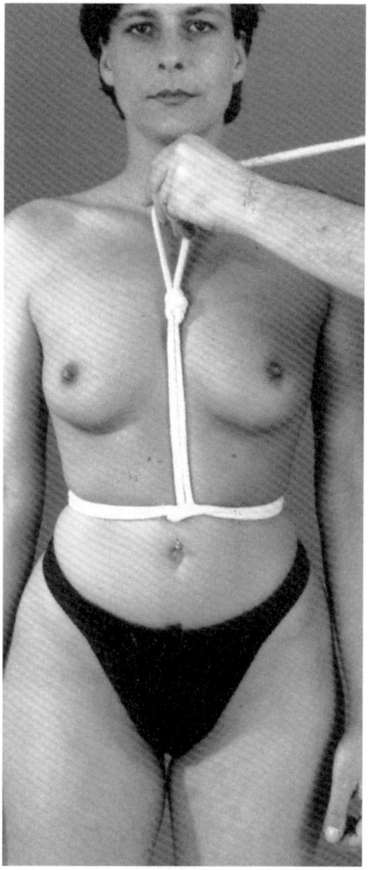

Man nimmt ein ca. 12m langes Seil, legt es wieder auf die Hälfte zusammen. Das doppelt gelegte Seil wird einmal etwa auf Höhe des Nabels um die Taille geschlungen und das laufende Ende durch die Schlinge gezogen. In das laufende Ende wird auf Höhe des Brustbeins ein Knoten geschlagen.

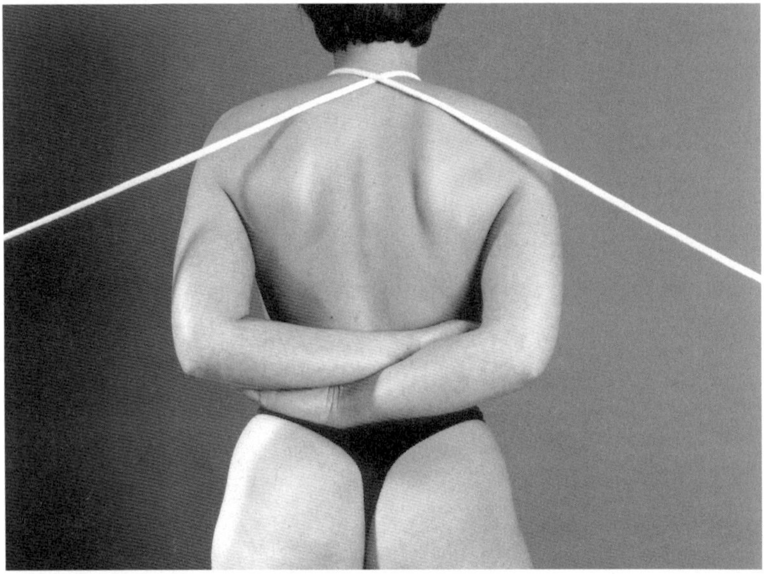

Die Seilenden werden jeweils über eine Schulter nach hinten geführt und gekreuzt.

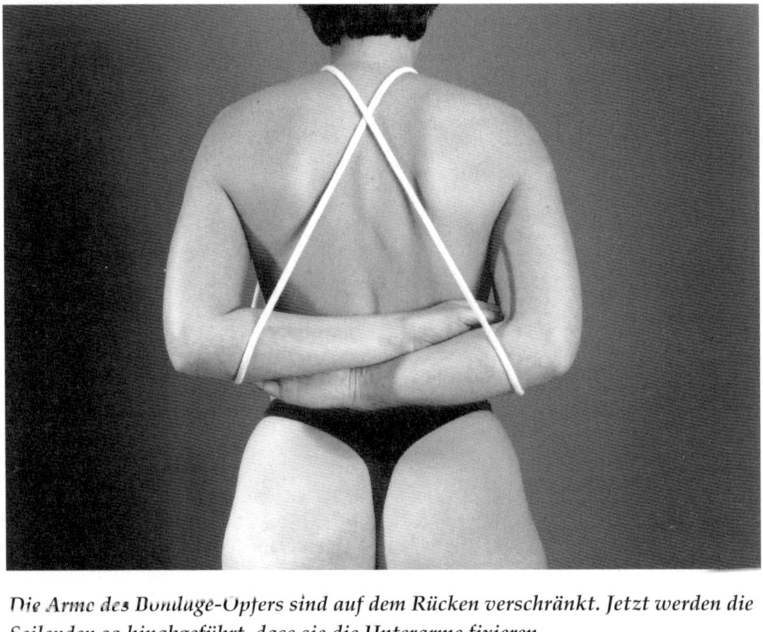

Die Arme des Bondage-Opfers sind auf dem Rücken verschränkt. Jetzt werden die Seilenden so hinabgeführt, dass sie die Unterarme fixieren.

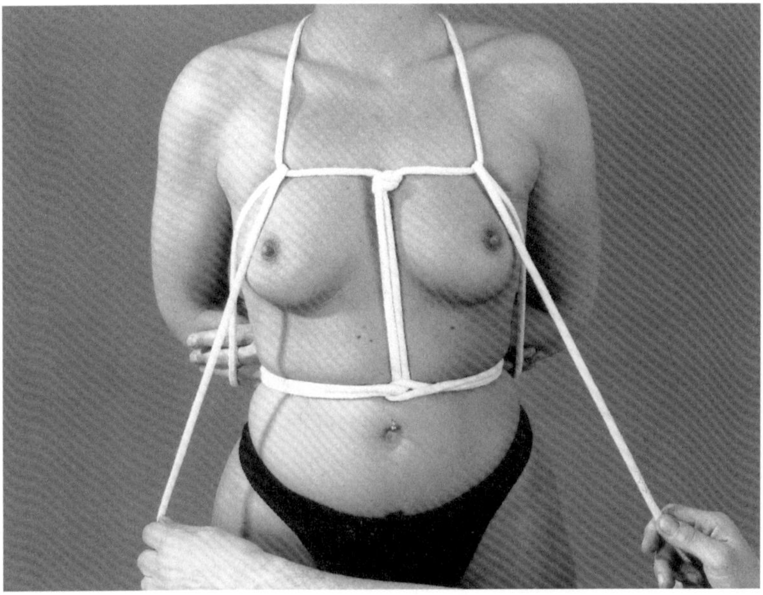

Von dort gehen sie wieder nach vorne und werden durch das zwischen Hals und Brustbein aus Seil gebildete Auge gezogen.

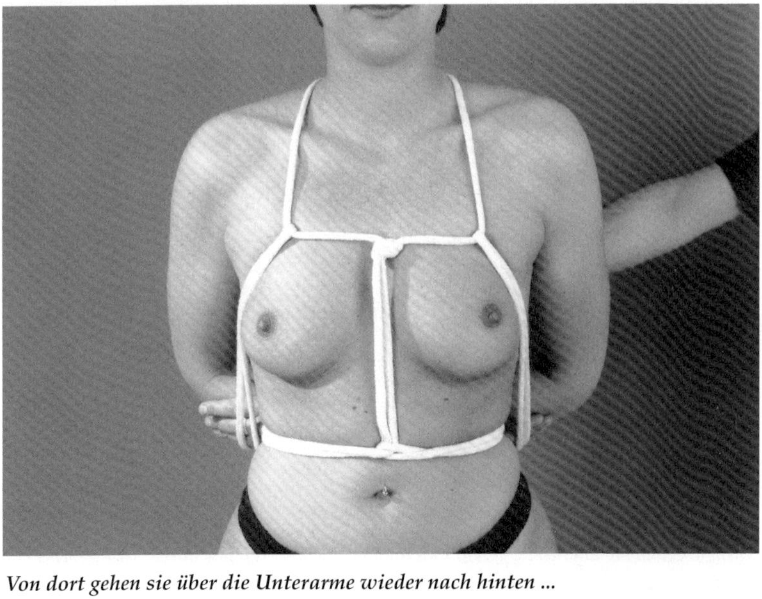

Von dort gehen sie über die Unterarme wieder nach hinten ...

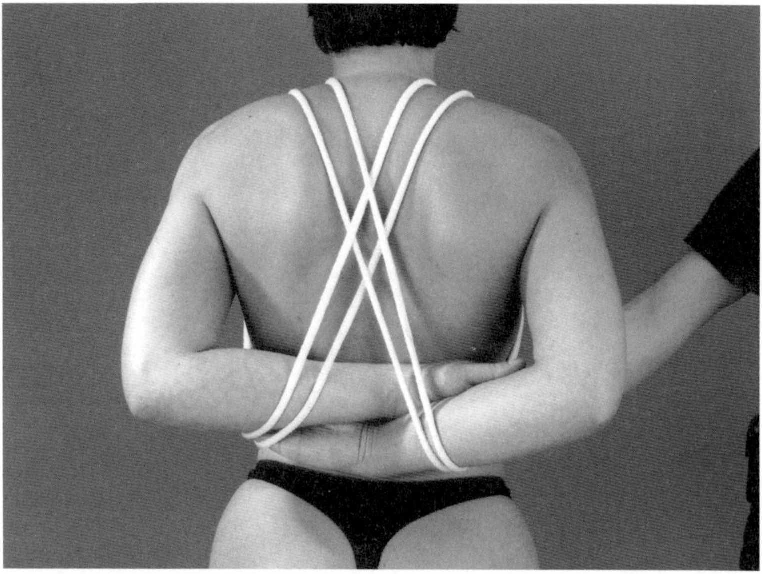

... und werden links und rechts des Kopfes wieder nach vorne gezogen.

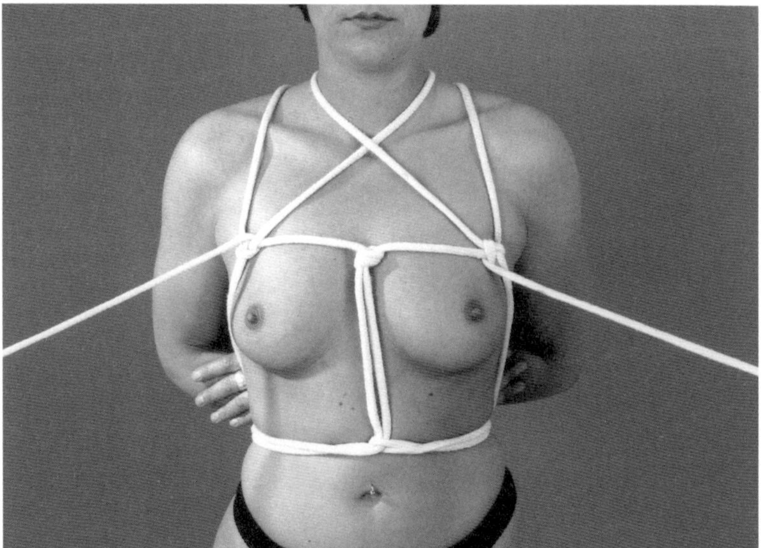

Vorne werden sie überkreuz gelegt und an den Eckpunkten des durch Seile gebildeten Rechtecks mit einer doppelten Windung fixiert.

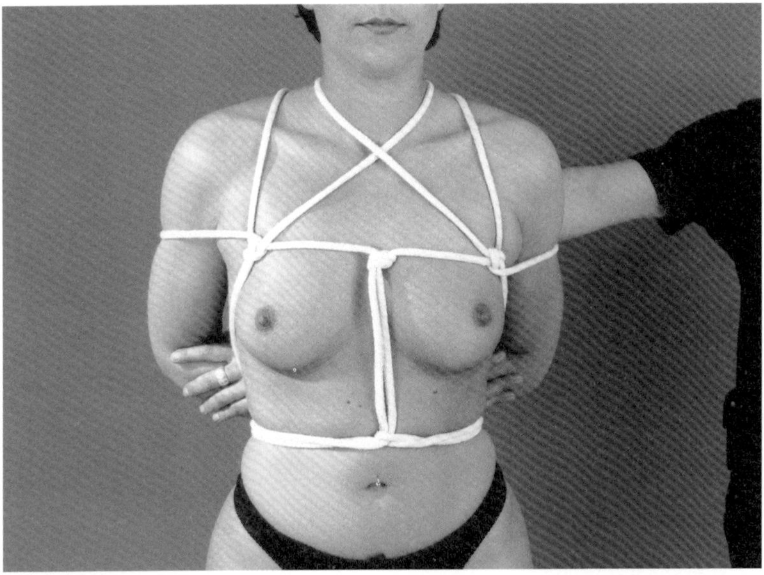

Dann gehen die Seilende wieder nach hinten, doch diesmal werden sie über die Oberarme gelegt.

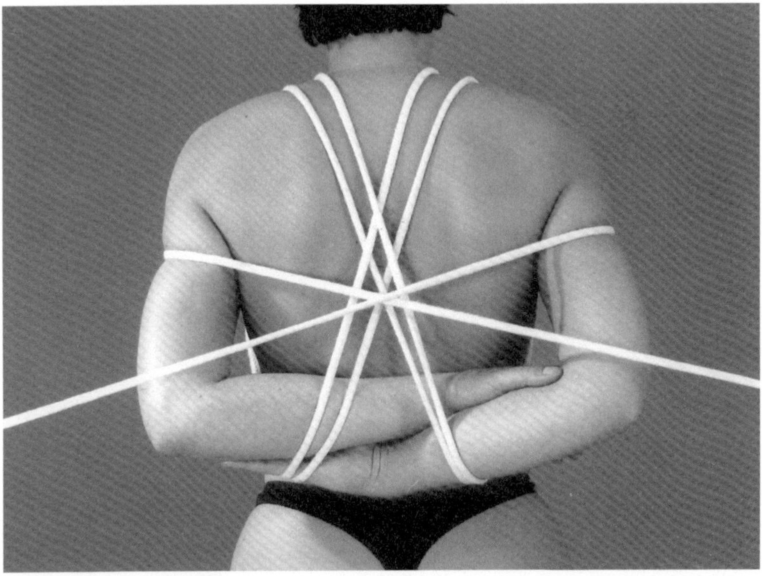

Und bilden auf dem Rücken ein weiteres Kreuz.

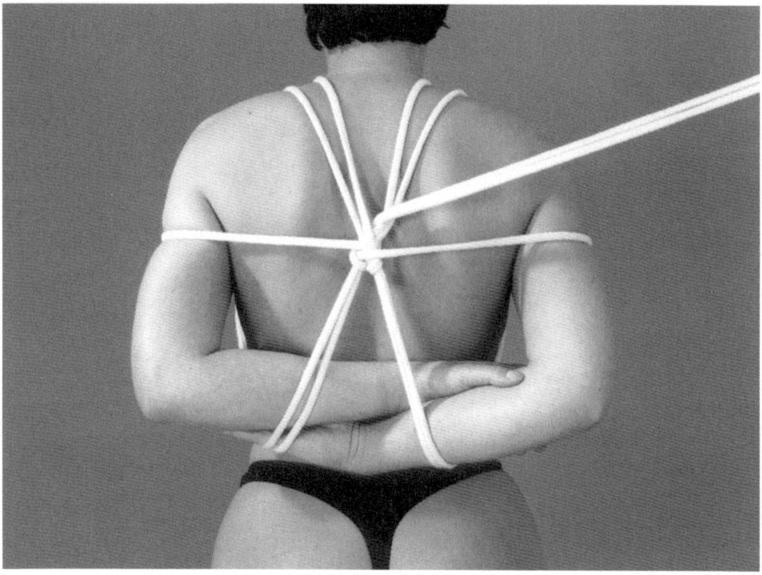

Jetzt wird das freie Ende des Seils so um die existierenden Seilkreuze gelegt, dass sie alle an einem Punkt zusammengefasst sind. Auf Symmetrie achten.

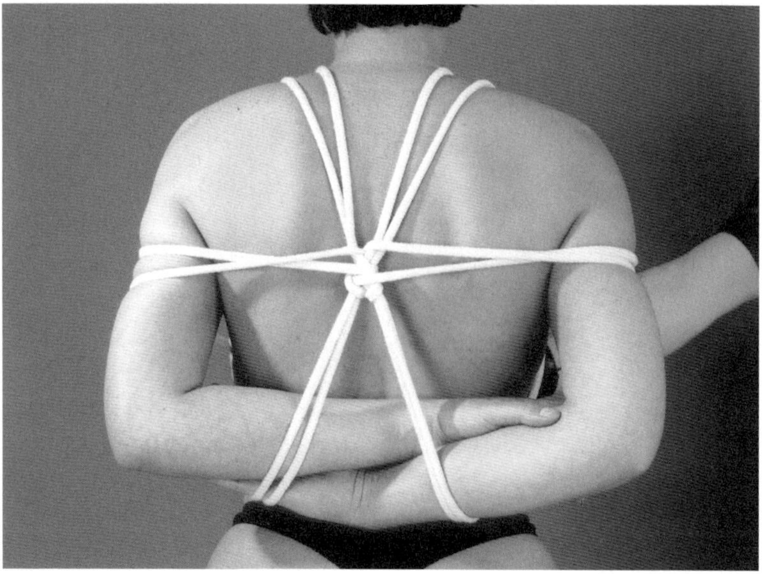

Die Seilenden werden jetzt wieder nach vorne geführt ...

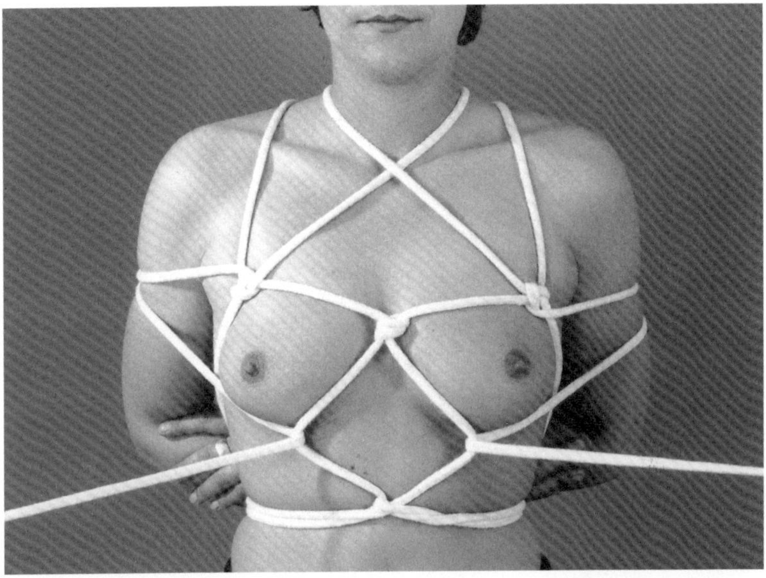

... und durch das untere Auge (zwischen Bauchnabel und Knoten) gezogen.

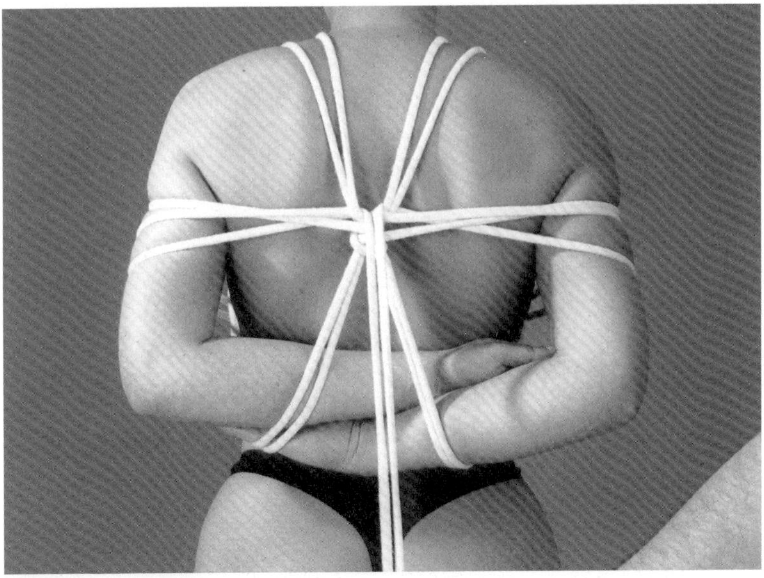

Dann gehen sie über die Oberarme wieder zurück auf den Rücken und werden durch das obere V des Seilkreuzes gezogen.

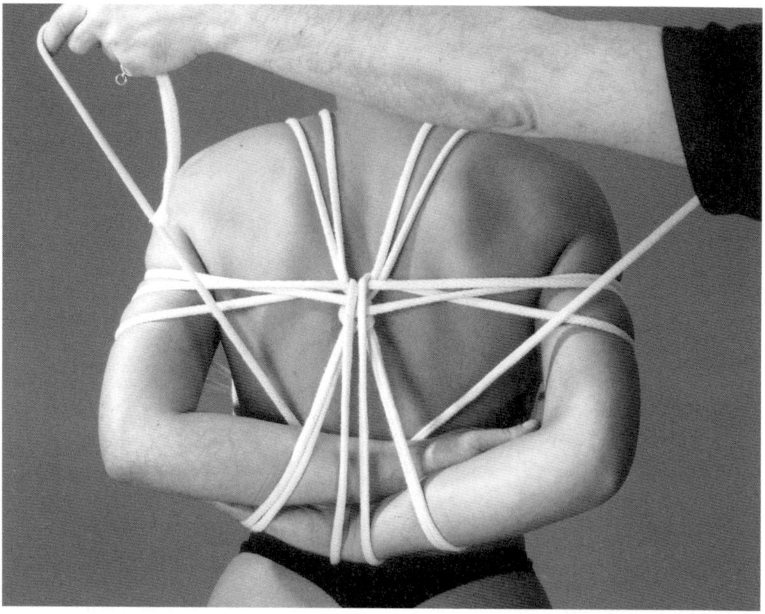

Von dort gehen sie außen hinab und fixieren so die Handgelenke.

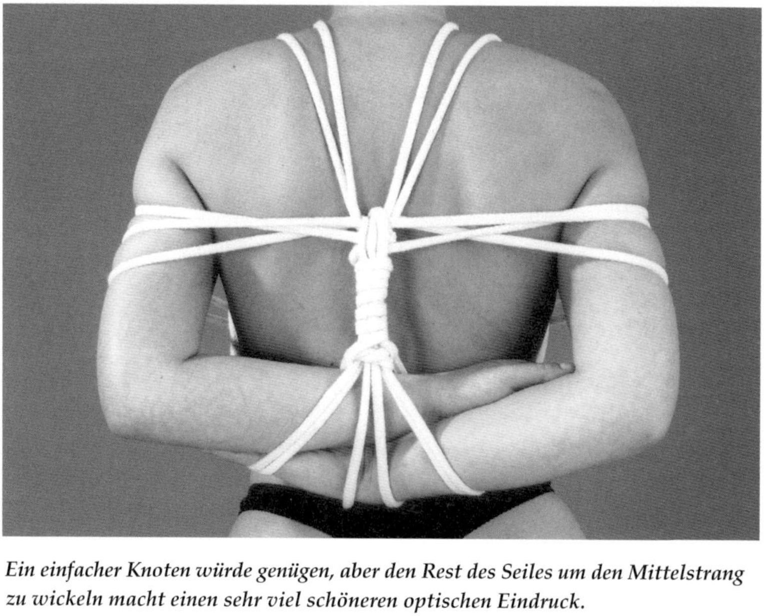

Ein einfacher Knoten würde genügen, aber den Rest des Seiles um den Mittelstrang zu wickeln macht einen sehr viel schöneren optischen Eindruck.

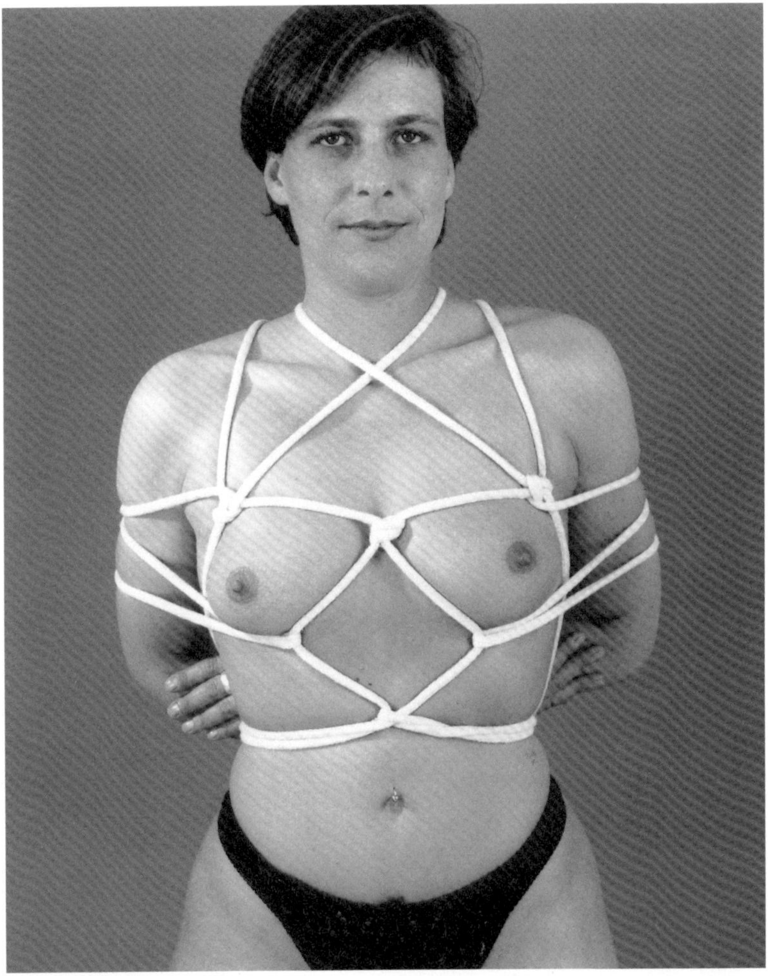

Die fertige Bondage von vorne.

Fesselung der Fußgelenke an die Oberschenkel
Momo shibari

Diese Fesselung kann sowohl an einem knienden ›Opfer‹ ausgeführt werden, als auch bei jemandem der auf dem Rücken liegt. Ein Schließen und Öffnen der Oberschenkel ist in dieser Stellung noch möglich, aber die kniende Version mit dazu noch auf dem Rücken gefesselten Händen ermöglicht interessante Zugriffsmöglichkeiten, gegen die Gegenwehr kaum möglich ist.

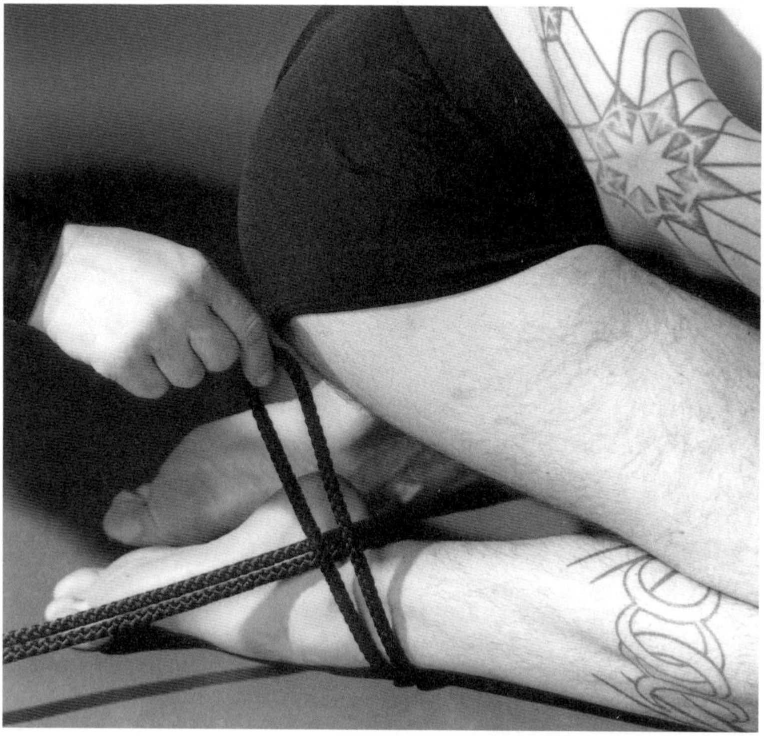

Man benutzt wie eigentlich fast immer ein doppelt zusammen gelegtes Seil (Länge für diese Bondage ca. 6m). Die Person kniet auf dem Boden, der Hintern ist in die Luft gereckt. Man fängt mit dem ersten Fußknöchel an. Eine Windung reicht im allgemeinen, die Seilschlinge sollte lang genug für einen Doppelknoten sein.

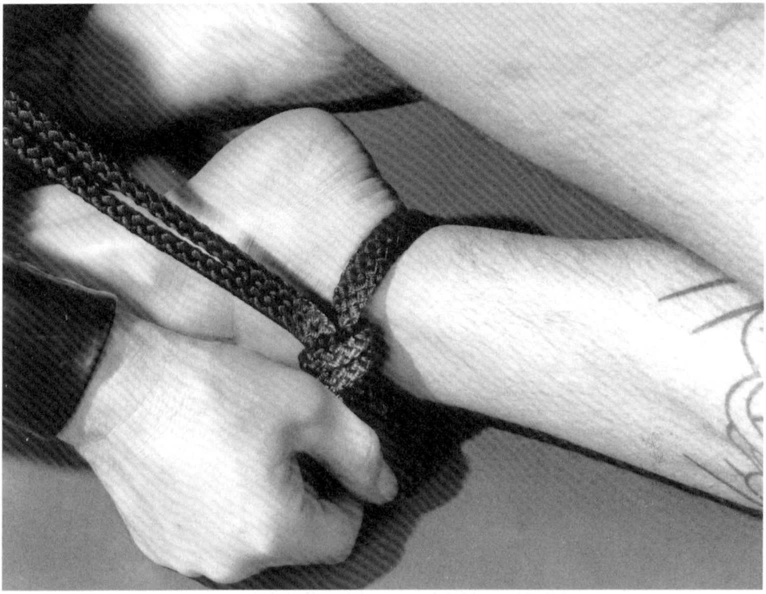

Man macht einen doppelten Knoten mehr außen am Fußknöchel.

Jetzt geht das freie Ende des Seiles von außen über den Oberschenkel zurück zum Fuß.

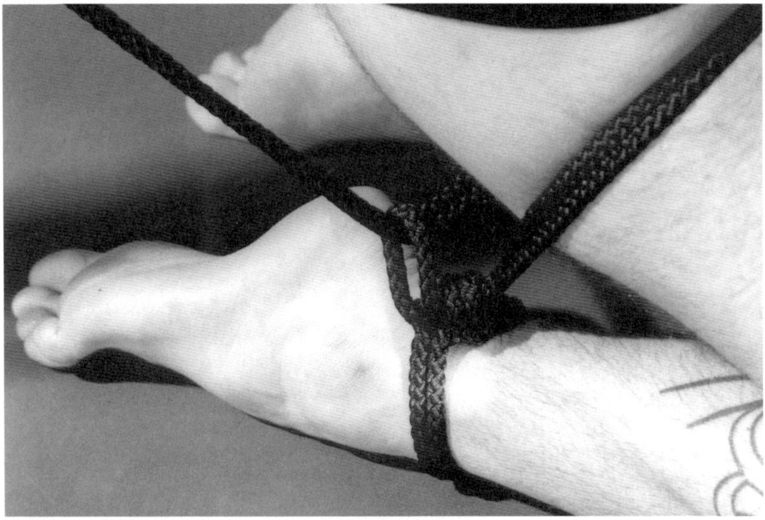

Nun wird es durch das Auge der Schlinge geführt und mit einem Schlag festgelegt.

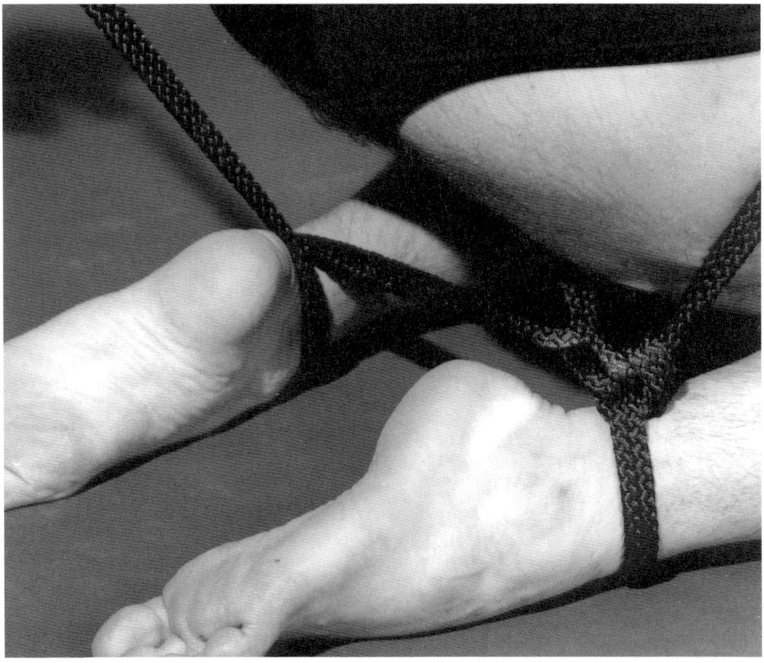

Dann geht das Doppelseil um den zweiten Fuß.

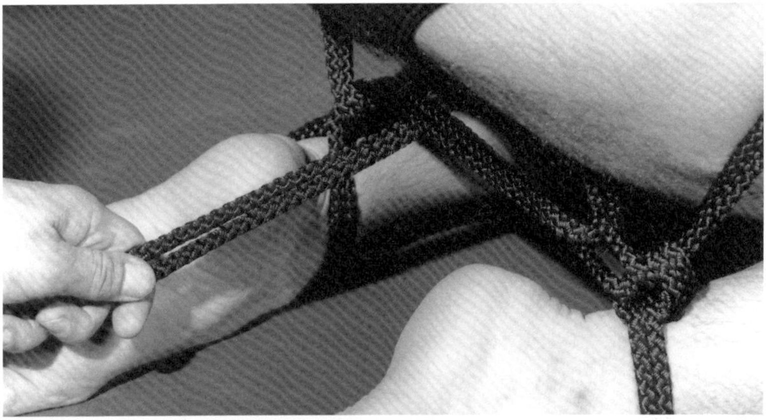

Nach der Sicherung durch einen einfachen Knoten geht das Seil wieder von außen über den zweiten Schenkel.

Zum Schluss wird es am Fußknöchel festgelegt (einfacher Knoten oder Slipstek)

Nachsatz: Neben der oben beschriebenen Variante mit auf den Rücken gelegten Händen geht es auch noch eleganter indem man das ›Opfer‹ dazu bringt, die Arme zwischen seinen Beinen nach hinten zwischen die Schenkel zu schieben, so dass man mit einer Umwicklung nicht nur jeweils einen Knöchel sondern auch das dazugehörige Handgelenk befestigt. Dabei ist zu beachten, dass der Seildruck innen auf die Pulspunkte der Arme drückt, also sollte man das Seil dort nicht zu straff anziehen.

Fesseln einer Person in Sitzhaltung
Kubi-nawa-Ushirode-shibari

Diese Fesselung eignet sich sowohl für jemanden, der auf dem Boden oder einem Tisch sitzt, als auch für jemanden, der auf einem Bett liegt. Die Arme sollten auf dem Rücken gefesselt sein, wobei in liegender Position darauf zu achten ist, dass diese Stellung sehr schnell die Arme einschlafen lässt. In der liegenden Position bietet es sich eher an, die Arme über dem Kopf zu fixieren.

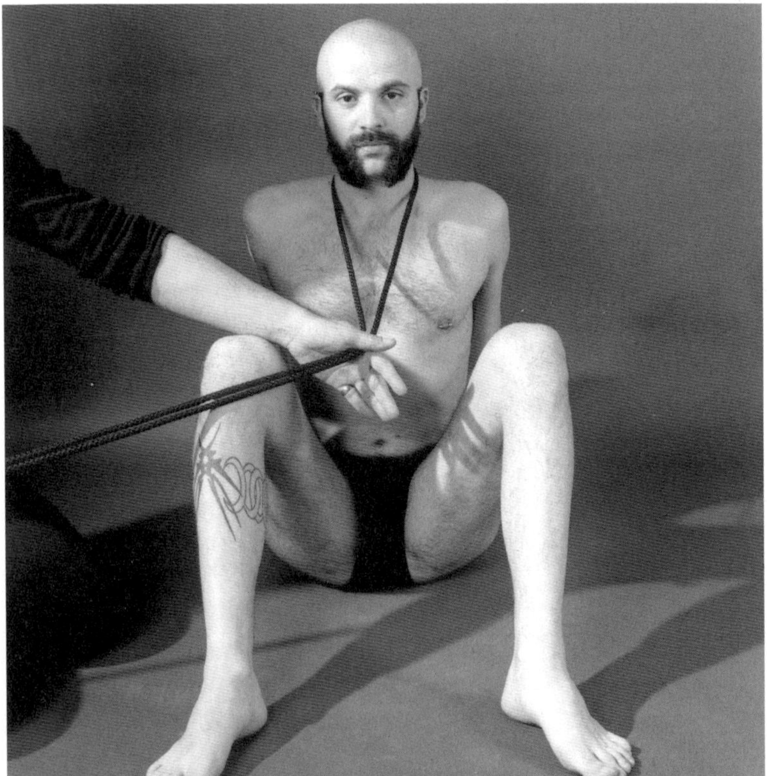

Man benötigt ein ca. 6 m langes auf die Hälfte zusammengelegtes Seil. Die Schlinge wird um den Nacken gelegt.

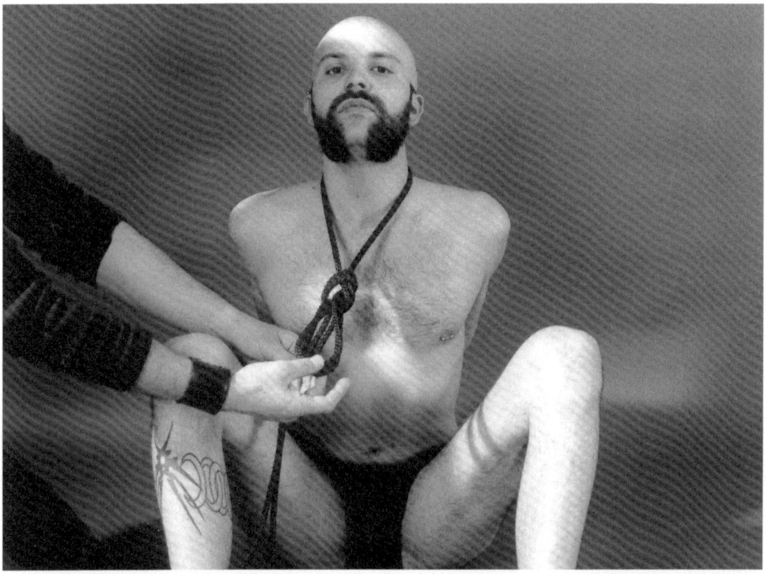

Auf Höhe des Brustbeines wird ein Knoten in das Seil gemacht.

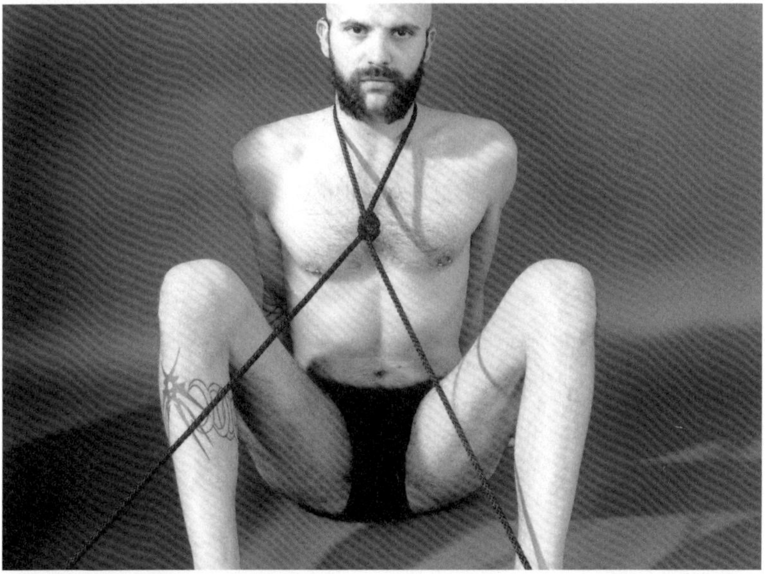

Um die zwei Enden nicht durcheinander zu bekommen, kann man den dicken Zeh des Opfers als Haltepunkt benutzen.

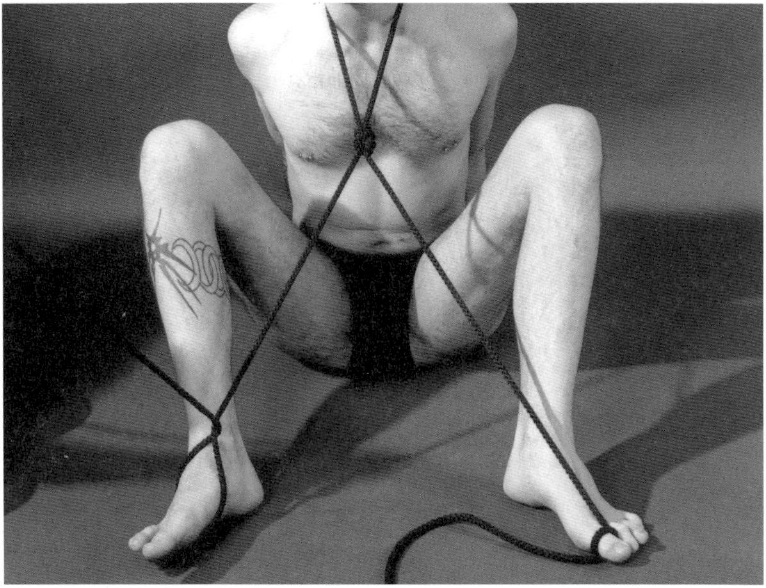

Das erste Seilende wird jetzt von innen wie ein Steigbügel um den Fuß geführt und dann einmal hinter dem vom Hals hinabführenden Seil durchgezogen.

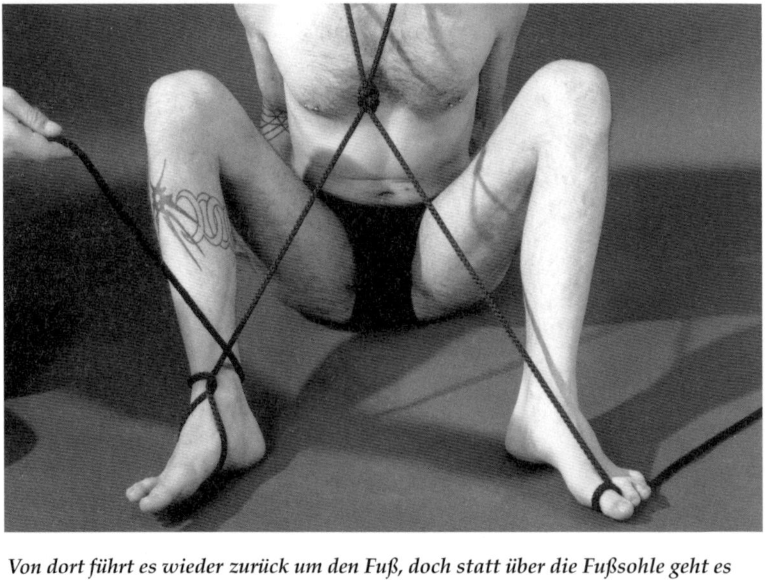

Von dort führt es wieder zurück um den Fuß, doch statt über die Fußsohle geht es diesmal über den unteren Teil des Fußknöchels.

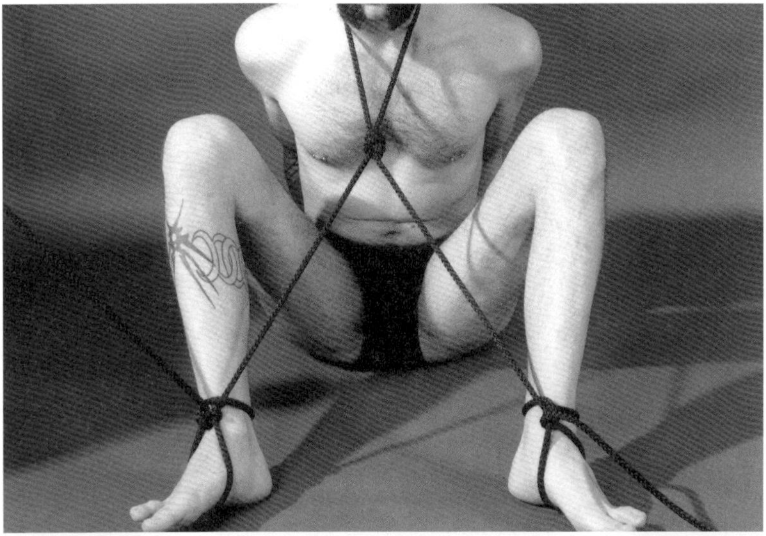

Nachdem das Seil nach erneutem Durchziehen hinter dem abwärts laufenden Seil mit einem einfachen Knoten festgelegt worden ist, kann man sich einer Wiederholung der Prozedur beim anderen Bein widmen.

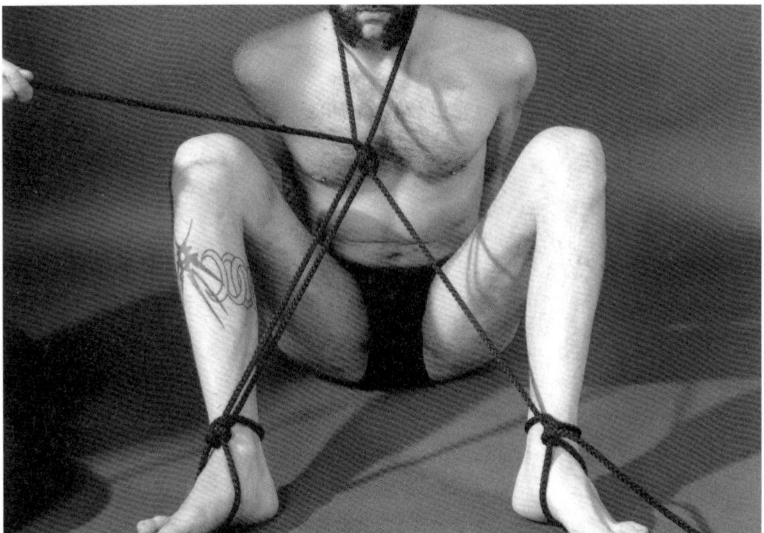

Jetzt nimmt man das eine freie Ende und führt es hoch zum Knoten über dem Brustbein, wo es durch die Schlinge gezogen wird.

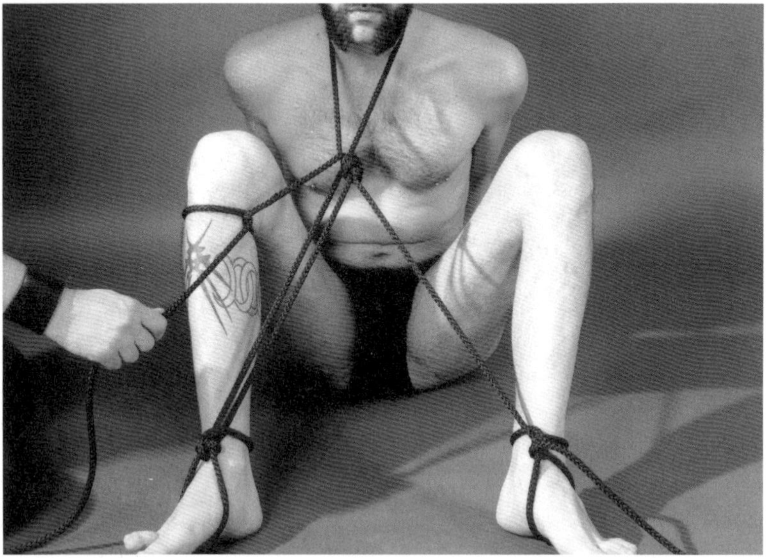

Von dort geht es wieder hinab zur Kniekehle, auch hier wird das Seil von außen um das Bein geschlungen und einmal hinter dem herabführenden Seil durchgezogen. Eine zweite Windung, diesmal an derselben Stelle, empfiehlt sich.

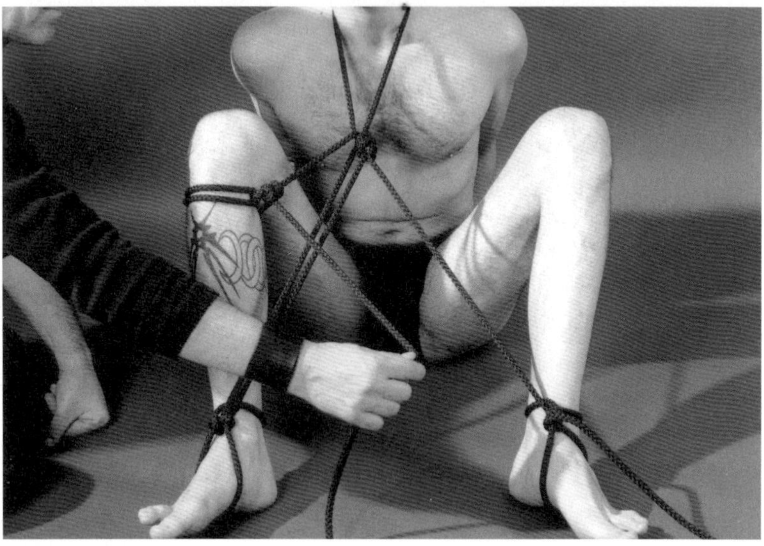

Dann verknotet man das Ende mit einem einfachen Knoten oder einem Slipstek zum schnelleren Öffnen.

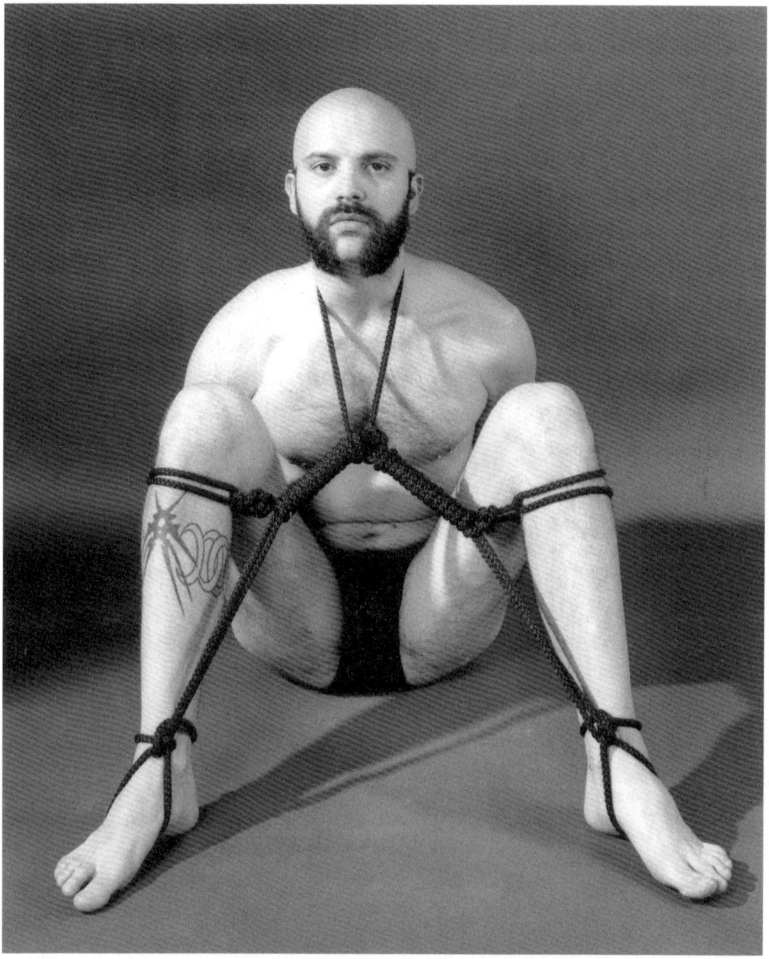

Nachdem man das andere Bein gleichermaßen befestigt hat, ist die Bondage fertig.

Ganzkörper-Bondage, um einen Körper bewegungsunfähig zu machen
Chokushin Fudo Ippon Shibari

Vorsicht: Wer sich an diese Bondage traut, sollte dafür sorgen, dass das ›Opfer‹ sicher steht und auch bei Bedarf hingelegt werden kann (z.B. direkt vor dem Bett diese Bondage machen). Noch besser ist eine Säule oder ein Pfeiler, den man in die Bondage integrieren kann. Man kann wahlweise von oben (das bietet sich an, wenn eine Säule in die Bondage integriert wird) oder wie im folgenden Beispiel von unten beginnen.

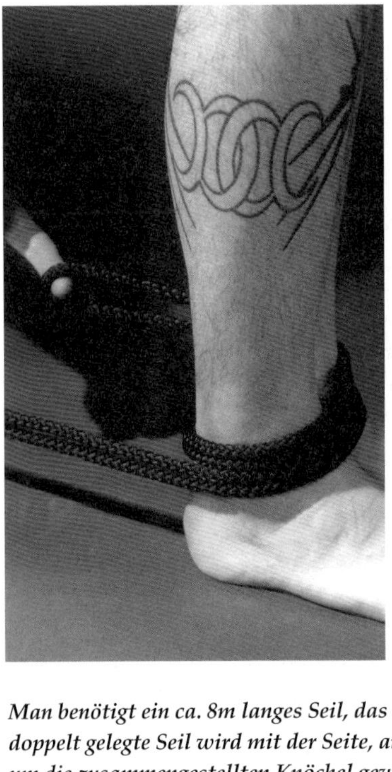

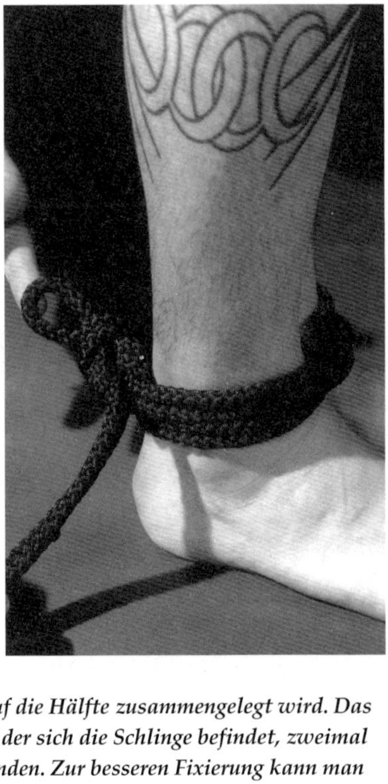

Man benötigt ein ca. 8m langes Seil, das auf die Hälfte zusammengelegt wird. Das doppelt gelegte Seil wird mit der Seite, auf der sich die Schlinge befindet, zweimal um die zusammengestellten Knöchel gewunden. Zur besseren Fixierung kann man es auch einmal zwischen den Knöcheln hindurch ziehen.
Dann wird es mit einem doppelten Knoten verknotet.

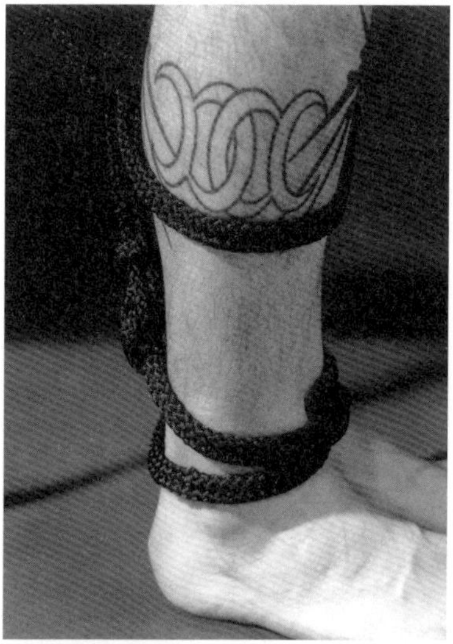

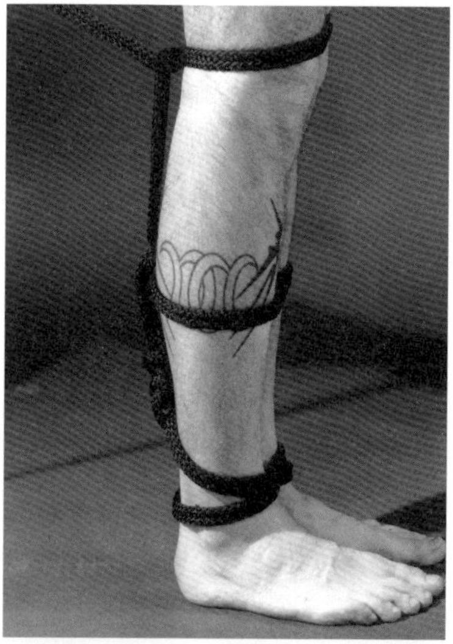

Das laufende Ende wird jetzt durch das Auge der Schlinge gezogen und auf Wadenhöhe um beide Beine gelegt. Das Seil wird einmal unter dem von unten kommenden Seil hindurchgeführt und geht jetzt mit Zug weiter nach oben. Dabei ist wie auch bei allen weiteren Schritten darauf zu achten, dass das hoch laufende Seil symmetrisch sitzt.
Jetzt wird das Doppelseil einmal um die Knie gelegt (auch Zwischenschritte sind möglich, dafür sollte man das Seil aber länger wählen) und wieder unter dem hoch laufenden Seil durchgeführt.

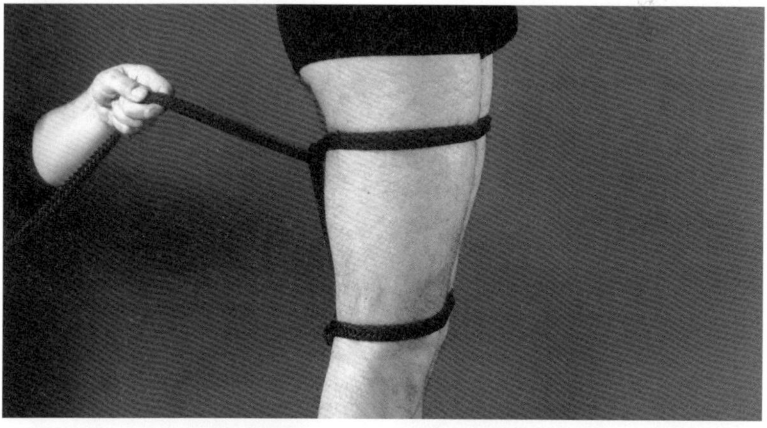

Dies wiederholt man auf Höhe der Oberschenkel, wobei die ganze Zeit darauf zu achten ist, dass das Seil immer straff bleibt.

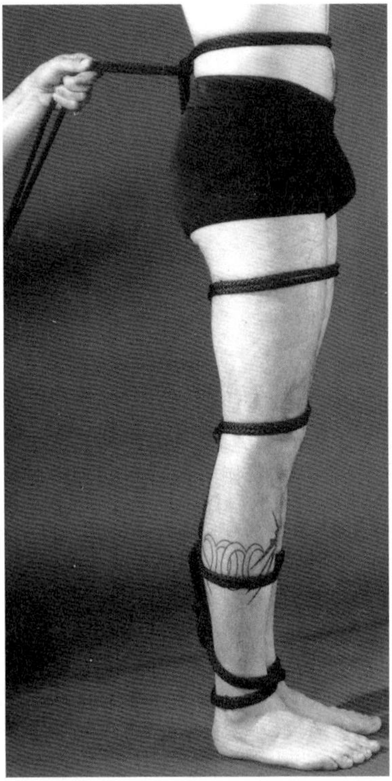

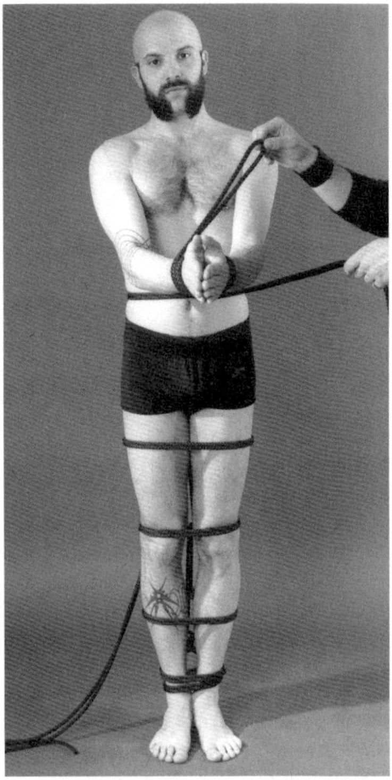

Nochmals das Gleiche, diesmal auf Höhe der Hüfte. Jetzt sollte das Seil nach dem Durchziehen verknotet werden.
Man nimmt ein weiteres Seil von ca. 8 m Länge, legt es zusammen und fesselt die Handgelenke vor dem Körper.

Nach dem Knoten wird das laufende Ende wieder durch das Auge der Schlinge gezogen.

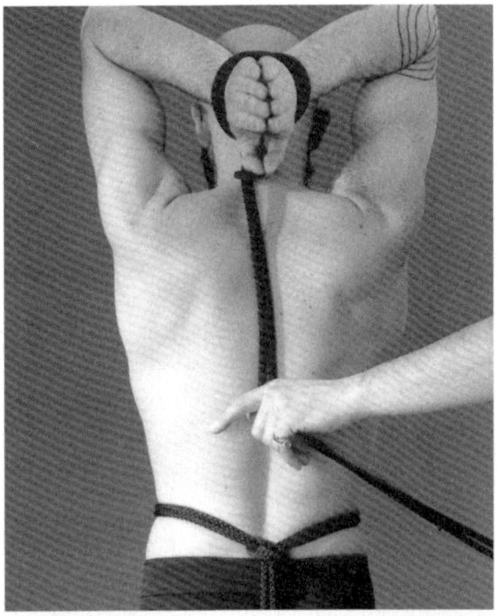

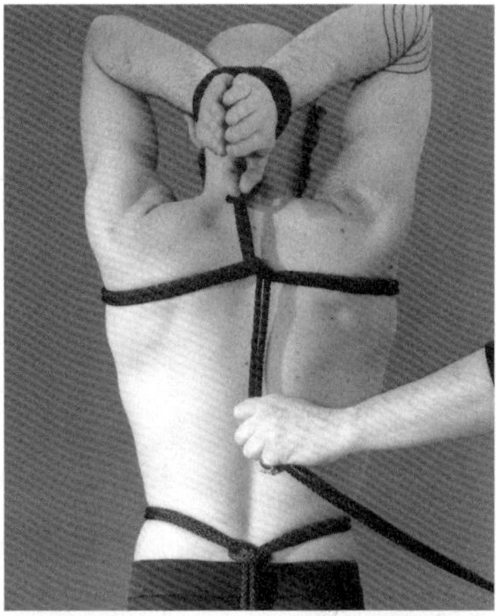

Jetzt werden die Arme über den Kopf nach hinten gebogen.
Das laufende Ende wird um die Brust gelegt und dann hinter dem von oben herabkommenden Seil nach unten hindurch gezogen.

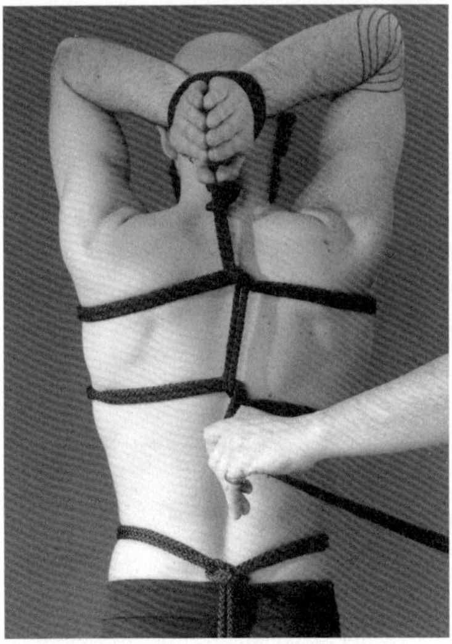

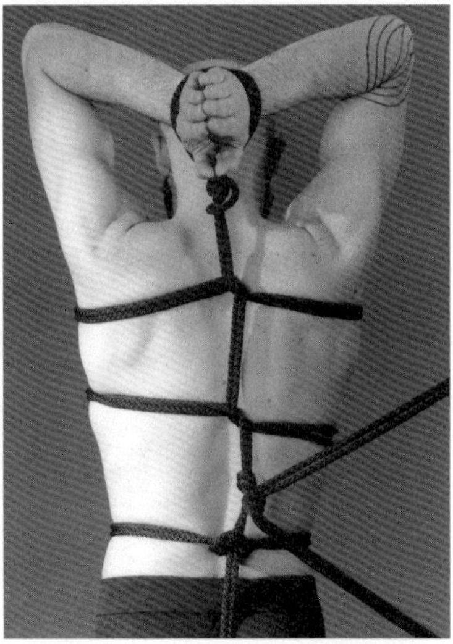

Eine weitere Wicklung etwa eine Handbreit tiefer um den Brustkorb und wieder nach unten durchziehen.
Nun kann man die freien Enden des von oben und von unten hochkommenden Doppelseils miteinander verknoten. Sollte das Seil zu lang sein, kann man es im Rücken noch schön drapieren und es mit jeweils einer Umwindung pro Schlinge weiter nach unten führen.

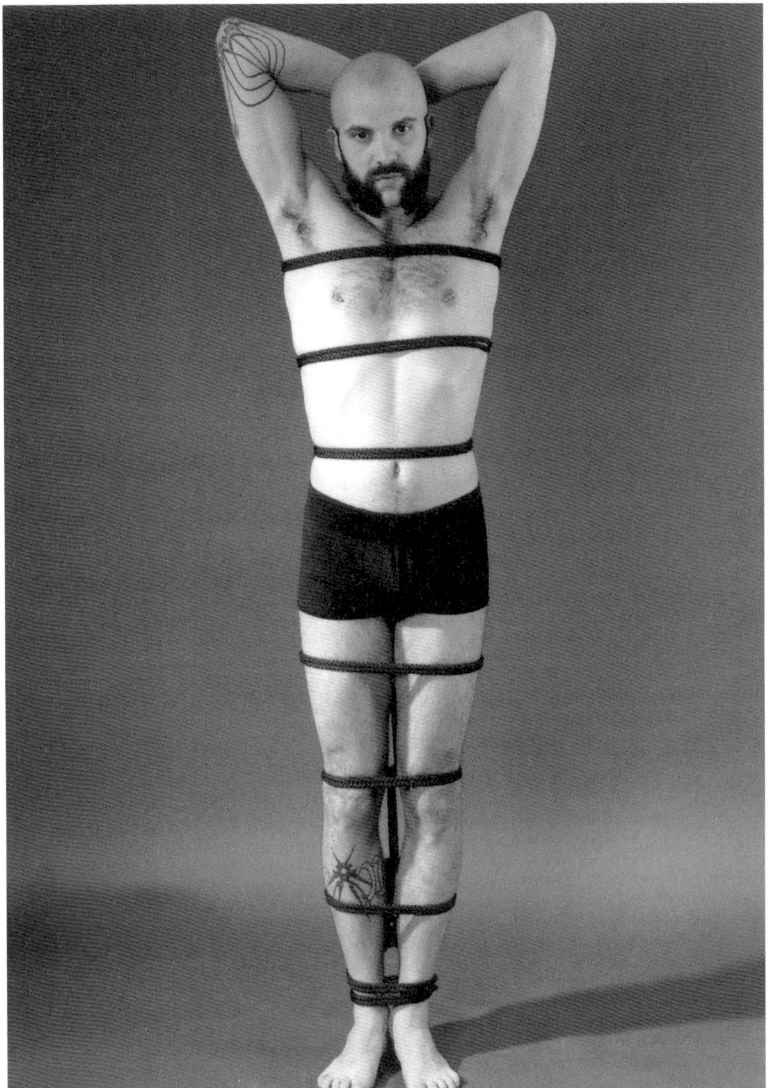

Von vorne sieht diese Bondage sehr schlicht aus, ist aber äußerst wirkungsvoll. Problemzonen sind manchmal die Knöchel und die Knie durch den Seildruck. Das lässt sich durch ein zusammengelegtes Tuch, welches zwischen die Unterschenkel geschoben wird und so die möglichen Druckstellen polstert, vermeiden. Mit der Zeit schlafen die Arme durch den Blutstau ein und sollten dann schnell befreit werden.

Bondage als Kleidung

Karada

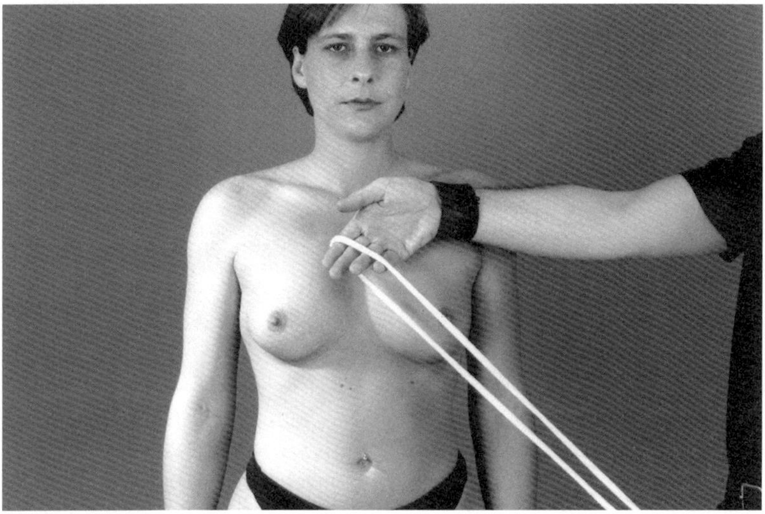

Man faltet ein ca. 15m langes Seil auf zwei Hälften zusammen.

Diese äußerst dekorative Bondage, die es in den unterschiedlichsten Varianten gibt, ist wohl eine der bekanntesten japanischen Fesselungen, obwohl die Japaner sie eher selten benutzen. Je nachdem wie straff die Seile gespannt sind, geht der Effekt von bequem gehalten bis zu eng und unbequem verschnürt. Nachdem man einmal das Prinzip begriffen hat, ist sie sehr einfach zu wiederholen, was man von anderen Bondages nicht ohne weiteres behaupten kann. Der Sitz des Seiles zwischen den Beinen bietet von Stimulation bis zu Überreizung jede Abstufung, Knoten an den richtigen Stellen können hier schön und gleichzeitig schaurig sein. Wenn das Seil aus eher hartem oder dickeren Material besteht, können bei längerem Tragen dieser Bondage schmerzhafte Druckstellen besonders da entstehen, wo sich kaum Gewebepolster befindet. Besonders gefährdet ist da der Brustbereich.

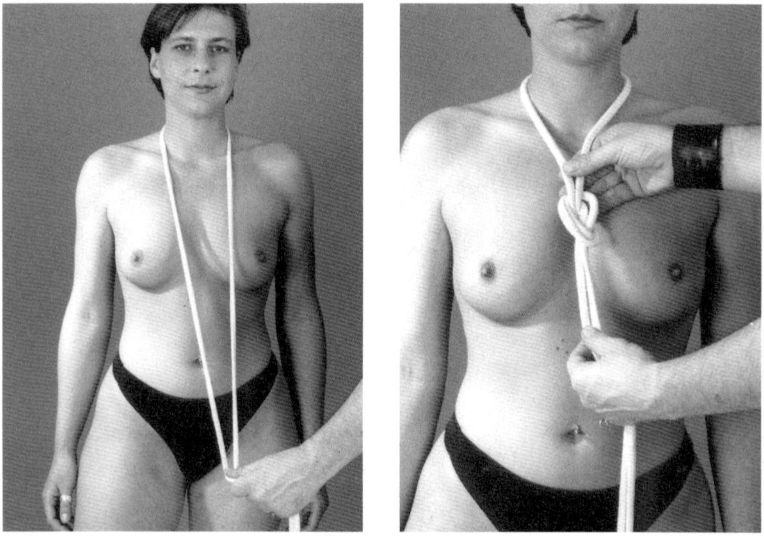

Die so entstandene Schlinge wird jetzt so um den Hals gelegt, dass vorne zwei gleichlange Enden herabhängen. Jetzt wird in das Seil auf Höhe des oberen Brustansatzes (1 Handbreit über den Brustwarzen) ein Knoten geschlagen.

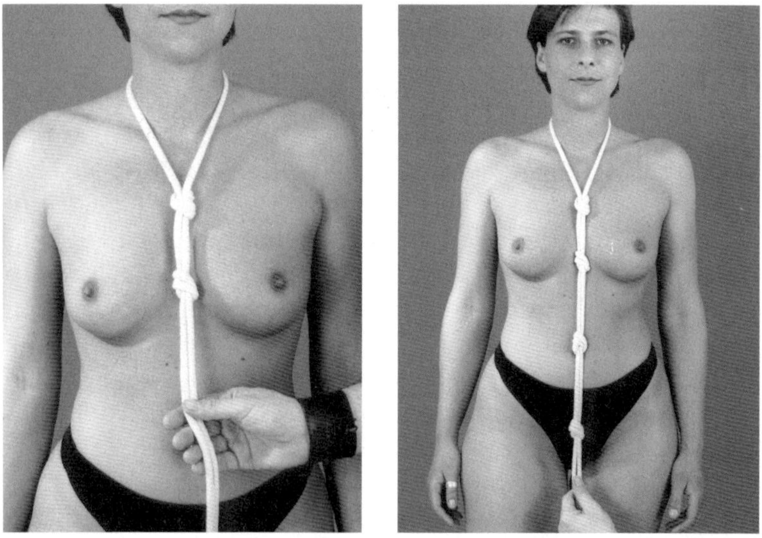

Der zweite Knoten wird etwa auf Höhe der Brustwarzen (über dem Brustbein) gemacht, der dritte vordere Knoten über der Taille (Bauchnabel – Achtung bei Nabelpiercings!), der vierte auf Höhe des Schambeins (ja, da wo das Speckpölsterchen sitzt).

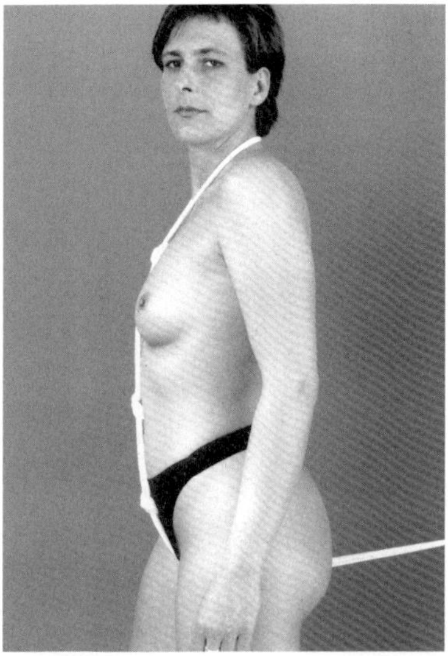

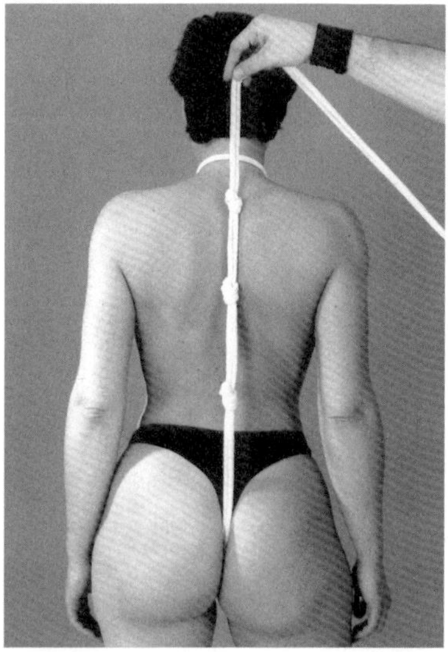

Jetzt wird das Seil nach hinten durchgezogen. Dabei ist darauf zu achten, dass es sich nicht verdreht. Außerdem sollten Schamlippen, Hoden und Penis so ›sortiert‹ werden, dass es sich für das ›Opfer‹ angenehm aufregend anfühlt.
Jetzt wird das Seil den Rücken hinauf geführt. Diesmal gibt es nur drei Knoten, das Gegenstück zu dem Knoten über dem Schambein fällt aus.

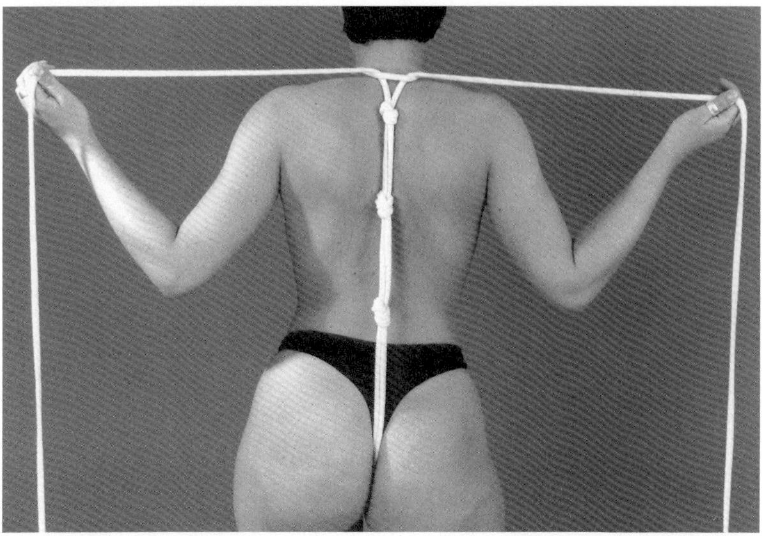

Das Doppelseil wird jetzt durch die Schlinge geführt, die von hinten um den Hals liegt.

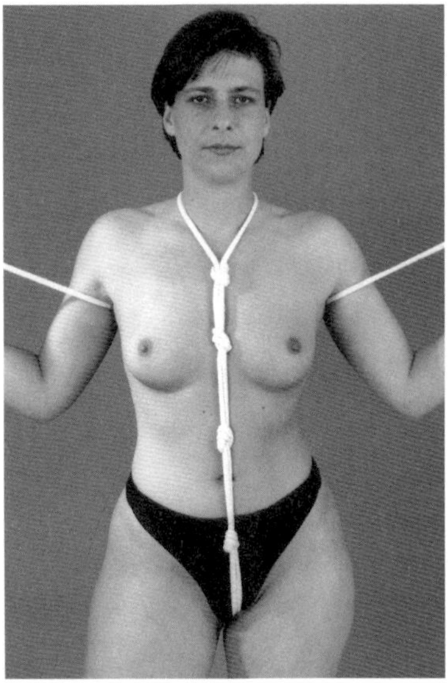 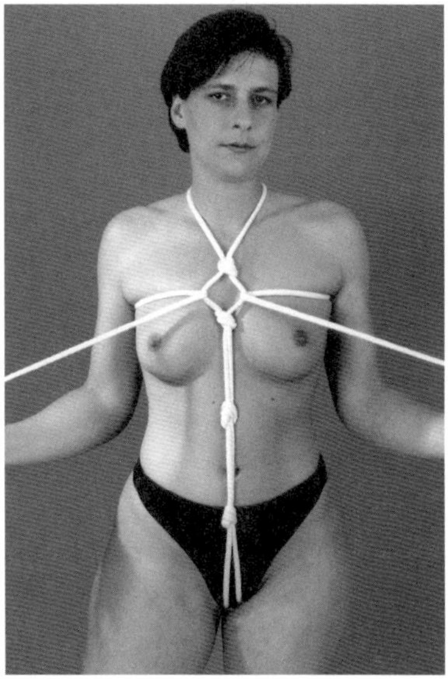

Jetzt wird jeweils ein Seil des laufendes Endes unter den Achseln nach vorne ... und durch das Auge zwischen den obersten beiden Knoten gezogen.

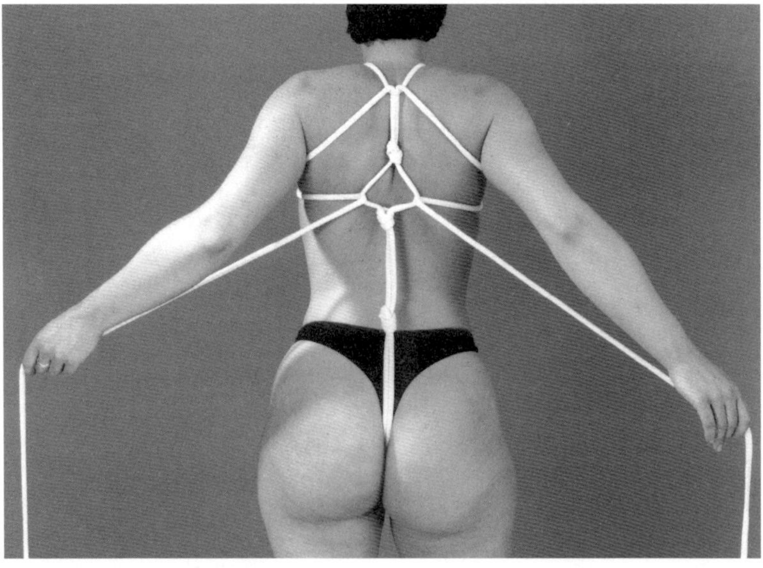

Von dort geht es wieder nach hinten, um auch da durch das Auge zwischen den obersten beiden Knoten gezogen zu werden.

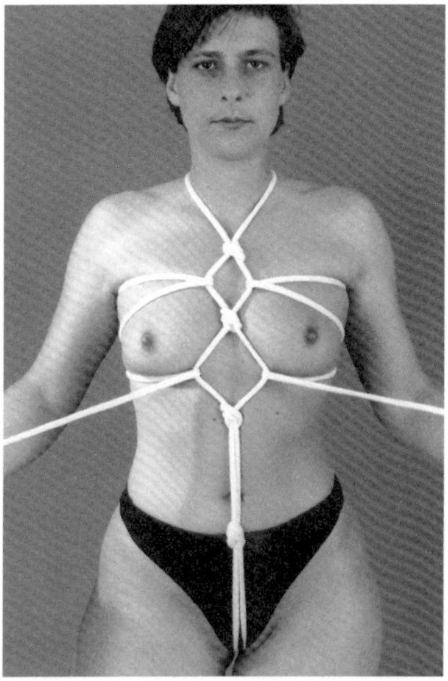
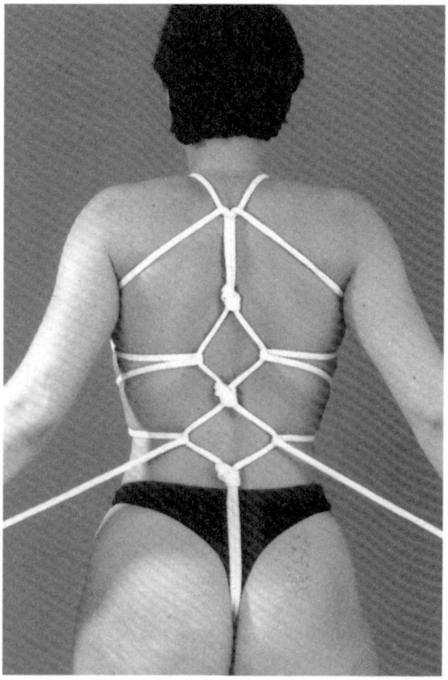

Jetzt wieder nach vorne, durch das eine Etage tiefer liegende Auge führen. Hinten das Ganze wiederholen.

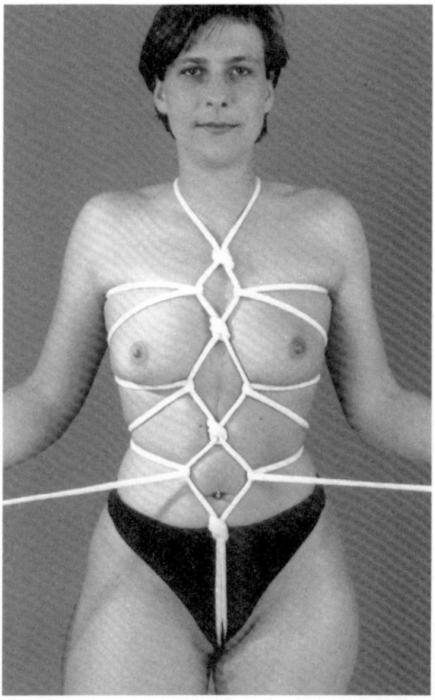
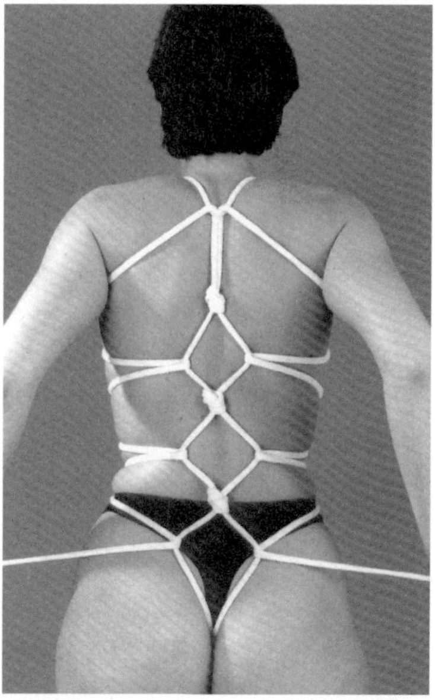

Dann wieder nach vorne durch das nächste Auge. Und hinten durch das letzte Auge.

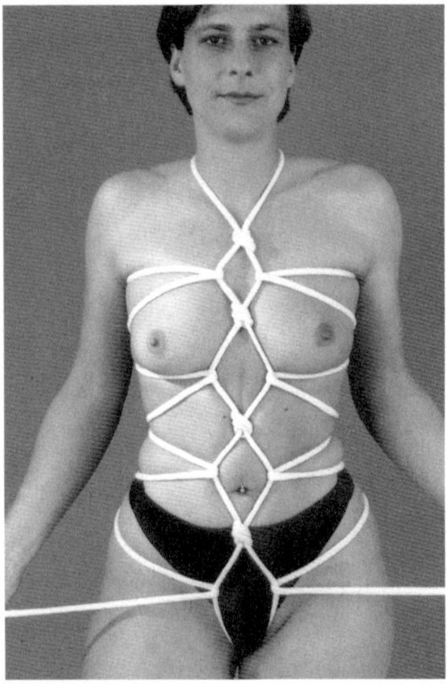

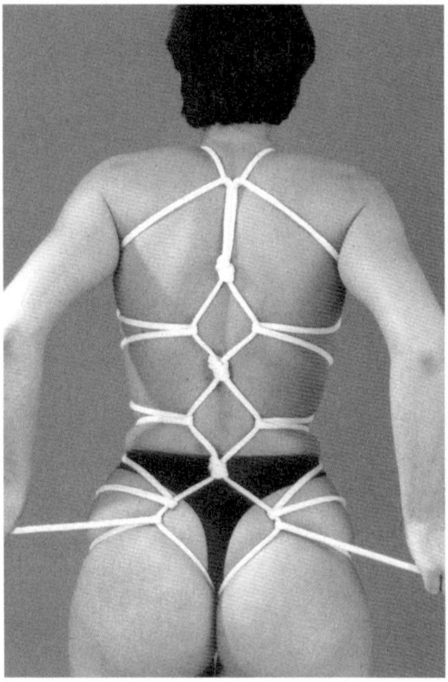

Über die Hüften zum untersten vorderen Auge und auch dort hindurch ziehen. Bitte kontrollieren, ob ›da unten‹ auch alles gut sortiert ist, denn jetzt ist das Seil zwischen den Beinen deutlich straffer geworden.
Nochmals durch das hintere Auge ziehen und mit der Spannung im Schritt spielen.

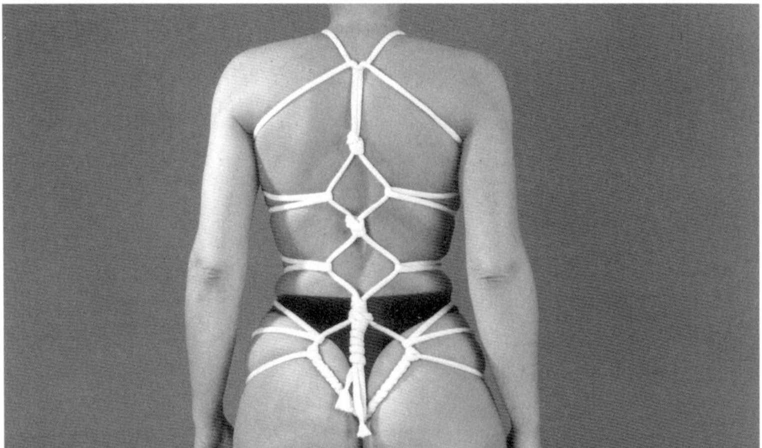

Nachdem man es vorne auch ein weiteres Mal durch das untere Auge geführt hat, kann man das Seil jetzt hinten verknoten. Überschüssiges Seil sollte man hübsch drapieren um den optischen Eindruck nicht zu stören.

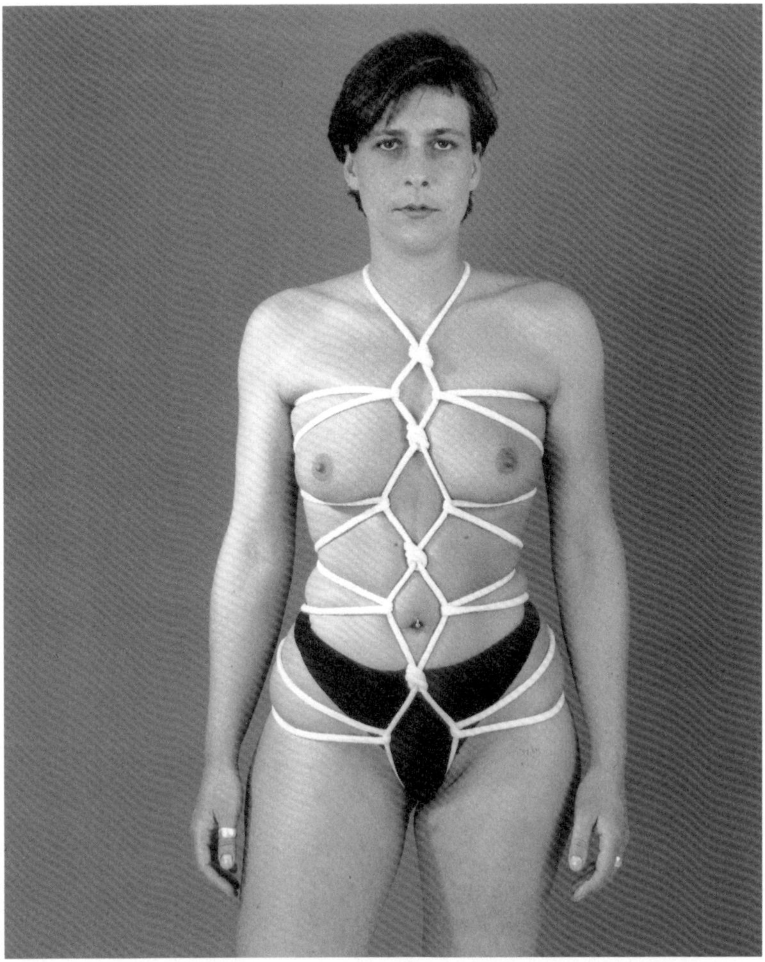

Fertig ist der Ausgehanzug. Der nicht gemachte vierte hintere Knoten erlaubt mehr Spiel zwischen den Beinen, so dass der Seildruck weniger auf den Weichteilen liegt.

Hänge-Bondages
Tsuri-Shibari

Hänge-Bondages bzw. Suspensions können für normal schwere oder etwas behäbigere Menschen anstrengend und schmerzhaft sein. Letzten Endes ist aber nicht das Gewicht das Entscheidende, sondern einerseits die Anlage, zu einem schnellen Einschlafen der Hände und Arme zu neigen und andererseits das persönliche Gefühl, wie man seinen Körper in einer Suspension an den richtigen Stellen ent- bzw. anspannt. Nicht nur zierliche kleine Japanerinnen können diese Bondages genießen.
Grundsätzlich gilt hier: Je mehr Windungen das Seil um den Körper macht, desto mehr Auflagefläche entsteht dadurch und desto besser verteilt sich das Gewicht.
Man sollte sich gemeinsam an diese spezielle Bondage-Form herantasten, da es viele Menschen gibt, bei denen das ›Boden unter den Füßen verlieren‹ besonders angstbesetzt ist. Diese Bondages sind auch nichts für das ›Eben mal so‹.

Kopfüber hängen
Sakasa Zuri

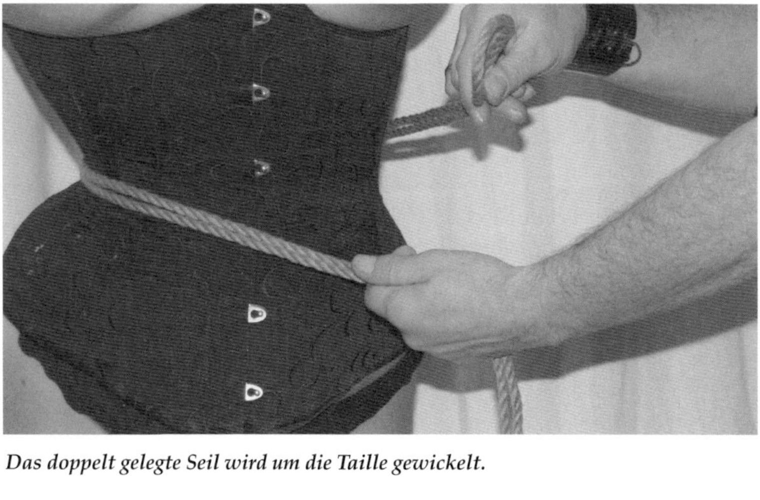

Das doppelt gelegte Seil wird um die Taille gewickelt.

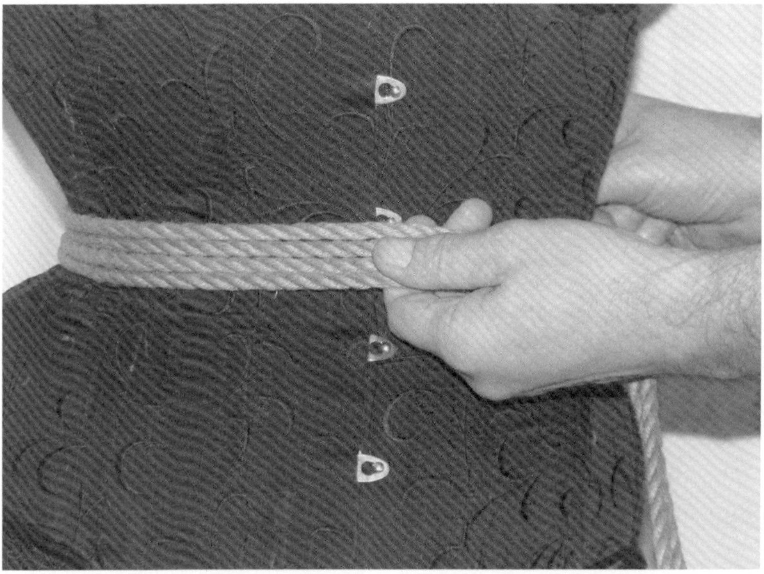

Dann erfolgt eine zweite Wicklung.

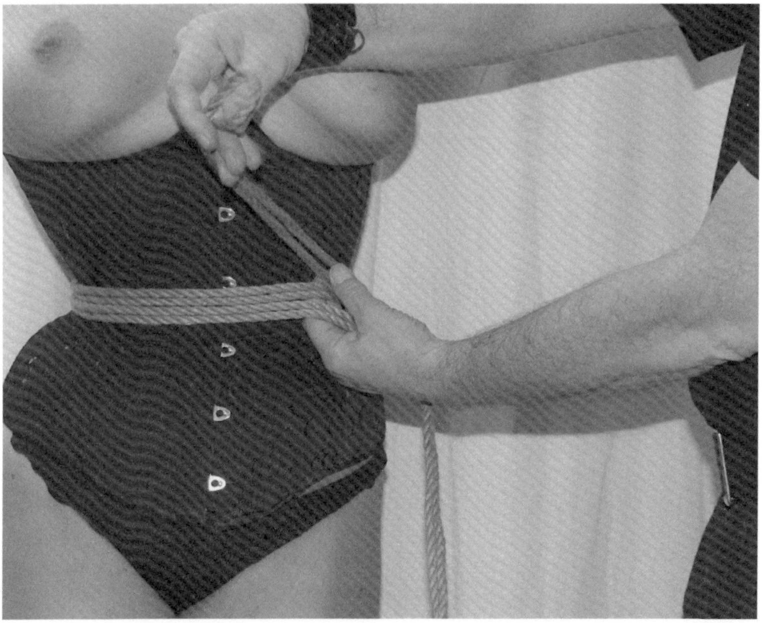

Das kurze Seilende wird unter allen Seillagen hindurch gezogen.

Dann mit einem Doppelknoten gesichert.

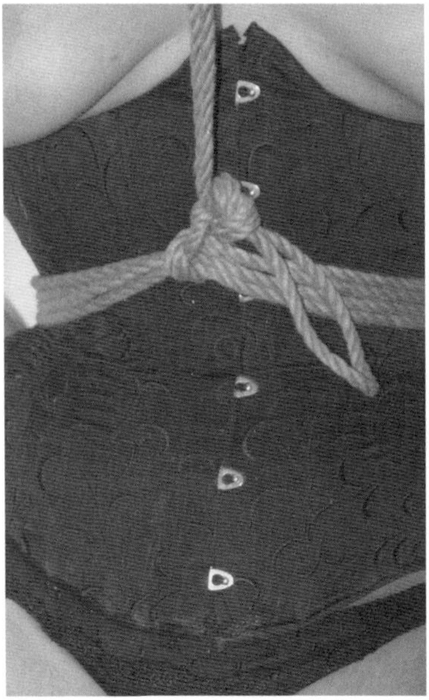

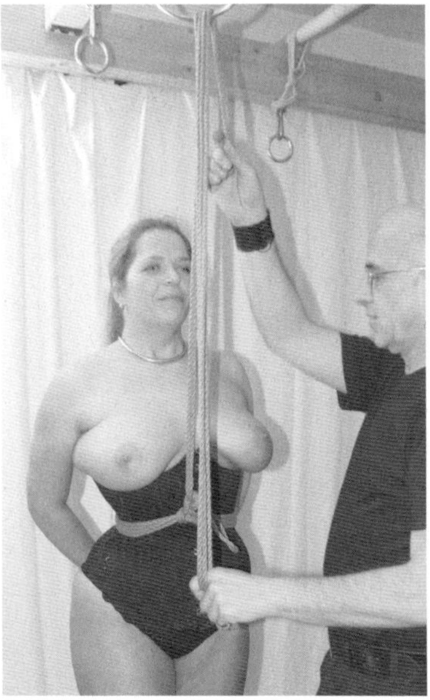

Das lange Seilende geht zur Hängevorrichtung.

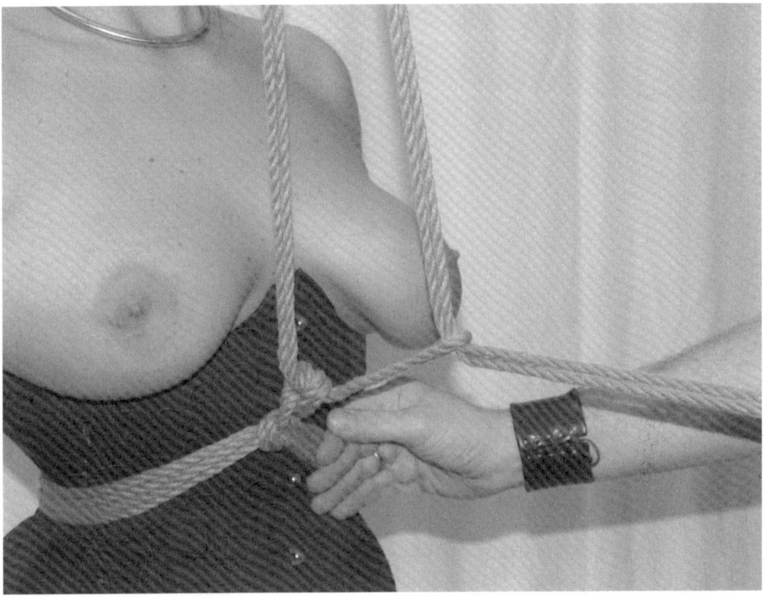

Zurück durch die Schlaufe.

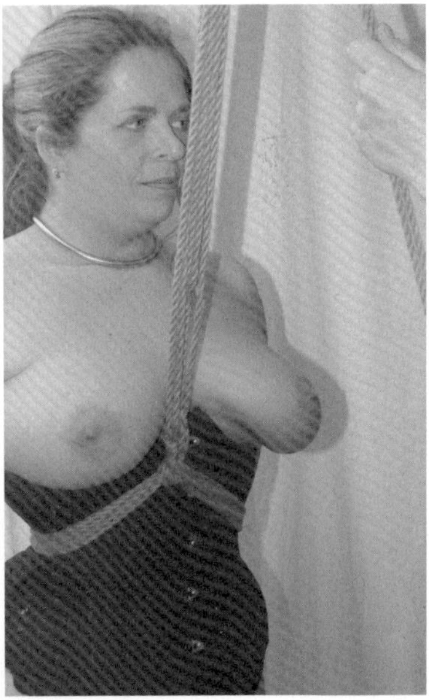

Wieder nach oben.

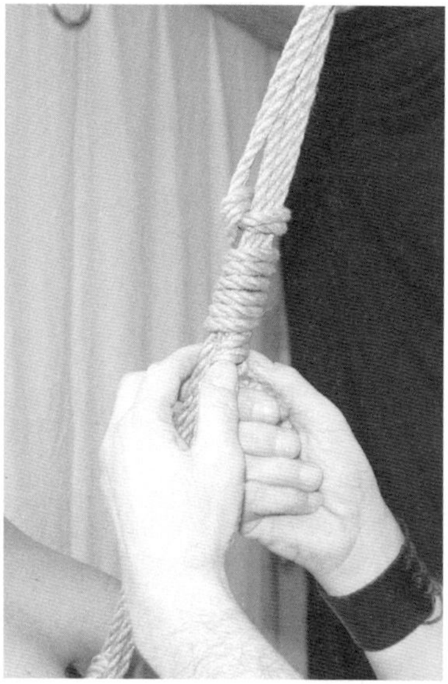

Und wird dann mit einem halben Schlag sowie mehreren Wicklungen festgelegt.

Die Knoten werden zwischen den Seillagen gesichert.

Die Fesselung um das Fußgelenk ist die kleine Variante der Taillen-Fessel (Seite 145).

Das lange Ende des Seils wird durch die Hängevorrichtung geführt.

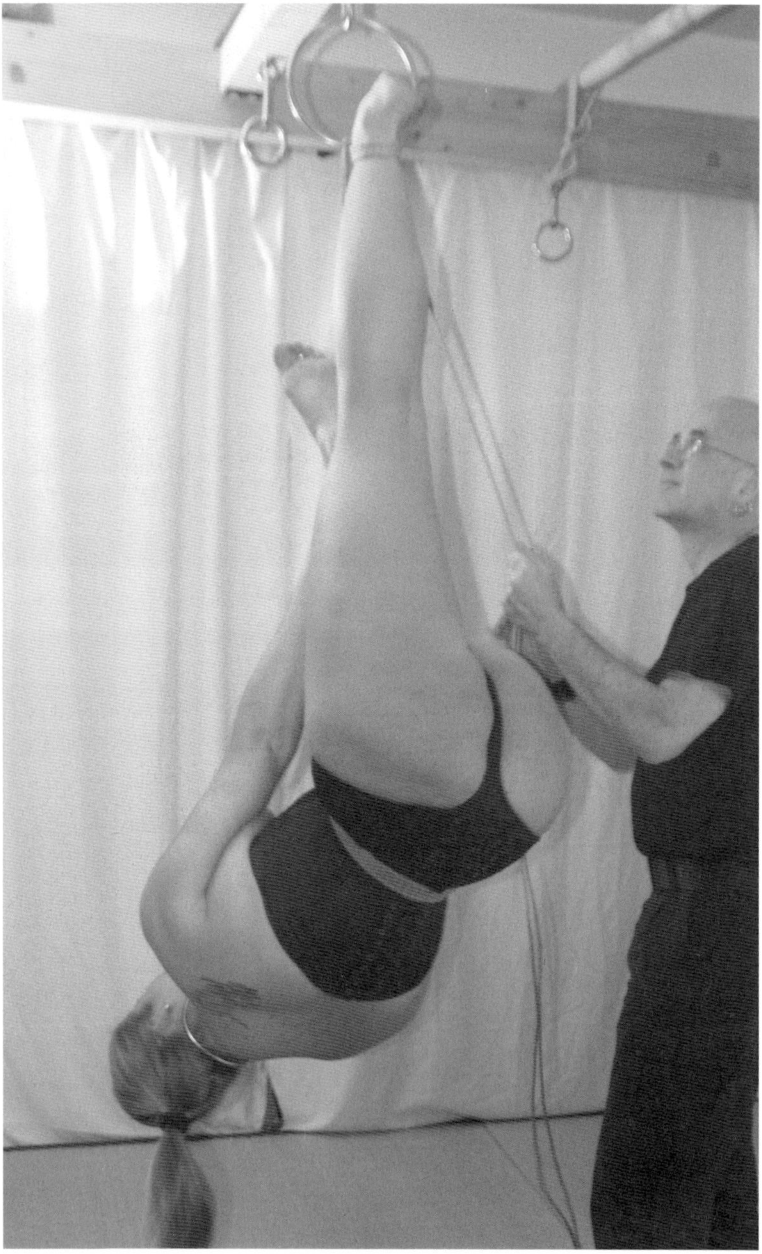

Jetzt kann das Bein hochgezogen werden bis nach ganz oben.

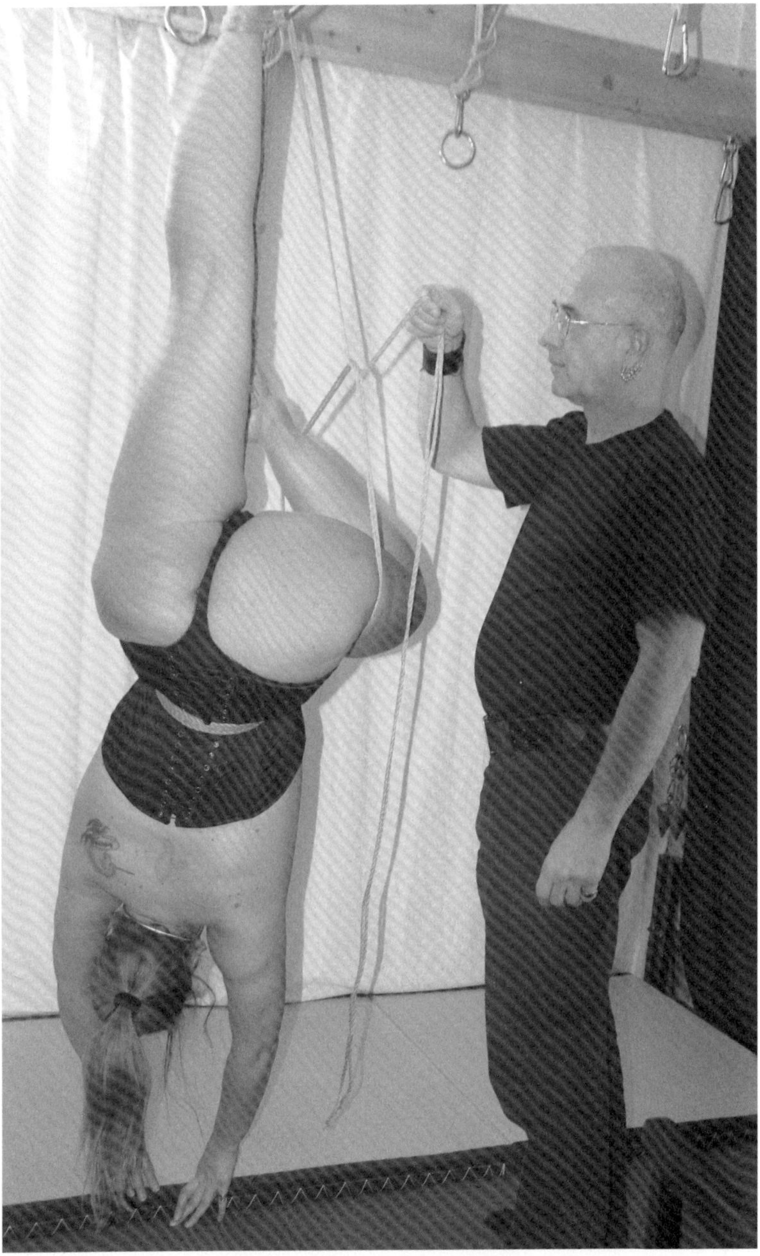

Und schon hängt das ›Opfer‹ mit dem Kopf nach unten.

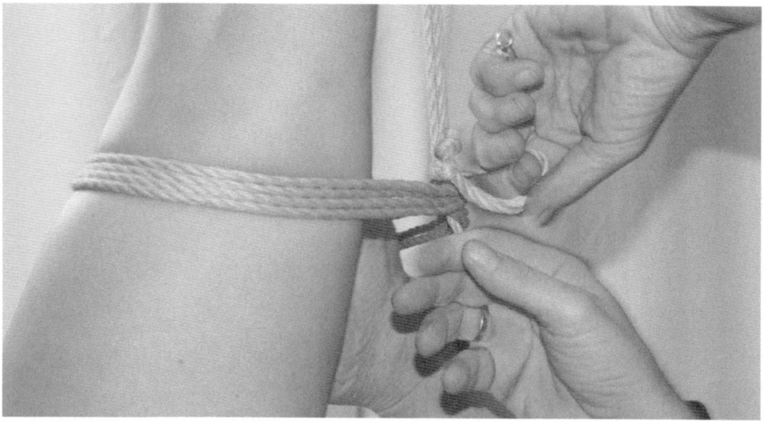

Das Beinseil wird so um das angewinkelte freie Bein gewickelt ...

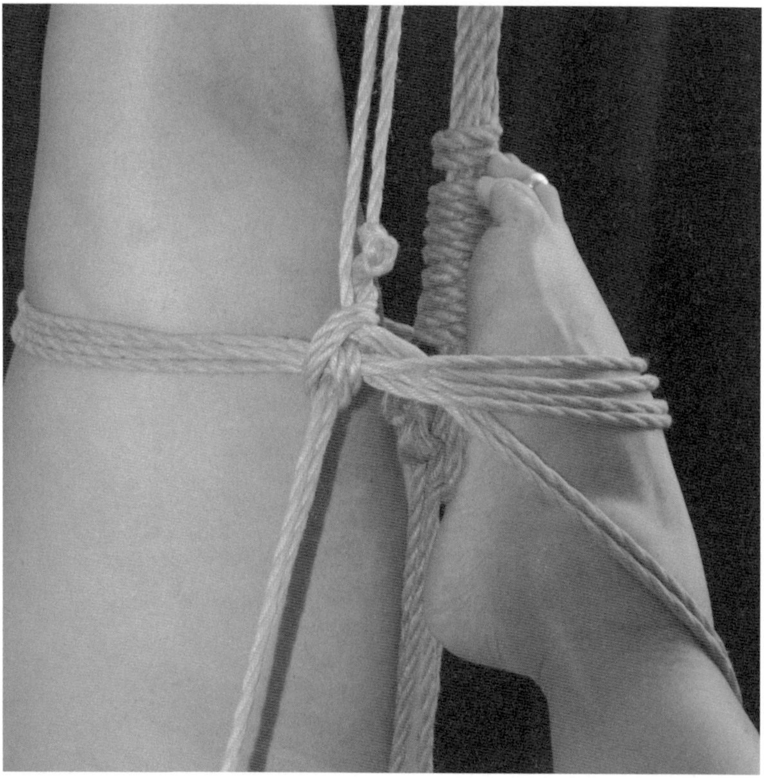

... dass es fest ist.

Hängeseil anknüpfen

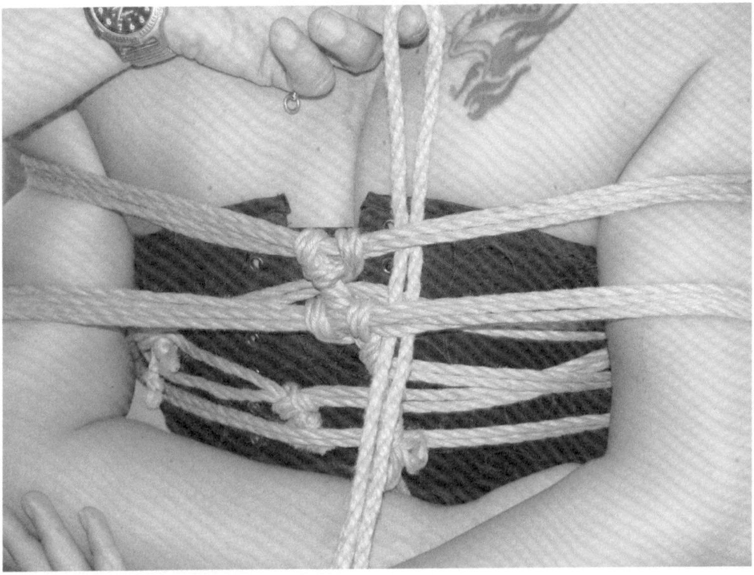

Das doppelt gelegte Seil unter den 2 Doppellagen der Oberkörper-Bondage durchziehen.

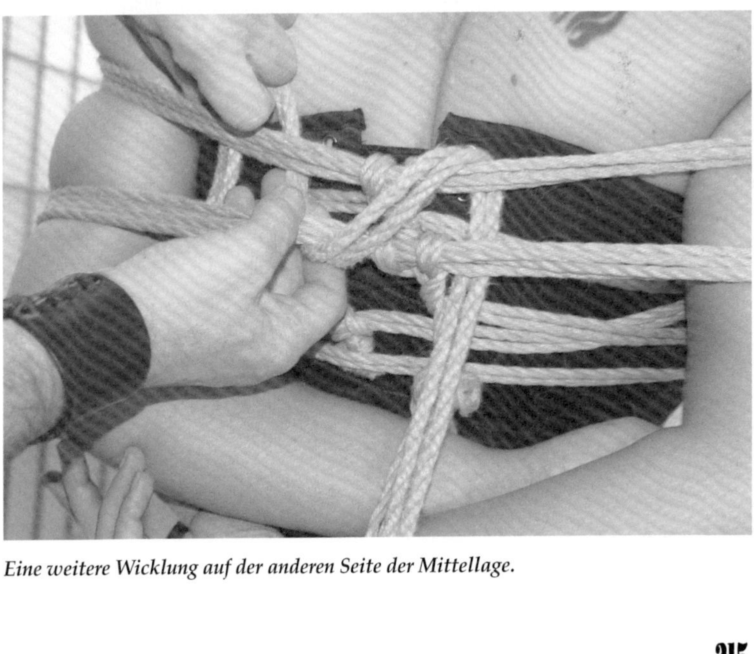

Eine weitere Wicklung auf der anderen Seite der Mittellage.

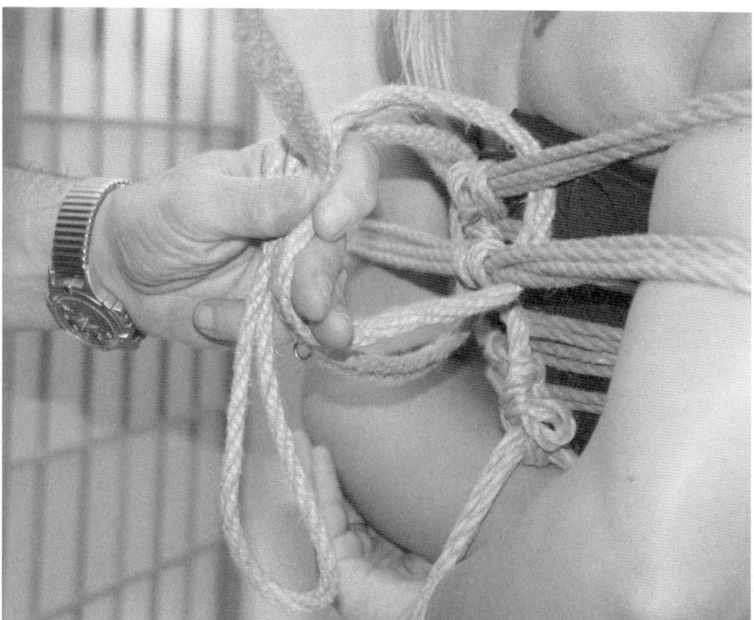

Mit den Fingern so halten, dass beide Wicklungen in der Hand liegen.

Das Ende mit der Schlaufe unter den Wicklungen durchziehen.

Und straffen – die Wicklungen sollten so locker sein, dass 4 Finger hindurchpassen.

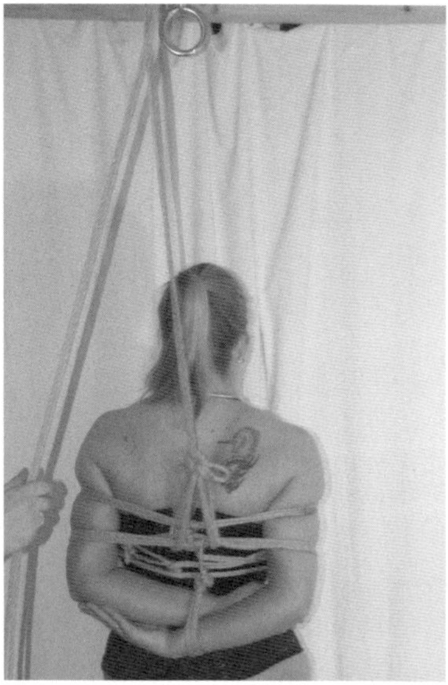

Einen Knoten setzen.
Das lange Ende des Doppelseils geht jetzt zur Hängevorrichtung.

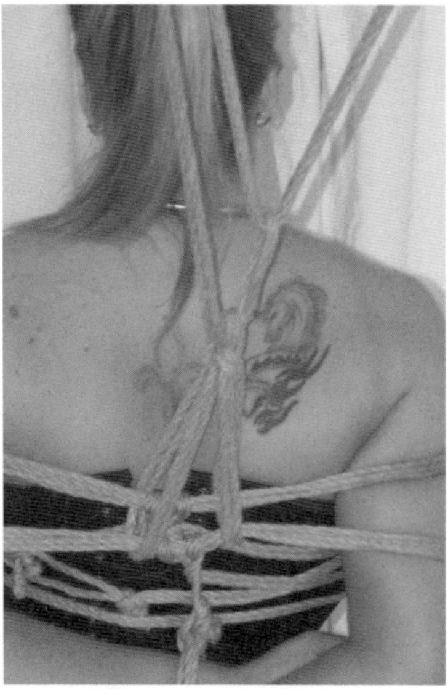

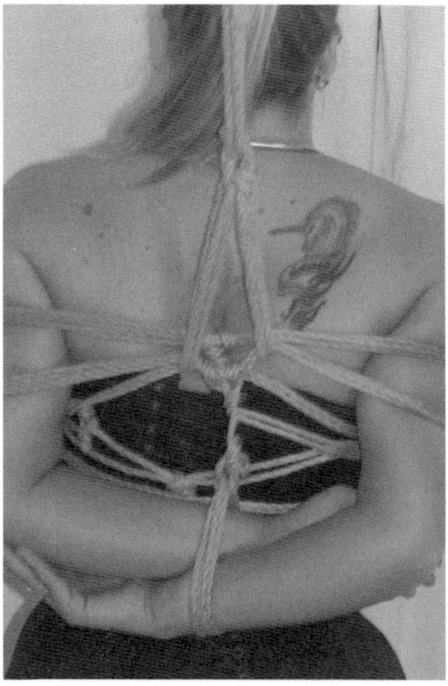

Es wird wieder durch das Auge über dem Knoten nach unten geführt.
Das Seil geht ein weiteres Mal nach oben zur Hängevorrichtung.

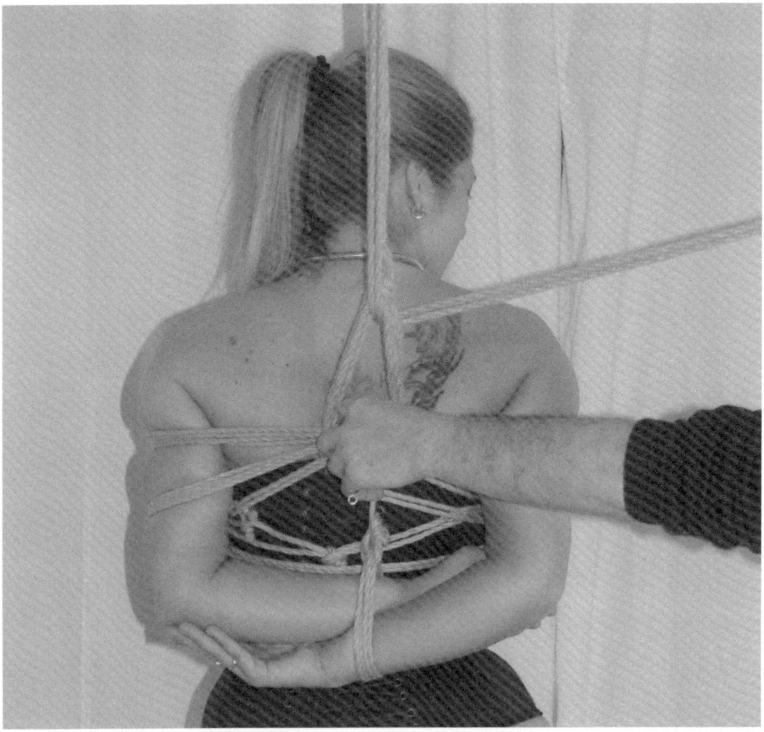

Und zwischen den Wicklungen des Hängeseils statt durch das Auge hindurch.

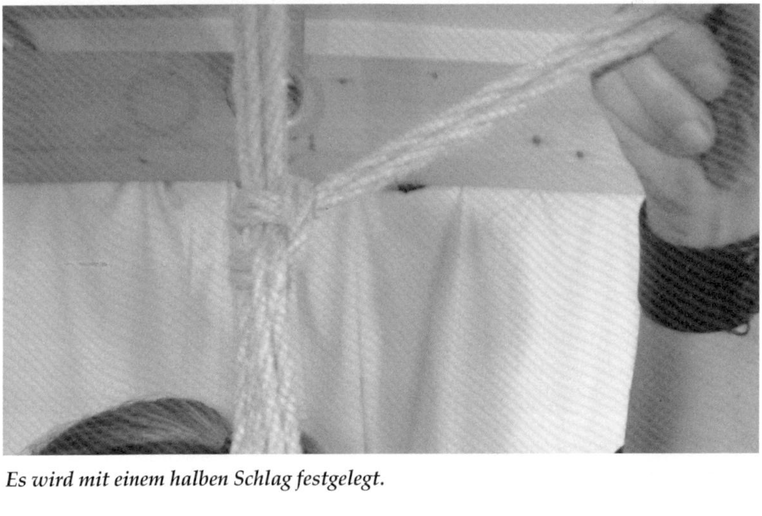

Es wird mit einem halben Schlag festgelegt.

Der Rest wird das Seil hoch gewickelt und die Knoten durch die Seillagen hindurch gesteckt.

Fußseil befestigen

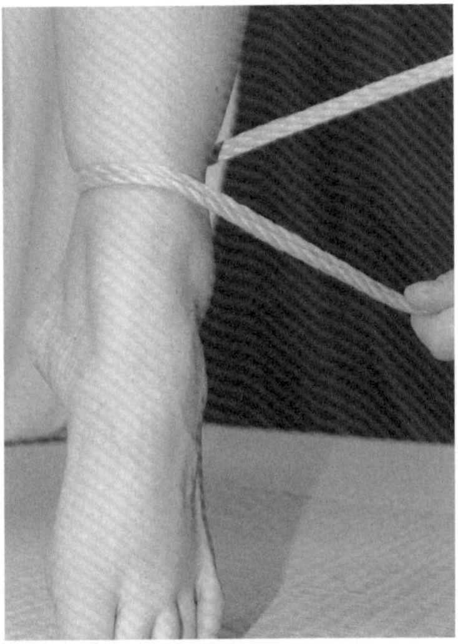

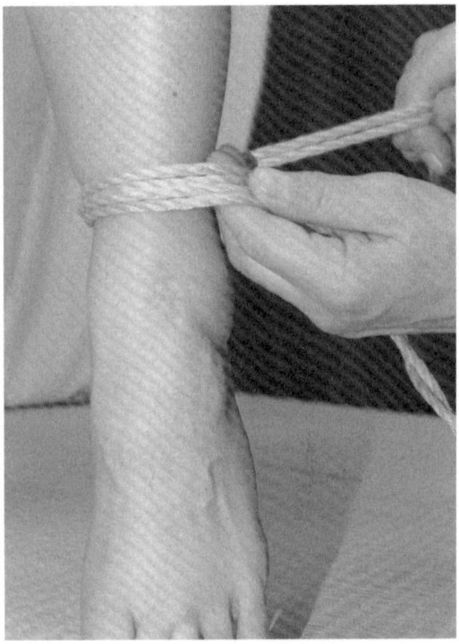

Diese Grundfesselung findet sich immer wieder, egal ob Handgelenk, Fußgelenk oder Taille. Das doppelt gelegte Seil wird zwei Mal um das Fußgelenk gelegt.

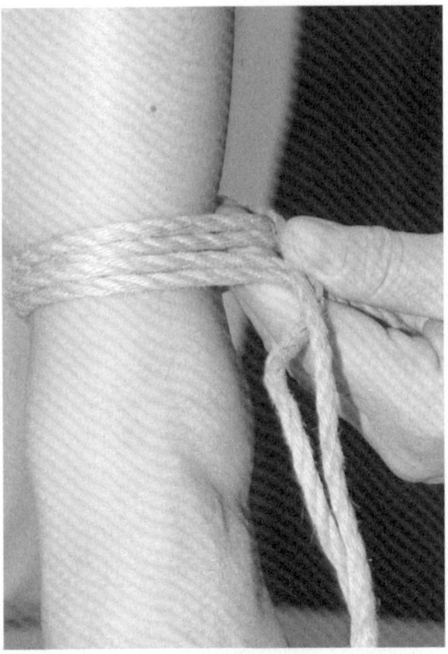

Damit das Seil nicht zu fest sitzt, sollte mindestens ein Finger darunter passen. Das kurze Ende mit der Schlaufe wird unter den Seillagen hindurch gezogen.

Und mit einem Doppelknoten gesichert.

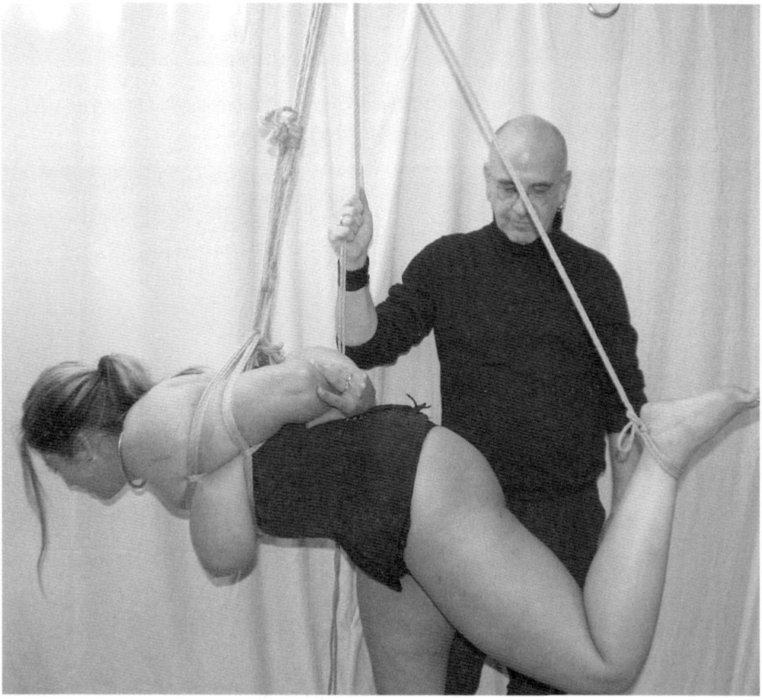

Jetzt geht das lange Ende hoch zur Befestigung .
Natürlich muss vorher eine Oberkörperfesselung stabil am Hängepunkt befestigt sein.

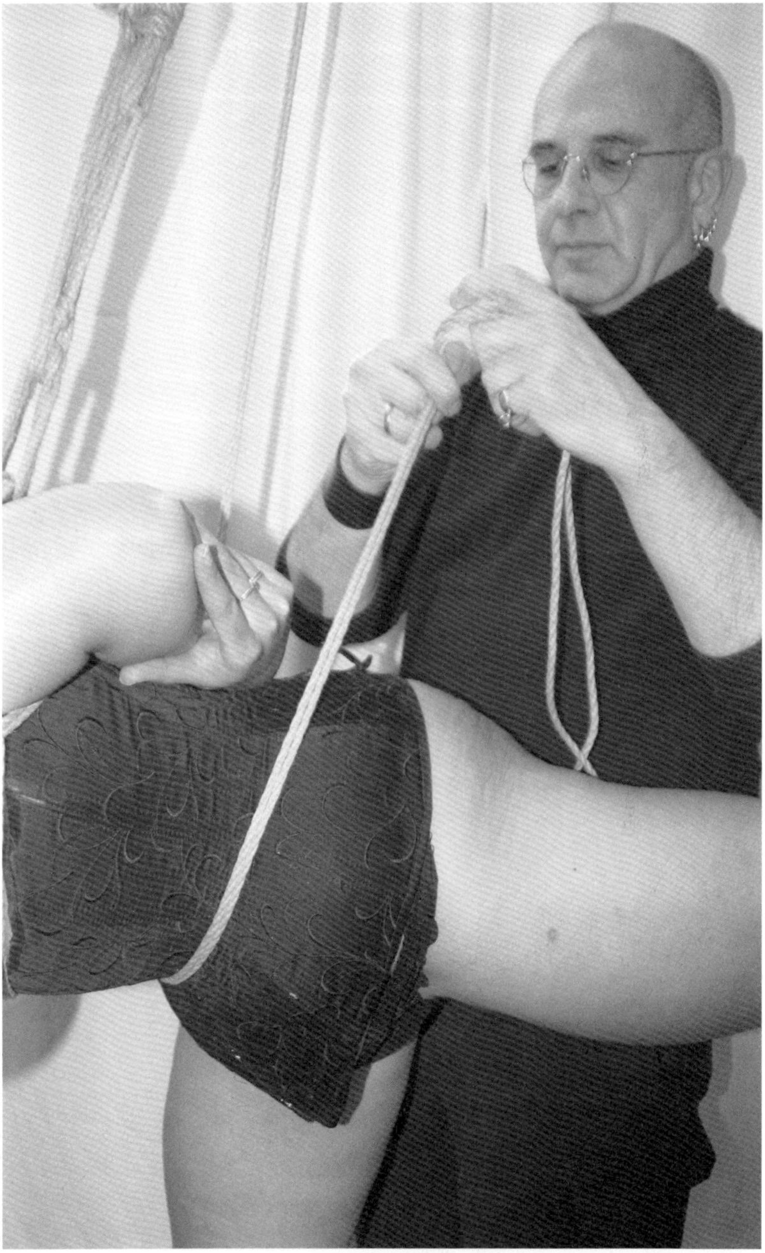

Zurück an den Körper – alternativ auch den Oberschenkel.

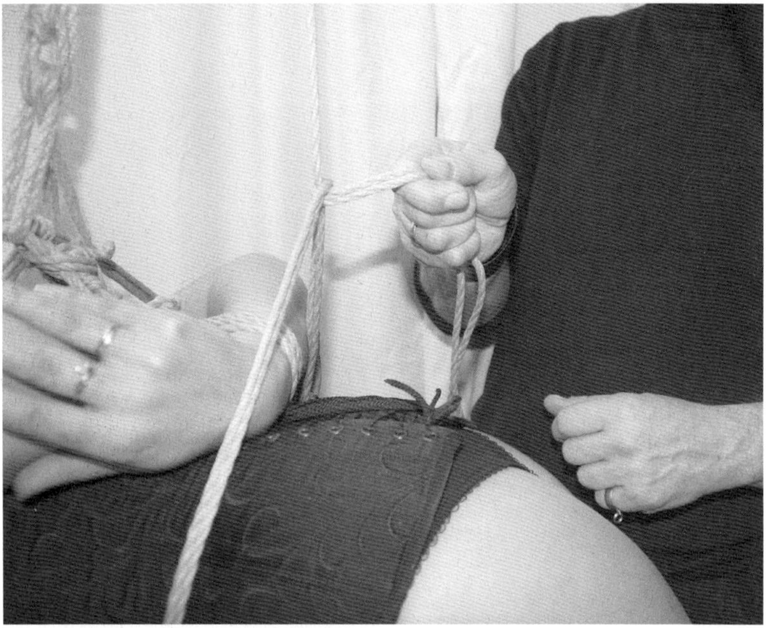

Dort wird es umeinander gelegt und mit einer weiteren Wicklung festgelegt.

Der Rest des Seils kann hoch gewickelt werden, die Knoten müssen gesichert werden.

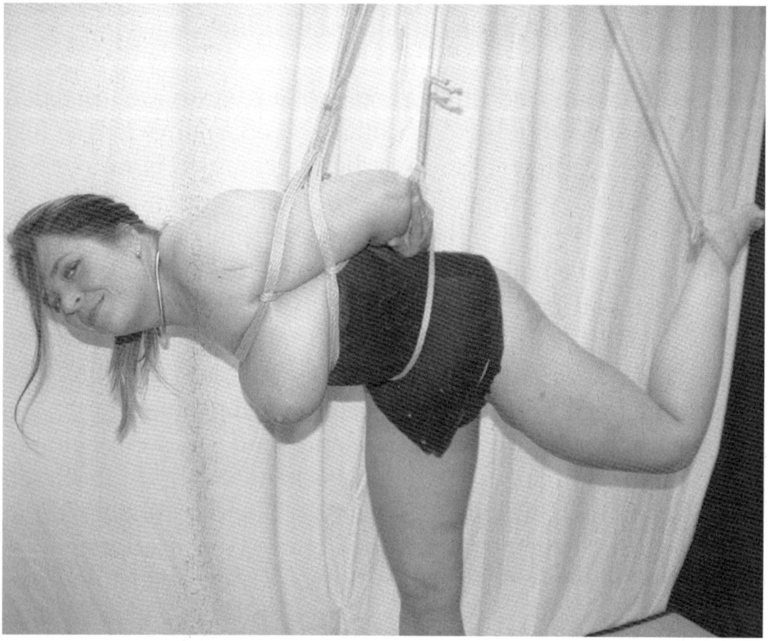

Jetzt könnte das zweite Bein noch gefesselt werden.

Nachsatz: Es gibt natürlich noch viel mehr Möglichkeiten und Techniken japanischer Bondage-Kunst, deren ausführliche Darstellung den Umfang dieses Buch sprengen würde. Doch sobald man das System des Shibari begriffen hat, gelingt es meist auch, selbst Variationen zu entwickeln oder sich neue Bondages auszudenken.

Bondages mit SM-Equipment

Am bequemsten und ohne allzu große Kenntnisse lässt sich eine Person mit den handelsüblichen Ledermanschetten fesseln. Aber auch hier sollte man die allgemeinen Bondage-Regeln beachten. Auch gepolsterte Fesseln können zu eng geschnallt werden und bei Billigfabrikaten kann das Material einreißen oder der einfache ungeschweißte D-Ring sich aufbiegen. Die bei gut sortierten Händlern zu erwerbenden Hebefesseln verlocken dazu, es einfach mal auszuprobieren. Doch mit dem sicheren Anbringen eines Deckenhakens und dem Kauf der Fesseln und eines Flaschenzuges ist es nicht getan.

Beim Aufhängen tragen oft die Hand- und/oder Fußgelenke einer Person ihr ganzes Gewicht. Das kann erstens sehr schnell schmerzhaft werden, zweitens leicht zu Überdehnungen führen und natürlich auch zur Einquetschung der Handgelenksnerven oder der Achillessehnen führen. Deswegen ist es wichtig, dass die Fesseln optimal gepolstert sind und genau passen. Ein guter Tipp ist, die Person erst hinzulegen und sie dann langsam hochzuziehen. Da bietet sich eine kleine Matratze als Unterlage an, die auch Unachtsamkeiten beim späteren Herunterlassen abmildert.

Hänge-Bondages können sich, besonders wenn eine Person kopfunter aufgehängt ist, negativ auf den Kreislauf auswirken. Der Kopf ist den Blutandrang nicht gewohnt, daher können manche Menschen nur sehr kurz mit dem Kopf nach unten hängen, ehe sie Kopfschmerzen bekommen.

Bei Leuten, die Probleme mit der Wirbelsäule haben, ist besondere Vorsicht angesagt. Manche Menschen genießen die Dehnung, die ein Aufhängen bedeutet, aber bei einigen verschlimmern sich dadurch Rückenprobleme. Daher sollte jemand, der noch keine Erfahrungen hat im Aufgehängtwerden, sehr vorsichtig anfangen und sich nicht so ohne weiteres in diese recht extreme Form der Bondage hineinquatschen lassen. Außerdem belastet eine weniger als 50 Kilogramm wiegende Asiatin ihre Gelenke viel weniger als jemand der 80 oder 90 Kilogramm wiegt, auch wenn er kräftigere Gelenke hat.

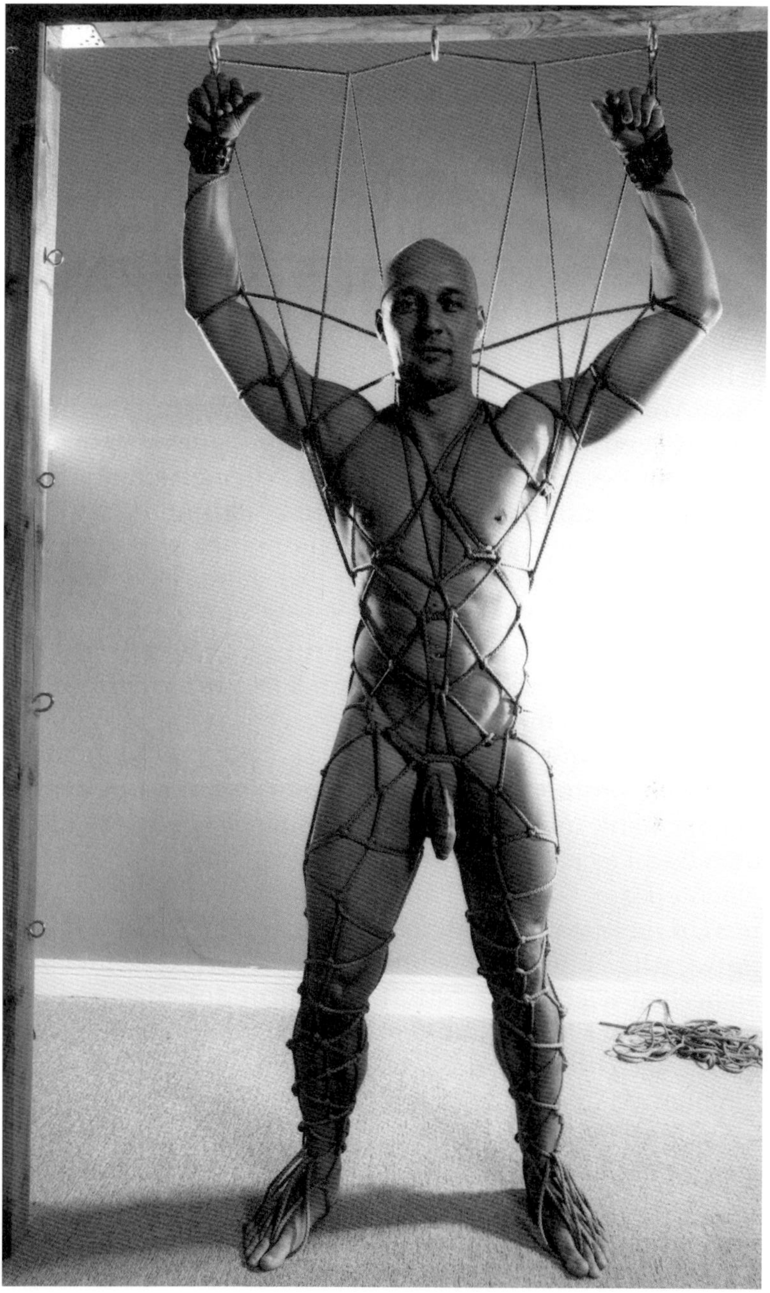

Ganzkörper-Bondage

Schon bei den japanischen Bondages taucht dieser Begriff auf. Neben Fesselmatratzen und Fesselsäcken für den ganzen Körper, lassen sich Ganzkörper-Bondages auch mit einem Riemenset und noch eleganter mit viel Seil verwirklichen. Dabei ist darauf zu achten, dass der ganze Körper einer Druckbelastung ausgesetzt ist, was gerade die Menschen besonders schätzen, denen es weniger um Bewegungseinschränkung, sondern eher um genau dieses Druckgefühl geht.

Doch Vorsicht bei einem zu starken Druck auf den Brustkorb (Beeinträchtigung der Atmung, möglichst beim Anlegen der Fessel darauf achten, dass die betreffende Person nicht gerade intensiv ausgeatmet hat) und die Herz- und Bauchgegend (Knoten sollten darauf überprüft werden, ob sie dort vielleicht zu sehr drücken).

Eine besonders schöne, aber auch sehr viel Seil verschlingende Möglichkeit für eine Erfahrung von Druck auf den ganzen Körper und Gehaltenwerden ist das Spiderweb, zu deutsch ›Spinnennetz‹.

Eine andere Möglichkeit der Ganzkörper-Bondage bietet die sogenannte Mumifizierung. Dies kann mit Stoffbändern, Elastik- oder Mullbinden gemacht werden. Außerdem bietet sich auch Haushaltsfolie an.

Nachteil der Folie: Es kann zu einem Wärmestau kommen, daher ist regelmäßige Kontrolle und Rückmeldung notwendig. Eigentlich selbstverständlich, aber hier zur Sicherheit wiederholt: NIEMALS luftundurchlässige Materialien über Mund und Nase befestigen (Erstickungsgefahr!). Bei Mumifizierungen sollte der Hals möglichst frei bleiben. Wenn die Bondage den Kopf einschließen soll, muss im Halsbereich wenigstens für zwei Finger Platz sein, wie dies auch für Halsbänder gilt. Bewegungen des Kopfes ändern das Volumen des Halses: Liegt die Folie oder Binde genau an, kann eine Bewegung zu Luftnot führen.

Mentale Bondage

Für viele Leute gehört dieser Bereich nicht zur eigentlichen Bondage, doch auch das ›als ob‹ einer Fesselung kann das Grundgefühl von Gefesseltsein auslösen. Wenn ich gefesselt bin, ist mir die Verantwortung für das, was ich tue, abgenommen. Ich bin in eine bestimmte Stellung gezwungen, gegen die ich mich nur in den gesetzten Grenzen der Fesselung wehren kann.

Sobald ich mich innerhalb eines sexuellen Spiels mit Macht und Ohnmacht darauf einlasse, eine bestimmte Stellung, die

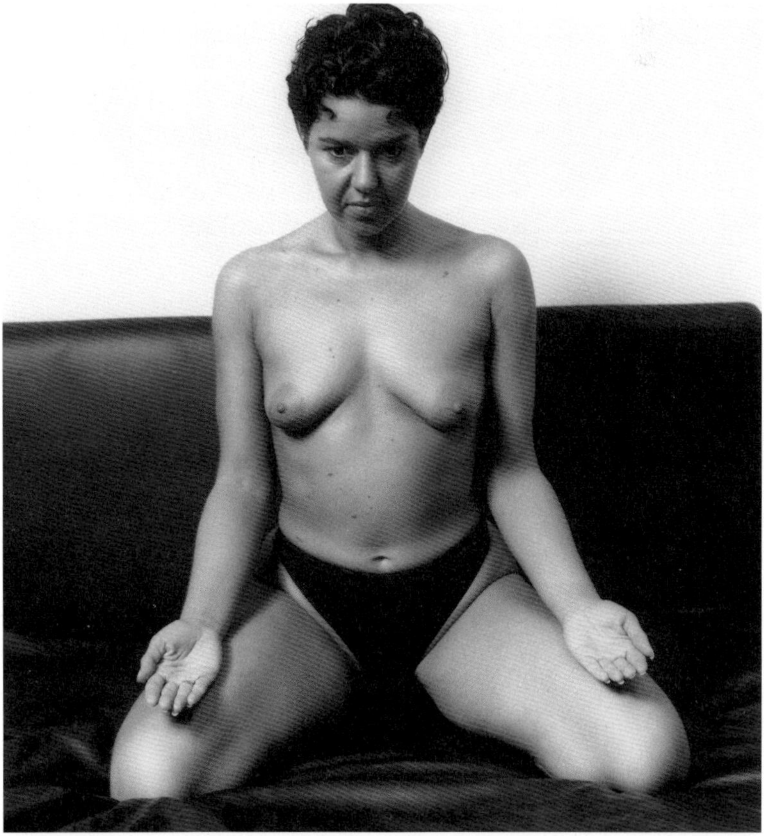

Mentale Bondage, klassische Position

mir befohlen worden ist, beizubehalten, solange ich keine andere Order bekomme, spricht man von mentaler Bondage. Dazu gehören auch Körperhaltungen, die Hingabe, Aufgabe oder ein Angebot des eigenen Körpers ausdrücken sollen. Auch die Aufforderung »Halt still« gehört in diesen Bereich – genauso wie das, was man in BDSM Kreisen als Sklavenpositionen bezeichnet.
Zur mentalen Fesselung gehört teilweise auch die Faden- und Haar-Bondage, da sie den Passiven dazu zwingt, aktiv eine bestimmte Stellung beizubehalten, damit der Faden nicht reißt.

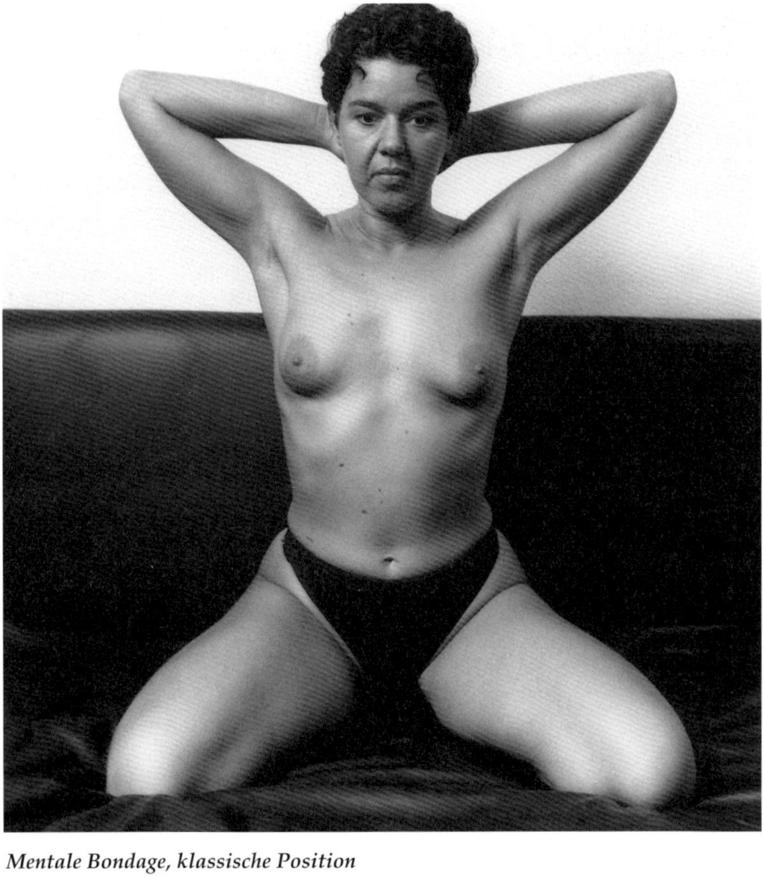

Mentale Bondage, klassische Position

Mentale Bondage, Unterwerfungshaltung

Show-Bondages – Bondage-Shows

Auf manchen Veranstaltungen wie Erotikmessen oder SM- und Fetisch-Parties sieht man immer mal wieder Bondage-Darbietungen auf der Bühne. Auch die Techniken, die man in manchen Bondage-Filmen oder Magazinen sieht, zeichnen sich oft durch besondere Exotik aus. Zwar gilt kein allgemeines »Tu das zuhause nicht!«, aber man sollte sich bei den Inspirationen, die man sich so holt, immer im Klaren darüber sein, dass die Bondage-Opfer in Shows oder auf Bildern entweder Profis sind oder sich und ihre Aktiven schon länger kennen.

Das heißt, dass beide Seiten um ihre Möglichkeiten und Grenzen wissen, beurteilen können, was noch gerade eben aushaltbar ist, was sich wie anfühlt und wie lange eine bestimmte Stellung zumutbar ist. Meistens habe diese Leute sich in jahrelangen Versuchen an ihr jetziges Können herangetastet, sie beherrschen ihr Material und die Techniken mit schlafwandlerischer Sicherheit. Manche Stellung ist nur mit entsprechendem akrobatischen Training ohne Schaden möglich.
Die schön in der Luft drapierten japanischen Bondage-Modelle werden meist mit Hilfe mehrerer Hilfskräfte aufgehängt und gleich nach dem Foto wieder heruntergenommen. Die Fesselungen mit weit hinter den Kopf gezogenen Beinen funktionieren nur bei entsprechender Elastizität des Körpers und auch was junge Menschen locker aushalten, kann für einen älteren Menschen zur Tortur werden, da Gelenke und Sehnen nicht mehr so flexibel sind.

Selbstfesselungen

Bisher sind die Hinweise immer davon ausgegangen, dass es einen (oder mehrere) aktive und einen passiven (oder mehrere) Menschen bei einer Bondage gibt. Dies trifft auf die Selbst-Bondage oder auch autoerotische Bondage nicht zu. Sei es weil es ein wohl gehütetes Geheimnis bleiben soll, sei es weil kein geeigneter Partner gefunden worden ist, sei es dass Selbst-Bondage zu einem eigenen Fetisch geworden ist. Manche Menschen blicken auf eine lange Geschichte aus heimlichen Selbstfesselungen, der (manchmal erotisierten) Angst entdeckt zu werden und immer ausgefeilteren und häufig auch riskanteren Bondages zurück.
In manchen Berichten liest man auch von telefonischen oder über Internet Chat gegebenen Anordnungen, und so mancher Aktive hat seinem oder seiner Passiven aufgetragen, sie oder ihn gefesselt zu erwarten.
Damit es dabei nicht zu unvorhergesehenen Zwischenfäl-

len kommt, hier einige Hinweise. Leider geistern immer mal wieder Unfälle durch die Medien, in denen jemand, der sich selbst gefesselt hat, tödlich verunglückt ist. Eine der hauptsächlichen Fehlerquellen dabei ist die falsche Einschätzung, die jemand über die Möglichkeiten hat, sich selbst zu befreien.

Manche Menschen fesseln sich so mit Seilen, dass sie sich dabei selbst strangulieren, was bis zu einem gewissen Punkt sicherlich für einige einen ungeheuren erotischen aber potentiell tödlichen Reiz hat – siehe Carotis Sinus Venen Reflex; wenn jemand erstmal dadurch ohnmächtig geworden ist, gibt es keine Möglichkeit der Selbstbefreiung, auch wenn man Houdini der Entfesselungskünstler wäre.

Andere vergessen Eventualitäten wie eine angestoßene Kerze. Ein Hausbrand durch fremde Ursachen oder einen nicht ausgeschalteten Herd können genauso tödlich enden. Auch das liebe Haustier, welches mit dem in Griffweite plazierten Schlüssel spielt und ihn unter dem Bett versteckt, kann eine Selbst-Bondage zur Falle machen.

Man sollte sich VOR einer Selbstfesselung eine Strichliste machen, die man sorgfältig abhakt, ehe man mit der eigentlichen Session beginnt.

Dazu gehört: Sind Herd, Bügeleisen etc. wirklich ausgeschaltet? Bleibe ich ungestört? Halte ich meine geplante Fesselung im Fall des Falles auch länger aus? Sind die Schlüssel auch in gefesseltem Zustand griffbereit? Weiß ich, wie lange der Schmelzprozess eines Eiswürfels mit eingefrorenem Schlüssel bei Raumtemperatur dauert? Beginnt die von mir in die Kerze eingebaute Schnur, an der der Schlüssel hängt, auch wirklich nur durchzuglühen oder kann diese Schnur zur Zündschnur werden? Komme ich notfalls auch an mein Telefon? Kommt die Partnerin oder der Partner oder gar die Eltern bzw. Kinder auch ganz sicher nicht vor dem Ende meines Spiels nach Hause? Habe ich vorgesorgt, wenn doch, indem ich beispielsweise mein Zimmer abgeschlossen habe?

Und natürlich:

7. Kapitel

Wie man eine Bondage-Session gestaltet

Wir kennen uns schon länger, wir haben über unsere Vorlieben gesprochen. Ich weiß, dass sie an einer Bondage das Gehaltenwerden und den Druck mag und das gerne einmal über einen längeren Zeitraum erleben würde, wobei sie später auch Lust auf Sex in gefesseltem Zustand hätte. Mir selber ist Druck ausüben nicht so wichtig, mich reizt eher eine Bondage, die die Schönheit ihres Körpers unterstreicht, sie vielleicht in eine neue noch aufregendere Form schnürt. Beim Sex werde ich gerne angefaßt, aber ich finde es genauso spannend, den anderen zu berühren, zu reizen, zu stimulieren und sie ist wehrlos meinen Händen, meine Zunge, meinen Lippen ausgeliefert. Ich weiß, dass sie noch wenig Erfahrungen mit Bondage hat. Ich bin mir meiner Kenntnisse sicher, weiß, dass komplizierte Bondage eher nicht mein Ding sind.
Zuerst sollte man als Aktiver ein Bild vor seinem inneren Auge haben, eine Phantasie oder eine Vorstellung, die einem den Anhaltspunkt gibt, wohin die Bondage-Session führen soll. Nichts gegen Experimente, aber es ist auf unbeabsichtigte Weise anstrengend für den passiven Part, wenn ich inspirationslos vor dem bereitwilligen Menschen stehe und keine Ahnung habe, was ich womit wie fesseln möchte.
Ich stelle mir eine japanische Ganzkörper-Bondage vor, die den Körper wie mit einem Netz einschnürt und auch Arme und Bein mit einbezieht. Ich weiß, dass ich dafür mindestens 20 Meter Seil brauche. Sie ist eine große Frau, daher werden es möglicherweise sogar mehr. Aus ästhetischen Gründen besitze ich ausschließlich schwarzes und weißes Seil. Weil es sich angenehm und anschmiegsam um den Körper legt, benutze ich heute das weiße Baumwollseil

ohne Seele, was das Seil elastischer macht. Ich habe mehrere Stücke so aufgeschossen, dass sie nach Länge sortiert, mit einem Griff zu entrollen sind.
Die Heizung ist aufgedreht, vorher habe ich das Zimmer gelüftet und dann die Vorhänge geschlossen. Alle Kerzenleuchter sind im Schlafzimmer versammelt, die Kerzen geben ein warmes Licht. Der große Spiegel ist so an die Wand gerückt, dass sie sich sehen kann, wenn ich sie im Stehen gefesselt haben werde. Auch wenn ich Kaffee trinke, für sie habe ich einen Sekt kalt gestellt.
Aus den Lautsprechern der Stereoanlage erklingt unsere Lieblingsmusik für ruhige Spiele, weniger rhythmisch, eher einen geheimnisvollen Klangteppich bildend.
Das Bett ist gemacht, der Seilzug an dem auf Stabilität geprüften Deckenhaken befestigt.
Als ich sie ins Schlafzimmer bitte, sehe ich gespannte Erwartung in ihren Augen leuchten. Ihre Erregung treibt meine Lust weiter. Ich beginne sie langsam zu entkleiden. Erst die Bluse und den BH, danach den Rock und den Slip. Sie trägt keine Strümpfe, nur ein paar leichte dunkelgrüne Pumps, die einen schönen Kontrast zu ihren dunkelroten Haaren ergeben.
Ich trete nach einem langen Kuß einen Schritt zurück und betrachte sie. Beobachte das Heben und Senken ihres Brustkorbes, die leichte Unsicherheit in ihren Augen, ihre Zunge befeuchtet die Oberlippe, die rechte Hand zuckt. Ich spüre ihre Erwartung, spanne sie noch ein bißchen auf die Folter.
»Bist Du bereit«, frage ich sie leise. Sie schaut mich ernst an, dann lächelt sie und nickt. Wir küssen uns. Ich lege ihre Arme auf dem Rücken zusammen. Dann greife ich mir das erste Seil, ein etwa acht Meter langes Stück. Zuerst binde ich ihre Handgelenke überkreuz zusammen, dann führe ich das Seil nach vorne, oberhalb ihrer Brüste. Eine weitere Seilwindung des doppelt genommenen Seils unterhalb ihrer Brüste. Ich überprüfe, ob die Hände nicht zu fest gefesselt sind.
Jetzt nehme ich ein etwa 12 Meter langes Seil und fessle ihre Knöchel aneinander. Während ich darauf achte, dass sich das Seil nicht verdreht, lege ich eine Windung über ihre Waden,

dann die nächste unterhalb der Knie, dann eine oberhalb der Knie bis ich an ihrer Taille angekommen bin.
Sie schwankt leicht. Ihre Augen sind geschlossen. Das Seil drückt sich in ihr Fleisch, preßt ihre Brüste nach vorne. Sie steht genau unter dem Seilzug. Dort wo sich das Seil auf dem Rücken kreuzt befestige ich den großen Karabiner und spanne den Flaschenzug, bis ich merke, dass der Oberkörper stabilisiert ist. Die Seile drücken auf den Brustkorb. Ich frage sie, ob sie noch genug Luft bekommt. Sie lächelt verträumt und murmelt ein »Ja«.
Jetzt lege ich noch ein Seil um ihre Taille, ziehe es stramm und dann zwischen ihren Beinen durch. Da die Beine aneinander gefesselt sind, ist das ein bißchen schwierig, ich hätte das vor dem Fesseln der Beine machen sollen. Ich bin vorsichtig, lege einen Finger zwischen die zarte Haut ihrer Scham und das Seil, welches ich möglichst symmetrisch zwischen ihren Schamlippen plaziere, ehe ich es im Rücken stramm ziehe. Sie stöhnt auf und schaukelt kaum wahrnehmbar mit dem Becken.
Zwischendurch kontrolliere ich ihre Hände, sie fühlen sich warm an. Ich gebe ihr etwas Sekt zu trinken, streichle über ihren fixierten Körper, spanne dort das Seil etwas indem ich mit zwei Fingern darunter fahre. Spiele mit dem Seil durch ihre Scham. Lasse sie seufzen, stöhnen. Ihr Atem ist trotz der angespannten Seile um ihre Brust tief und wird langsam schneller.
Ich drehe den Spiegel so, dass sie sich mit einer leichten Kopfdrehung in ihm betrachten kann. Sie öffnet ihre Augen, als ich ihr ins Ohr flüstere, dass sie sich anschauen soll. Ihr Blick ist verletzlich und gleichzeitig wild. Ich küsse sie.
Vom Stuhl in der Ecke des Raumes kann ich ihren Anblick noch mehr genießen. Sie ist mein Kunstwerk.
Später, als ich sie befreit habe, liegen wir im Bett und ich fahre mit den Fingern die Abdrücke der Seile nach. Wir reden über unsere Gefühle während der Bondage, ihre Geborgenheit, das Gehaltenwerden durch die Seile, das Eingezwängtsein, meinen Stolz und ihre Schönheit, den Blick ihrer Augen und meine Konzentration, den Genuß meiner Blicke, meine Macht und unser gemeinsames Vergnügen ...

Oder

Wir liegen im Bett, ich lege ihre Hände neben ihren Kopf, spreize ihre Beine. Ich bitte sie, sich nicht zu bewegen, so als sei sie in dieser Position gefesselt. Sie willigt ein. Während ich in sie eindringe, zucken ihre Arme. Eine leichte Berührung erinnert sie an ihr Versprechen ...

Oder

Wir sitzen uns im Wohnzimmer gegenüber. Ich auf dem Sofa, sie auf einem Sessel mit Armlehnen. »Zieh Dich aus, langsam, mach es spannend.« Sie steht auf, lächelnd entkleidet sie sich.

Dann fordere ich sie auf, sich nackt auf den Sessel zu setzen. Ihre Hände verschränke ich im Nacken. Die Beine lege ich auf die Armlehnen. Aus dem Schlafzimmer hole ich Seil und befestige ihre Beine so, dass sie sie nicht mehr bewegen oder gar schließen kann. Die Hände fessle ich so, dass sie im Nacken bleiben. Langsam beginne ich sie zu reizen, spiele mit ihren Brüsten, ihrer Scham, lecke an ihr, streichle sie, schiebe meine Finger in ihren Mund, in ihre Scheide ...

Oder

Wir drehen das Spiel um. Mal fängt sie mich schon an der Tür ab und legt mir mit sanfter Gewalt ein Paar Handschellen an, mal fesselt sie mich ans Bett, während sie auf mir sitzt. Oder sie macht mir aus Seil einen Harness, den ich unter der Kleidung trage, wenn wir abends essen gehen. Die Variationsmöglichkeiten sind unerschöpflich. Ob nun geplant, spontan oder sich langsam entwickelnd, Bondage hält die unterschiedlichsten erotischen Kicks bereit, wenn beide Lust haben, sich auf das Spiel einzulassen.

Manch einer mag sich an dem Wort ›Spiel‹ stören, empfindet seine Vorliebe für Bondage eher etwas sehr ernsthaftes, sieht es vielleicht sogar als sein Leben durchziehendes Thema. Doch Spiel meint nicht so sehr ein ›tun als ob‹, sondern drückt eher den spielerisch, kreativen Umgang mit Seil, Handschelle und Zwangsjacke aus.

8. Kapitel

Grundregeln für eine gute Bondage

1. Zuallerst braucht es einen Passiven, der Störungen erkennt (eingeschlafene Hände, Schmerzen, Unwohlsein etc.) und diese auch in der Situation dem Aktiven melden kann. Als Gegenpol braucht es einen Aktiven, der sofort auf die Störungsmeldung reagiert und die Störung beendet.

2. Absprachen sollten zu Beginn einer Bondage-Session getroffen sein (Sicherheitscodes, Einvernehmlichkeit, Safer Sex).

3. Mögliche medizinische Probleme sollten vorher geklärt sein (instabiler Kreislauf, Durchblutungsstörungen, etc.). Es liegt in der Verantwortung beider Beteiligter, da nichts zu verschweigen. Auch ein Bondage-Master, der schwerwiegende Kreislaufprobleme hat, sollte Sorge dafür tragen, dass sein Opfer sich zur Not eigenhändig befreien kann, wenn ihm der Blutdruck vor lauter Aufregung eine Ohnmacht beschert.

4. Die Einnahme von Drogen und zu viel Alkohol sind ein Ausschlusskriterium für Bondage, da sie die Reaktionsfähigkeit, die Sensibilität und die Selbstwahrnehmung einschränken können.

5. Die für die geplante Bondage notwendigen Materialien sollten vorbereitet und geprüft sein.

6. Das Setting sollte klar sein: Rollenspiel mit oben und unten (z.B. Festnahme, Gefangener und Wächter), Kunstwerk, Wunscherfüllung oder das Spiel mit wechselnden Machtebenen.

7. Wozu soll die Fesselung dienen? Strafe, Bewegungslosigkeit, Fetisch, Druckausübung, etc. ...

8. Vor Beginn der Session sollte kontrolliert werden, ob die äußere Situation angemessen ist. Haben beide genug Zeit, stimmt die Raumtemperatur, sind Störungen ausgeschlossen, ist man gemeinsam in der richtigen Stimmung, ist die Atmosphäre geeignet, dass sich der Passive vertrauensvoll fallenlassen kann?

9. Man sollte die Bondages nur soweit machen, wie sie dem jeweiligen Kenntnisstand und den Erfahrungen angemessen sind. Überforderte Aktive erwecken kein Vertrauen und überforderte Passive können sich nicht wirklich hingeben.

10. Alle Utensilien für eine schnelle Befreiung müssen jederzeit griffbereit liegen.

11. Dem Aktiven obliegt die Pflicht zur regelmäßigen Kontrolle des gefesselten Gegenübers, ob es ihm noch gut geht, ob es noch will, ob es keine gesundheitlichen oder emotionalen Probleme gibt. Manchmal ist der Aufmerksamkeitsfokus eben nicht auf den einschlafenden Händen.

12. Kein Druck auf empfindliche Körperstellen (Hals, Sehnen, große Blutgefäße etc.).

13. Während der Bondages ist ein regelmäßiger Rapport zwischen Aktivem und Passiven wichtig. Aktiver und Passiver sollten sich über die Stimmungen, Befindlichkeiten und Gefühle auch während einer Bondage austauschen. Das heißt: Nicht nur der Passive soll seine Befindlichkeit klar machen, sondern auch der Aktive soll deutlich machen, wie es ihm in der Situation geht.

14. Störungen sollten ausgeschlossen werden, soweit es geht (Telefon abstellen, Tür abschließen, Gardinen zuziehen, Haustiere und Kinder gehören in den Nebenraum).

15. Sofortiger Abbruch bei auftretenden psychischen oder körperlichen Problemen.

16. Es sollte hinterher noch genug Zeit sein, um die Situation ausklingen zu lassen, eventuell über die gemeinsam gemachten Erfahrungen zu reden.

17. Erlaubt ist, was beiden Genuß und Freude bereitet.

Nachsatz:
Alle von mir nicht geschlechtsneutralen Begriffe wie Aktiver, Passiver etc. meinen nicht, dass nur Frauen oder nur Männer in eine bestimmte Rolle schlüpfen können, sondern dienen der Bequemlichkeit des Autors und einer größeren Lesefreundlichkeit. Wer will schon immer lesen: Die oder der Aktive bindet die Passive oder den Passiven irgendwo fest.
Ich bin im Gegenteil der Meinung, dass Bondage-Spiele sowohl für heterosexuelle, als auch für lesbische oder schwule Partnerschaften eine Bereicherung sein können und die jeweiligen Rollen frei verhandelbar sind. Das bedeutet nicht, dass Beziehungen, in denen es eine feste Rollenverteilung gibt (hier denjenigen, der die Bondage macht und da denjenigen, der sich fesseln lässt), weniger ›gut‹ sind als solche mit wechselnden Rollen.

Glossar

Begriff	Erklärung	Seiten
Abbinden	Abbinden eines Gliedes (Penis, Hoden, Brust)	53, 81
Absturz	Meist negative emotionale Gefühle, die zum Abbruch einer Session führen.	18, 75, 76
Achterbusch	Knoten zum ordentlichen Weghängen eines Seiles.	68
Achterknoten	Knoten	63
Aktiver	Jemand der im erotischen Spiel die aktive Rolle einnimmt.	81, 235
Alkohol/ Drogen	Können die Selbst- und Fremdwahrnehmung verändern und so zu Fehleinschätzungen innerhalb einer Bondage-Session führen.	18, 241
Amerikanische Bondage		116
Anbietpositionen		229
Andreaskreuz	X-förmiges Kreuz aus Holz oder Metall mit Befestigungsmöglichkeiten.	48, 117
Armfesselung auf dem Rücken		157
BDSM	Bondage/Disziplin, Dominanz/Submission, Sadismus/Masochismus	10

Begriff	Erklärung	Seite
Bezugsquellen für Bondage-Equipment		254
Bondage	Erotisches Fesseln	9
Bondage als ›Kleidung‹		199
Bondage-Basics	Grundregeln für Bondage	241
Bondage-Basistechniken		86
Bondage-Liege	Liege, an der außen Ösen oder Haken angebracht sind.	54
Bondage-Matratze	Doppelmatratze, die aufgeblasen werden kann, um damit jemanden, der zwischen den Matrazen liegt, mit gleichmäßigem Druck zu fixieren.	50
Bondage-Rad	Horizontal drehbare Holzscheibe, mit diversen Fesselungsmöglichkeiten versehen.	52
Bondage-Röcke und Hosen	Durch Riemen und Schnallen lassen sich diese Kleidungsstücke zur Fesselung oder Bewegungseinschränkung benutzen.	57
Bondage-Sack	Aus festem Segeltuch, Gummi oder Leder gefertigter Sack, meist mit variablen Schnallen, in denen man entweder Arme oder Beine bis hin zum ganzen Körper einschnüren kann.	56
Bondage-Shows		231

Fesselgurte	Stabile Stoffgurte aus dem Krankenhausbedarf, ursprünglich für unruhige Patienten.	28, 41
Fessel-Manschetten	Breite Bänder aus Leder, Stoff, Latex oder Kunststoff zum Fesseln von Handgelenken, Fußgelenken, Oberschenkeln etc.	29, 35, 47, 226
Fesseln der Handgelenke im Nacken		135
Fesseln der Handgelenke mit Seil		87, 91, 118, 113, 135
Fesselrahmen	Rahmen mit diversen Befestigungsmöglichkeiten aus Metall oder Holz.	49
Fesselung der Fußgelenke an die Oberschenkel		184
Fesselung einer Person in Sitzhaltung		188
Freiheitsberaubung	Juristischer Begriff	16, 73
Fußhebefesseln	Spezielle Fesseln, die ein bequemes Aufhängen an den Beinen gewährleisten.	36, 37
Ganzkörperbondage		51, 53, 194, 228, 235
Ganzkörper-Bondage mit Seil		194

Gestaltung von Bondage-Sessions		235
Gipsbinden		53
Haar-Bondage	Fesseln mit einem Haar oder Faden	230
Handhebefesseln	Spezielle Fesseln, bei denen der Zug nicht seitlich, sondern in Armrichtung erfolgt.	36, 37
Handschellen	Professionelle Fesselung aus dem Polizeibedarf.	38, 80, 126
Handschellen-knoten	Knoten, der als Handschelle dienen kann.	69
Handschellen-sicherung	Sicherungsstift an Handschellen, die ein weiteres Schließen der Handschellen verhindern.	86
Hängebondage mit Bauch nach unten		215
Hängebondage mit dem Kopf nach unten		206
Hängebondage mit SM-Equipment		226
Harness oder Bondage-Geschirr	Meist aus Lederriemen gefertigtes ›Kleidungsstück‹, sowohl für den Ober- als auch Unterkörper.	54
Haushaltsfolie		53, 228
Hautabschürfung		82, 84

Latexbänder		53
Medizinische Tips		77
Mentale Bondage		229
Nervenreizung		74, 83
Nickelallergie oder Chromallergie	Überempfindlichkeit gegen Nickel oder andere Metalle.	58
Oberkörper-Bondage		161, 175
Opfer	Hier nicht im üblichen Sinne gebraucht, sondern zur neutralen Bezeichnung des Passiven innerhalb eines Bondage-Spiels.	
Panic Snaps oder Panik-Haken	Verschlüsse, die auch bei starkem Gegenzug mit einer Hand geöffnet werden können.	44
Passiver	Jemand, der im erotischen Spiel die sich hingebende Rolle spielt (die auch etwas sehr Aktives sein kann).	
Penis-Fessel	Bondage-Geschirr zum Einschüren der männlichen Genitalien.	54, 81
Piercing		57
Palstek	Knoten, um eine feste Schlaufe zu bilden.	65
Pranger	Aus dem Mittelalter entlehntes Gerät mit Öffnungen für Arme und Kopf und/oder die Beine.	48
Psychische Fesselung	Bondage, in der das Opfer in einer Stellung verharrt, als sei es so gefesselt.	28

Rechtliche Situation		73
Rote Liste	Liste der Fesselutensilien, die ein hohes Verletzungsrisiko bedeuten.	60
Safe, Sane, Consensual	›Glaubensbekenntnis‹ der einvernehmlichen SM-Subkultur	16
Schekel	U-förmiges Metallteil, durch dessen offenes Ende ein Stift geschraubt wird.	44
Schlösser		58
Schnürsenkel		52
Seile		29 ff.
Seil-Fesselung an einem Stuhl		98
Seilzug oder Flaschenzug	Ein Hebegeschirr meist mit Führungsrollen und Seil, aber auch mit Draht möglich.	45, 46
Selbstfesselung		233
Session	In sich abgeschlossene Sequenz mit Einstimmung, der eigentlichen Situation, in der Bondage passiert, und dem Ausklang der Situation.	235
Setting	Das örtliche, emotionale und rollenbezogene Drumherum einer Bondage-Session.	26
Show-Bondage		231
Sicherheitscodes	Verschiedene Signale, die es möglich machen, während des Spiels seine Befind-	

	lichkeit zum Ausdruck zu bringen, ohne die Spielebene zu verlassen.	74
Slipstek	Knoten zur Befestigung eines Seiles an einer Stange oder einem Ring	70
SM	einvernehmlicher Sadomasochismus	10
Spinnennetz bzw. Spiderweb	Bondage innerhalb eines Bondage-Rahmens, bei der die Seile in Form eines Netzes vom Körper abgespannt sind und so das Opfer sicher halten.	33, 51, 106, 228
Spreadeagle	Amerikanische Fesselung mit gespreizten Armen und Beinen.	108, 117
Spreizstange	Metall oder Holzstange mit Befestigungsmöglichkeiten an beiden Enden, manchmal auch in der Mitte, um Arme oder Beine auf Abstand zu fesseln.	19, 46
Streckbank	Liege, die Fesselmöglichkeiten für Handgelenke und Fußgelenke hat, zum Dehnen des Körpers.	52
Überdehnung		83, 226
Zerrung	Zerrung eines Muskels oder einer Sehne	83

Foto Credits

Chris Lambertsen, Hamburg
Fotos auf den Seiten:
25 (Bondage von Chris Celtic), 27, 32, 33, 48, 49, 53, 54, 55, 56, 58, 60, 63 – 71, 78, 79, 80, 87 – 97, 106, 108 – 114, 119 – 126, 127, 157 – 160, 175 – 205, 227 (Bondage von Chris Celtic), 229 – 231

Matthias T. J. Grimme, Hamburg
Fotos auf den Seiten:
8, 11, 15, 17, 21, 26, 38, 39, 98 – 105, 118, 128, 132 – 156, 161 – 174, 206 – 225, 232, 236, 240

Heico Linke, Hamburg
Fotos auf den Seiten:
27, 34, 36, 37, 40, 41, 42, 43, 44, 45, 46, 50, 51, 59

Takashi Takahashi, Tokyo
Fotos auf den Seiten:
30, 73, 85, 129, 243

Bondage Project
ABEND-SEMINARE &
INTENSIV-WORKSHOPS
Seit mehr als 20 Jahren gibt Matthias Grimme mit Ropecat Kurse zum Thema Shibari/Seilbondage in ganz Europa.
Inhalte sind nicht nur die Knotentechnik, verschiedene Fesselungen, Anatomie, rechtliche und medzizinische Aspekte – es geht auch besonders um das achtsame Spiel der Beteiligten.
Online gibt es alles zu Terminen und Kursen, außerdem Tutorials und jede Menge Infos zu allem, was man wissen muss beim Fesseln.